一个班主任的"诗意教育"

崔 霞◎著

吉林文史出版社

图书在版编目（CIP）数据

一个班主任的"诗意教育" / 崔霞著 . -- 长春：
吉林文史出版社，2024. 9. -- ISBN 978-7-5752-0650-1

Ⅰ . G62

中国国家版本馆 CIP 数据核字第 2024H1E887 号

YIGE BANZHUREN DE "SHIYI JIAOYU"

书　　名　一个班主任的"诗意教育"

作　　者　崔　霞

责任编辑　孙佳琪

出版发行　吉林文史出版社

地　　址　长春市福祉大路 5788 号

网　　址　www. jlws. com. cn

印　　刷　北京四海锦诚印刷技术有限公司

开　　本　710mm×1000mm　1/16

印　　张　17

字　　数　269 千

版　　次　2025 年 3 月第 1 版

印　　次　2025 年 3 月第 1 次印刷

定　　价　58.00 元

书　　号　ISBN 978-7-5752-0650-1

前　言

　　教师作为人类灵魂的工程师，其使命在于培养未来的人才，传承文明，造福社会。然而传统的教育模式在追求知识传授的同时往往忽略了学生内心世界的培养，忽视了情感、品德和精神的培养。在当今社会，学生面临着日益复杂的社会环境和心理压力，传统的教育方式已然无法满足学生多样化的成长需求。在这样的背景下，诗意教育应运而生。诗意教育是在对传统教育模式的反思和探索中逐渐形成的一种教育新理念。它强调以诗意的方式对待教育，关注学生的情感体验、内心世界和人格发展，注重培养学生的情感力量、创造力和人文素养，使学生在学习的过程中不仅获取知识，更重要的是获得内心的满足和精神的富足。

　　本书旨在以班主任为中心，探讨如何将诗意教育理念融入班主任工作中。通过围绕诗意教育的核心内容展开讨论，旨在为广大教育工作者提供一种全新的教育思路和方法。诗意教育不仅强调知识的传授，更注重学生的情感体验、内心世界和人格发展，致力于培养学生的情感力量、创造力和人文素养。本书将深入探讨诗意教育的内涵、实践基础、与班级管理的关系、德育渗透、心理健康教育、与学科教学的融合等方面，为教育工作者提供指导和启发，促进教育事业的创新和发展，为学生的全面成长和健康发展提供更好的保障。本书第一章从诗意教育的内涵出发，介绍了诗意教育的理念与目标，以及班主任在其中的角色定位；第二章围绕诗意教育的实践基础展开，包括了解学生、创建诗意教育环境和教学方法等方面；第三章则重点探讨了诗意教育与班级管理的关系，以及如何在班级管理中引入诗意元素；第四章聚焦诗意教育中的德育渗透，从德育在诗意教育中的地位、内容与方法、实践，及与诗意教育的融合发展等方面展开探讨；第五章探讨了诗意教育中的心理健康教育，包括其重要性、策略、实践案例及持续发展与改进等方面；第六章从学科教学的角度探讨了诗意教育的融合，包括与语文学科的结合、在其他学科中的渗透、案例分析与启示以及融合的意义等方面；第七章重点关注诗意教育面临的挑战与对策，包括应对挑战的策略与建议、实践中的困惑与解决方案以及可持续发展路径等方面；最后，第八章总结了诗意教育的成效与展望，包括实践成效、影响与贡献、未来展望，以及持续发展策略和构建诗意与智慧相融合的教育未来等方面。

　　本书旨在为教育工作者提供一种新的教育思路和方法，以帮助学生更好地理解诗意教育的内涵和实践路径。本书通过深入探讨诗意教育的理念与目标、班主任角色定位、教学方法、班级管理、德育渗透、心理健康教育、学科融合等方面，促进教育工作的创新和发展，为学生的全面成长和健康发展提供更好的保障。同时笔者也希望通过本书的撰写和分享，引起广大教育工作者对诗意教育的关注和思考，共同推动教育事业的发展，为构建人类命运共同体贡献力量。

目　录

第一章　诗意教育的内涵

第一节　诗意教育的理念与目标

一、诗意教育的内涵解读

诗意教育是一种深刻的教育理念，其内涵包括哲学基础、核心要素、学科内涵和情感体验。在这个理念下，教育不仅是知识的传授，更是对人性、生命意义和情感体验的探索与尊重。通过深入挖掘美的内涵、培养学生的情感共鸣和审美能力，诗意教育致力于引导学生全面发展，以实现其个体潜能的最大化。

（一）诗意教育的哲学基础

诗意教育的哲学基础深植于对人性与生命意义的探索，它源于对人类内在渴望的理解与尊重，将古希腊哲学中美的观念贯穿教育之中。古希腊哲学认为美是真、善的统一体，是人类灵魂的升华所在。在诗意教育的哲学基础中，美被视为一种抽离物质世界的抽象理念，是人类心灵追求的至高境界之一。因此，诗意教育注重通过美的感悟与体验来雕塑学生的心灵与品格，让学生在审美的过程中体味生命的深刻意义与无限价值，从而实现全面的人格发展与成长。这一哲学基础不仅引导教育实践，更是对个体及社会价值的深刻反思，促进人类精神境界的提升与超越。

（二）诗意教育的核心要素

诗意教育的核心要素构成了其教育体系的精髓，其中情感、想象力、创造力和审美体验是其不可或缺的组成部分。情感作为诗意教育的基石，引导学生去感知、体验和表达美的存在。通过培养情感共鸣和内在情感的表达，学生能够更深刻地理解和欣赏世界的美好。想象力是推动学生进步的关键因素。它不仅激发了

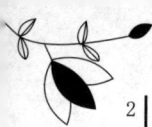

学生的创造潜能，还培养了学生独立思考和解决问题的能力。在诗意教育中，学生通过想象力的发挥，能够探索和创造出独特的美学作品和思想。创造力则是诗意教育的最终目标之一，它鼓励学生在审美实践中发挥主体性，创造出具有个性化和创新性的美学作品和表达形式。审美体验作为诗意教育的重要途径，通过艺术、文学等形式激发学生的审美情感和感知能力。通过深入的审美体验，学生能够更全面地发展个人的审美品位和价值观，从而实现个人价值的提升和成长。这些核心要素相互交织、相辅相成，共同构建了诗意教育的丰富内涵和全面发展的教育目标。

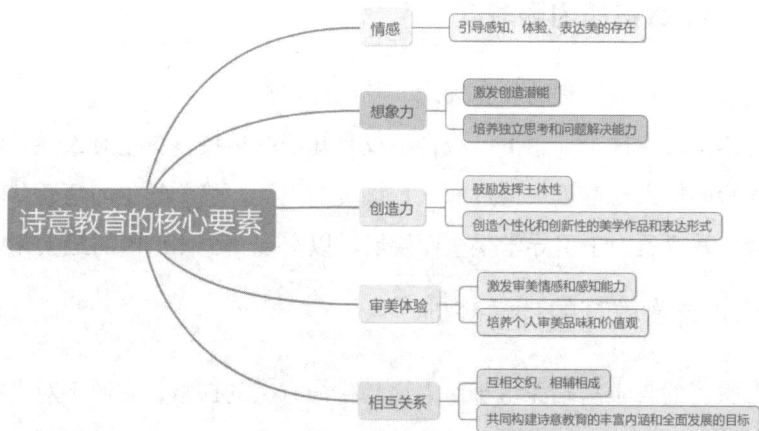

图 1-1-1 诗意教育的核心要素思维导图

（三）诗意教育的学科内涵

诗意教育的学科内涵跨越文学、艺术和哲学等多个领域，为学生提供了广阔而深刻的学习与体验机会。在文学方面，学生通过阅读和解读文学作品，深入感知文字背后的美与哲理。这种体验不仅培养了学生的文学素养，还激发了学生的审美情趣和创造力。在艺术方面，学生通过绘画、音乐、舞蹈等艺术形式的学习与实践，感受到艺术所蕴含的美的魅力。这种审美体验不仅拓宽了学生的审美视野，还培养了学生的艺术表达和创造能力。在哲学方面，学生通过哲学思辨与探索，思考生命的意义与价值。这种哲学思考不仅提升了学生的思维深度和逻辑能力，还培养了学生的独立思考和人生追求的能力。诗意教育的学科内涵丰富多彩，为学生的全面发展和人生成长提供了重要支撑和丰富资源。

表 1-1-1　诗意教育的学科内涵行动方案及措施

学科内涵	行动方案	具体措施
文学	促进文学素养	设计多元化的文学阅读课程，包括经典文学作品、当代文学作品等，引导学生感悟文字背后的美与哲理
培养审美情趣和创造力		组织文学作品欣赏活动，包括朗诵比赛、文学研讨会等，激发学生对文学的兴趣和热爱
艺术	拓宽审美视野	提供绘画、音乐、舞蹈等多样化的艺术课程，让学生感受不同艺术形式的美的魅力
培养艺术表达和创造能力		组织艺术创作比赛、展览等活动，鼓励学生表达自我，发挥想象力和创造力
哲学	提升思维深度和逻辑能力	开设哲学课程或讨论班，引导学生从哲学的角度思考生命的意义与价值
培养独立思考和人生追求能力		组织哲学辩论赛、思想交流活动，培养学生批判性思维和解决问题的能力

（四）诗意教育的情感体验

诗意教育视情感体验为其核心，将情感视为学习和成长的灵魂。情感体验不仅包括对美的感知与体验，还涉及对生命的热爱与感悟，以及对人生的情感体验与深刻思考。这种全面的情感体验能够深刻触动学生内心，引导学生更加深入地理解和感受生活的美好与意义。通过情感体验，学生不仅能够激发内在的动力与热情，更能够促进个人的成长与发展。举例来说，当学生阅读和赏析文学作品时，学生不仅是在理解故事情节或作者的用词，更是在感受作品所传递的情感和思想。这种情感体验不仅能够丰富学生的情感世界，还能够启发学生对生活的深刻思考和人生的意义追求。因此，情感体验在诗意教育中扮演着不可替代的角色，是学生全面发展的重要保障和推动力量。

诗意教育以哲学基础为指引，将情感、想象力、创造力和审美体验视为教育的核心要素，在跨越文学、艺术和哲学等多个学科领域的内涵中，学生不仅能够感知美的存在，还能够探索生命的意义与价值。特别是通过情感体验，学生能够深刻地感受到生活的美好与意义，从而激发内在动力，促进个人的成长与发展。因此，诗意教育在塑造学生成长过程中发挥着不可或缺的作用，为其提供了丰富

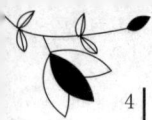

的学习与体验机会，引领着学生走向全面发展的道路。

二、诗意教育与传统教育的比较

传统教育模式长期以来在知识传授和应试训练方面发挥着重要作用，但也因其固有的局限性而受到挑战。与之相比，诗意教育作为一种创新的教育理念，强调情感体验、想象力、创造力和审美体验的培养，为学生的全面发展提供了新的途径。下面将对传统教育和诗意教育进行比较，探讨它们的特点、创新之处，以及对学生发展的影响，旨在呈现出诗意教育的重要性和价值。

（一）传统教育的特点及局限性

传统教育的特点在于侧重知识传授和应试训练，以班主任为主导，学生被动接受教材内容。这种模式囿于僵化的教学方法和刻板的评价体系，制约了学生的创造性思维和个性发展。传统教育往往忽视了情感体验和审美素养的培养，导致学生缺乏对学习的真正热情，容易出现对知识的机械记忆而非深刻理解。以应试成绩评价学生让他们只注重分数，而忽视实际学习效果和个人发展。这一模式的局限性在于未能全面培养学生的能力和素质，以及忽视了情感体验对学生全面发展的重要性。

（二）诗意教育的创新之处

诗意教育的创新之处在于其强调情感体验、想象力、创造力和审美体验的培养，与传统教育相比更注重培养学生的综合素质和个性发展。传统教育往往侧重知识传授和应试技巧，而诗意教育则以情感为核心，通过多样化的教学方法和活动，激发学生内在的学习动力和创造力。在诗意教育中，学生不再是被动的接收者，而是积极的参与者和思考者，学生被鼓励去探索，去质疑，去表达自己的想法和情感。一方面，诗意教育注重文学的体验和创作，学生通过阅读和赏析文学作品，深入体验文字背后所蕴含的情感和思想，而不仅是死记硬背知识点。学生被鼓励进行文学创作，表达自己的情感和想法，从而提升了文学素养和表达能力。另一方面，诗意教育也强调审美体验的培养，通过艺术、音乐等形式的欣赏和实践，学生的审美情感得到了激发和丰富，学生学会了感知美、欣赏美，拓宽了自己的审美视野。这种审美体验不仅局限于文学领域，还涉及生活的方方面面，使

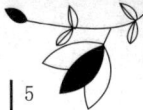

学生更加关注身边的美好事物，并能够用心感受和体味生活的美好。

（三）诗意教育与综合素质教育的关系

诗意教育与综合素质教育之间存在紧密的关联与互补，诗意教育注重情感体验、想象力、创造力和审美体验的培养，强调通过美的感悟来提升学生的人文素养和情感智慧。而综合素质教育则更着重于学科知识的全面发展和实践能力的培养，旨在培养学生的综合素质和批判性思维能力。两者相辅相成，共同促进学生全面发展。在诗意教育的框架下，学生通过情感体验和审美体验，培养了对美的感知和理解能力，进而提升了综合素质教育中所强调的人文素养。通过诗意教育创新教学方法，学生能够更好地运用知识，展现创造性思维和独立解决问题的能力，从而更好地适应综合素质教育的要求。综合素质教育为诗意教育提供了学科知识的支撑和实践平台，使诗意教育的理念能够得以贯彻和落实。通过综合素质教育的全面发展，学生能够更好地理解和应用诗意教育所倡导的美的观念，从而更好地发挥个人潜能，实现全面发展。

（四）诗意教育对学生发展的影响

诗意教育对学生的发展产生深远影响，首先通过情感体验、想象力、创造力和审美体验的培养，激发了学生的学习兴趣和内在动力。这不仅让学生在学习过程中更加投入，也增强了学生对知识的主动探索和学习的愿望。诗意教育不仅注重知识的传授，更重视培养学生的创造性思维和解决问题的能力。学生在创造性的环境中，能够尝试新的思维方式，勇于探索未知领域，从而拓展了学生的思维边界。诗意教育还提高了学生的审美情趣和人文素养。通过对美的感知和欣赏，学生能够更加深入地理解人文精神，培养出对艺术和文学的独特理解和欣赏能力。最重要的是，诗意教育有助于学生树立正确的人生观和价值观，培养积极向上的情感态度和生活品质。通过感悟美的力量，学生能够更加珍惜生活，对待他人更加宽容，建立起和谐、积极的人际关系。因此，诗意教育不仅促进了学生个人的全面发展，也为社会的和谐稳定做出了贡献。

学生投入学习并增强对知识的主动探索和学习的愿望

学生在创造性的环境中拓展思维边界

培养学生正确的人生观和价值观

01 02 03 04 05 06

诗意教育注重培养学生的创造性思维和解决问题的能力

提高学生的审美情趣和人文素养

建立积极向上的情感态度和生活品质

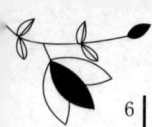

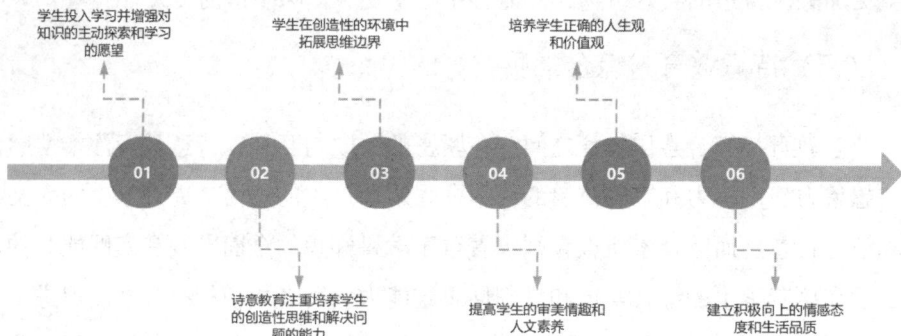

图 1-1-2 诗意教育对学生发展的影响流程图

传统教育以知识传授和应试训练为主，存在班主任主导，学生被动接受、机械记忆等局限性；而诗意教育则通过培养情感体验、创造力、审美体验等方面，激发学生的内在动力和兴趣，注重个性发展和综合素质培养，两者相辅相成，诗意教育不仅拓展了教育的思路和方法，更为学生的全面发展和社会和谐稳定贡献了积极力量。

三、诗意教育的目标设定

诗意教育旨在通过多种形式的教学活动，培养学生的审美情趣、情感表达能力、创新思维和积极人生态度，这些目标不仅关乎学生个体的成长，也涉及学生未来的社会角色和责任，下面将探讨诗意教育各目标的重要性及其对学生全面发展的影响。

（一）培养学生审美情趣

诗意教育致力于培养学生的审美情趣，通过文学、艺术和音乐等多种形式的教学，激发学生对美的感知和理解。在文学领域，学生通过阅读经典诗歌和小说，感受文字之美，体会作者情感的传达和深刻思想的表达。比如学生读到李白的《静夜思》，可以感受到诗中对大自然的独特赞美，体味到诗人在孤寂深夜中的孤独与感慨。在艺术方面，学生可以欣赏到不同画家的作品，领略到绘画所传达的情感和艺术家的创意之美。例如观赏梵高的《星月夜》，学生可以沉浸在其独特的色彩和笔触中，感受到艺术家内心深处的情感流露。在音乐领域，学生通过聆听古典音乐或民族音乐，感受到音乐所带来的愉悦和心灵的共鸣，培养出对音乐美

的欣赏能力。通过这些教学活动，学生不仅能够提高自己的审美水平，还能够增强情感体验和文化修养，使审美成为学生生活中不可或缺的一部分。

表 1-1-2 培养学生审美情趣观点总结

观点	总结
诗意教育通过文学、艺术和音乐等形式的教学，致力于培养学生的审美情趣	通过文学，学生感受文字之美，领悟作者情感传达和思想表达；通过艺术，学生欣赏绘画作品，领略艺术家创意之美；通过音乐，学生聆听古典或民族音乐，感受音乐所带来的愉悦和共鸣
这种教学能够使学生提高审美水平，增强情感体验和文化修养	学生在审美教育中不仅提升了对美的感知和理解能力，还培养了情感体验和文化修养，使审美成为其生活中不可或缺的一部分

（二）提升学生情感表达能力

在诗意教育中提升学生的情感表达能力是一个重要目标，通过文字、音乐、绘画等多种形式的创作，学生有机会将内心的情感与思想进行深度表达，并通过与他人的分享与交流，进一步拓展情感体验和表达方式。例如在诗意教育的课堂上，学生会被要求创作一首诗歌，表达学生对自然景观的感受。这样的活动鼓励学生去观察周围的自然环境，思考自己的感受和体验，然后用诗歌的形式将这些情感生动地表达出来。在这个过程中，学生不仅锻炼了他们的创造性思维，还培养了他们的情感交流能力。通过创作诗歌、散文、音乐作品等，学生可以找到最适合自己的表达方式，并学会用艺术的形式将自己的情感传递给他人。这种表达不仅是一种技能，更是一种情感的释放和交流方式。当学生在创作中感受到自己的情感被理解和接纳时，学生的自信心和表达欲望也会得到增强。因此，诗意教育不仅关注学生的学术能力，也注重培养学生的情感表达能力，助力学生综合发展。

（三）培养学生创新思维

诗意教育在培养学生创新思维方面具有显著的作用，通过开展文学创作、艺术设计、科学实验等多样化的活动，诗意教育不仅是传授知识，更重要的是能够激发学生的想象力和探索精神。这种教育方法鼓励学生跳出传统的思维模式，敢于尝试新颖的想法和方法。举例来说，一次跨学科的诗意教育项目要求学生结合文学、科学和艺术，共同设计一个未来城市的愿景。在这个项目中，学生不仅仅

简单地呈现其对未来社会的想象，更要通过创造性的思维，探讨如何在科技与人文之间找到平衡，如何利用现有的资源和技术解决未来面临的问题。这种过程不仅培养了学生解决复杂问题的能力，还促进了团队合作和协作精神的发展。诗意教育通过这样的跨学科项目，为学生提供了一个实践和创新的平台，让学生在探索未知和挑战自我设限的过程中成长。这种创新思维的培养不仅有助于学生在学术上取得突破，更重要的是为学生未来成为社会创新者和领导者打下坚实的基础。因此，诗意教育不仅关注知识的传递，更注重培养学生的创造性思维和解决问题的能力，以应对未来社会的复杂挑战和需求。

（四）塑造学生积极的人生态度

诗意教育致力于塑造学生积极的人生态度，使学生能够以乐观、积极的心态去面对生活中的挑战和困难。通过文学作品的赏析和情感体验，学生可以从中汲取生活的智慧和力量，培养出坚韧不拔、勇于拼搏的品质。例如在学习优秀的文学作品《老人与海》时，学生不仅能够感受到作品中所蕴含的人生哲理和情感共鸣，还能够从主人公桑提亚哥的奋斗历程中汲取启示。桑提亚哥在捕鲨过程中遭遇种种挑战和磨难，但他从不气馁，始终保持乐观和坚毅的态度。通过这样的故事，学生可以领悟到在人生道路上，遇到困难并不可怕，重要的是要坚定信念，勇敢面对挑战，不断努力追求目标。诗意教育通过这种方式，激发学生内在的力量和信心，让学生明白即便面对困难，也能够从中汲取经验和智慧，不断成长和进步。这种积极人生态度的培养不仅有助于学生更加勇敢地面对生活中的挑战，还能够激发学生对未来的希望和信心，引领学生走向更加光明的未来。

诗意教育的目标设定涵盖了培养学生的审美情趣、提升情感表达能力、培养创新思维及塑造积极人生态度，通过文学、艺术、音乐等多样化的教学方法，学生得以感知美的存在、表达内心情感、培养创造性思维，并树立乐观、积极的生活态度。这些目标的实现不仅有助于学生个人成长，更为其未来的社会参与和发展奠定了坚实的基础。

四、诗意教育的实践意义

诗意教育作为一种独特的教育理念，不仅是传授知识，更是为学生的全面发展和个性培养提供了重要支持。其实践意义涵盖了促进学生综合素质提升、培养

良好的审美情趣、促进全面发展及增强对生活的热爱和探索欲望等方面，为学生的成长与发展提供了广阔的空间。

（一）促进学生综合素质的提升

诗意教育不仅是为了培养学生的文学修养，更是为了全面提升其综合素质。通过接触诗歌、文学作品及艺术欣赏，学生在审美领域得到了深度的熏陶与培养。这不仅体现在学生对美的敏感度和欣赏能力上，更在于学生的思维方式和表达能力得到了锻炼和提升。举例而言，一个参与诗意教育的学生在解决实际问题时能够运用到诗歌中的隐喻和比喻，从而以别具一格的方式思考和解决问题。这种全面的素质提升不仅让学生在学术上更为全面，也为学生未来的社会生活与职业发展奠定了坚实的基础。

（二）培养学生良好的审美情趣

诗意教育的重要任务之一是培养学生良好的审美情趣，这不仅是为了让学生欣赏美的存在，更是为了提升学生的人文素养和情感体验。通过赏析文学、艺术作品，学生不仅能够感受到作品所蕴含的美，还能够从中体会到作者的情感和思想。例如当学生阅读李白的诗歌或欣赏梵高的绘画时，学生会被文字和色彩所感染，进而产生共鸣并思考作品背后的意义。这种审美情趣的培养不仅能够丰富学生的精神生活，还有助于学生更深入地理解和欣赏世界的多样性和美好。因此，诗意教育在培养学生良好的审美情趣方面具有深远的意义，为学生的综合发展和人生追求提供了重要的支持和指导。

（三）促进学生全面发展

诗意教育的实践对于学生的全面发展具有重要意义，除了传授学术知识外，诗意教育还注重培养学生的创新思维和情感表达能力。通过诗歌创作、艺术设计等活动，学生得以发挥想象力和创造力，从而培养出独立思考和解决问题的能力。这种教育不仅局限于学科范畴，更是为了培养学生的综合素质。举例而言，一个参与诗意教育的学生在学术上取得优异成绩的同时还能够积极参与社会实践和公益活动，展现出全面发展的个人特质。这种全面发展不仅能够让学生在各个领域都有所突破，还有助于学生更好地适应未来的社会环境，并为社会的进步和发展

做出积极的贡献。因此，诗意教育的实践意义在于为学生的全面成长和发展提供有效的支持和指导。

表 1-1-3 促进学生全面发展实施方案

行动方案	具体措施
诗歌创作活动	组织诗歌创作比赛，鼓励学生表达自己的情感和思想。提供诗歌写作指导，帮助学生培养文字表达能力和想象力
艺术设计项目	开展艺术设计比赛或展览，鼓励学生展现创意和审美观。提供艺术设计课程，培养学生的美术表现能力和设计思维
社会实践和公益活动	组织社会实践团队，引导学生参与社区服务和志愿活动。开展公益项目，让学生体验社会责任和公益意识的重要性

(四) 增强学生对生活的热爱和探索的欲望

诗意教育的实践在于激发学生对生活的热爱和探索的欲望，通过接触诗歌、文学作品等，学生能够领略到生活的美好与深刻，从而培养出积极的人生态度和探索精神。举例来说，一个受到诗意教育影响的学生会对自然景观、人生哲理产生浓厚兴趣，并不断地去探索与思考。例如当学生阅读关于自然的诗篇时，会被诗人对大自然的赞美所感染，进而激发对大自然的探索欲望，愿意走出去亲身感受大自然的美妙。这种热爱和探索的欲望不仅会让学生更加热爱生活，还会成为学生持续成长和发展的动力。因此诗意教育不仅是传授知识，更是为了培养学生积极的生活态度和对世界的好奇心，为其未来的学习与实践奠定坚实的基础。

综合考量诗意教育的实践意义，不难发现其在塑造学生全面发展、提升综合素质、培养审美情趣，以及激发学生对生活的热爱和探索欲望等方面起到了重要作用。通过诗意教育，学生不仅会在学术上得到丰富的培养，更在思维方式、情感体验等方面得到提升，为他们未来的个人成长与社会贡献奠定坚实基础。

第二节 班主任的角色定位

一、班主任在诗意教育中的角色

诗意教育中的班主任扮演着至关重要的角色，他们不仅是知识的传递者，更是情感的引导者和启蒙者。促进学生的情感体验和审美情趣培养、激发学生的创造性思维和表达能力、培养学生的人文素养和情感智慧，以及带领学生发现生活中的诗意和美好，这些都是班主任在诗意教育中的重要职责。下面将分别对这些角色进行总结。

（一）促进学生的情感体验和审美情趣培养

在诗意教育中班主任的角色至关重要，特别是在促进学生的情感体验和审美情趣培养方面。班主任通过组织各种文学艺术活动，如文学作品的朗诵、艺术展览的参观等，引导学生深入感受作品所传达的情感和思想。例如通过组织学生欣赏《红楼梦》中的经典段落，班主任可以帮助学生领悟其中蕴含的细腻情感和深刻思想，从而提升他们对文学作品的理解和欣赏能力。这种情感体验和审美情趣的培养不仅是为了扩宽学生的情感视野，更是为了帮助他们培养出对美的敏感度和欣赏力，为其人生增添更多的情感色彩和内涵。因此，班主任在诗意教育中的角色是不可或缺的，他们的引导和指导将为学生的情感成长和审美素养的培养提供宝贵的支持和指导。

（二）激发学生的创造性思维和表达能力

在诗意教育中的班主任扮演着激发学生创造性思维和表达能力的关键角色，通过课堂上的讨论、作文比赛和艺术创作等活动，班主任引导学生开阔想象力，培养他们独立思考和解决问题的能力。举例而言，班主任可以组织学生参与诗歌创作比赛，鼓励他们通过诗意的表达方式来表达自己的情感和观点。这样的创造

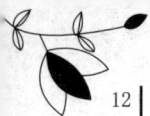

性活动不仅能够激发学生的艺术天赋，还能够培养他们在面对挑战时的应变能力和创新精神。通过这些活动，学生不仅能够提升自己的表达能力，还能够培养出勇于探索、创新思维的品质，为其未来的学术和职业生涯打下坚实的基础。因此班主任在诗意教育中的作用不可忽视，他们的引导和指导将为学生的创造性思维和表达能力的培养提供重要的支持和帮助。

表 1-2-1 激发学生的创造性思维和表达能力观点总结

观点	总结
班主任在诗意教育中扮演着激发学生创造性思维和表达能力的关键角色	通过课堂讨论、作文比赛和艺术创作等活动，班主任引导学生开阔想象力，培养独立思考和问题解决能力
这种创造性活动不仅激发了学生的艺术天赋，还培养了他们的创新精神和应变能力	学生在诗歌创作比赛等活动中不仅提升了表达能力，还培养了勇于探索、创新思维的品质，为未来的学术和职业生涯打下坚实基础

(三) 培养学生的人文素养和情感智慧

在诗意教育中班主任的另一个重要任务是培养学生的人文素养和情感智慧，通过引导学生阅读名人传记、经典文学作品等，班主任帮助他们理解人性的复杂性和社会的多样性。例如班主任可以组织学生参与讨论《论语》中的箴言格言，引导他们从中汲取智慧，培养出深刻的情感理解和人文素养。这种教育不仅是传授知识，更是为学生的道德修养和情感智慧的培养提供了坚实基础，使他们在面对人生中的各种挑战时能够更加从容和成熟。通过这样的教育方式，学生不仅能够学到知识，更能够理解人性的复杂性和社会的多样性，培养出积极的情感态度和成熟的人生观。因此班主任在诗意教育中的角色至关重要，他们的引导和教导将为学生的人文素养和情感智慧的培养提供宝贵的支持和指导。

(四) 带领学生发现生活中的诗意和美好

在诗意教育中，班主任还要带领学生发现生活中的诗意和美好。通过组织校园文化活动、户外写生等实践，班主任引导学生关注生活中的细节和情感体验。例如班主任可以组织学生参与春游活动，带领他们在大自然中感受春天的气息和美丽，从而增强他们对生活的热爱和探索的欲望。这种体验不仅丰富了学生的生

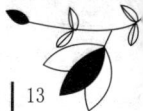

活阅历，还激发了他们对美好事物的感悟和追求，使其在成长过程中更加积极向上和充实。通过这些实践活动使学生不仅能够在自然中感受到诗意的魅力，还能够培养他们的观察力和想象力。例如在户外写生中，学生可以观察自然景物，体验到大自然的美妙之处，并通过绘画或写作等方式表达自己的感受和情感。这种亲身体验不仅让学生更加深刻地理解诗意的含义，还能够激发他们的创造力和表达欲望，为其个性的发展和成长提供宝贵的机会。

诗意教育中的班主任肩负着多重使命；首先，他们通过各种文学艺术活动的组织，促进学生的情感体验和审美情趣培养，使学生能够更加深入地理解和欣赏文学作品中所蕴含的情感和思想；其次，班主任激发学生的创造性思维和表达能力，通过各种创造性活动培养学生的想象力和独立思考能力，为其未来的学术和职业生涯打下坚实基础；再次，班主任还致力于培养学生的人文素养和情感智慧，通过引导学生阅读名人传记、经典文学作品等，使其能够理解人性的复杂性和社会的多样性，从而在面对人生挑战时更加从容和成熟；最后，班主任带领学生发现生活中的诗意和美好，通过组织各种实践活动，使学生能够在自然和社会中体验到美的存在，从而增强他们对生活的热爱和探索的欲望。班主任在诗意教育中的角色是不可替代的，他们的努力和引导将为学生的综合素养和人格发展提供重要支持和指导。

二、班主任的专业素养要求

作为班主任，专业素养是确保教育教学工作有效开展的关键之一。深厚的学科知识储备和教育理论素养、良好的沟通能力和情感管理能力、创新意识和跨学科思维能力，以及持续学习和专业成长的意愿和能力，构成了班主任必备的核心素养。

（一）深厚的学科知识储备和教育理论素养

班主任需要拥有深厚的学科知识储备和教育理论素养，以确保能够有效地指导学生学习和成长。他们需要熟悉相关学科的教学内容和教学方法，能够根据学生的特点和需求设计有效的教学计划和课程内容。对于教育理论的了解也是至关重要的，班主任需要理解教育的本质和目的，以及不同教育理论对于学生发展的影响，从而更好地指导学生的成长和发展。例如一位语文班主任需要对语言文字

的基本原理和文学作品有扎实的了解，这样才能够更好地引导学生阅读和写作。同时他们还需要了解教育心理学的相关理论，以便更好地理解学生的心理需求，并采取相应的教育方法和策略进行指导。

（二）良好的沟通能力和情感管理能力

班主任需要具备良好的沟通能力和情感管理能力，以建立良好的师生关系，并有效地与学生和家长沟通。他们需要善于倾听，能够理解学生的需求和情感，并与他们建立起信任和共鸣。同时班主任还需要处理好与家长的关系，及时与家长沟通学生的学习情况和成长进展，共同关注学生的发展。例如当学生面临学习或生活上的困难时，班主任需要耐心倾听他们的诉求，给予适当的关心和支持，并与他们共同寻找解决问题的方法。同时与家长的沟通也是至关重要的，班主任需要及时向家长反馈学生的学习情况和成绩，共同关心学生的成长。

（三）具备创新意识和跨学科思维能力

班主任需要具备创新意识和跨学科思维能力，能够灵活运用多种教育方法和手段，激发学生的学习兴趣和创造力。他们需要不断探索教育教学的新理念和新方法，以适应不断变化的教育环境和学生的需求。同时跨学科思维能力也是班主任必备的素养，能够将不同学科的知识和技能进行整合，为学生提供更加丰富和全面的学习体验。例如班主任可以组织跨学科的活动和项目，让学生在不同学科领域中进行探索和实践，从而培养其综合运用知识的能力和解决问题的能力。

（四）不断学习和专业成长的意愿和能力

班主任需要保持不断学习和专业成长的意愿和能力，不断提升自己的教育水平和专业素养。他们需要积极参加各种教育培训和专业交流活动，了解最新的教育理论和教学方法，不断丰富和拓宽自己的教育视野和思维方式。同时班主任还需要不断反思和总结自己的教育实践，不断完善和提升自己的教育能力。例如班主任可以参加学校或教育机构组织的教育培训课程，学习最新的教育理论和教学方法；也可以积极参与教育研讨会或学术交流活动，与同行进行经验分享和教育探讨，从中不断汲取新的教育思想和启示。

班主任作为学生成长道路上的引路人和指导者，其专业素养至关重要。他们

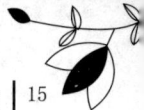

不仅需要拥有扎实的学科知识和教育理论基础，还要具备良好的沟通与情感管理能力，以及创新和跨学科思维能力。同时持续地学习和专业成长也是班主任不可或缺的品质。这些素养的综合运用，将有助于班主任更好地指导学生，促进他们的全面发展和成长。

三、班主任的教育理念更新

随着时代的变迁和社会的发展，教育理念也在不断更新与演变。作为教育工作者之一，班主任在这个过程中扮演着重要的角色。他们不仅要关注传统的知识传授，更需要着眼于学生的个体差异、自主学习能力、社会实践参与，以及尊重与包容的教育态度。下面将探讨如何更新教育理念，使之更好地适应当今教育环境的需求。

（一）探索学生个体差异的教育方式

在当今教育环境中，班主任的教育理念不再局限于简单的知识传授，而是更注重学生的个体差异。班主任应该以一种包容的态度，认识并尊重每个学生的独特性。举例来说，某些学生更适合视觉化的学习方式，因此班主任可以通过图表、图像等方式呈现教材，让他们更容易理解和吸收知识；而另一些学生则更偏向于听觉学习，因此口头解释和讨论更有效。这种个体化的教学方式有助于激发每个学生的学习兴趣，提高学习效率，从而使得教学更有针对性和实效性。因此，了解学生的个体差异并采取相应的教学策略，是班主任在教育实践中应重视的一点。

（二）培养学生的自主学习和探究精神

在当今信息爆炸的时代，培养学生的自主学习能力和探究精神变得尤为重要。作为班主任，不仅要传授知识，更要激发学生内在的求知欲和探索欲。为此班主任可以通过组织课外研究小组或科学实验活动等方式，引导学生在课堂之外进行更深入地学习和探索。这种方式不仅可以让学生加深对知识的理解和掌握，更能培养他们独立思考和解决问题的能力。例如学生可以自主选择感兴趣的课题进行深入研究，或者通过实验设计和观察来探究科学问题。通过这样的实践活动，学生不仅能够积极参与学习过程，还能够培养自主学习的习惯和方法，为未来的学习和生活打下坚实的基础。因此，班主任应该重视培养学生的自主学习和探究精

神,为其提供更广阔的学习空间和更深层次的学习体验。

表 1-2-2 培养学生的自主学习和探究精神行动方案及措施

行动方案	具体措施
组织课外研究小组	鼓励学生自主组建研究小组,选择感兴趣的课题进行深入探讨和研究。提供指导和资源支持,帮助学生规划研究方向和实施计划。
科学实验活动	定期组织科学实验活动,让学生通过设计实验、观察数据等方式探究科学问题。提供实验指导和相关知识培训,引导学生理解科学原理和方法。
引导学生自主学习	鼓励学生利用图书馆、网络等资源进行自主学习,提供学习指导和建议。设立学习计划和目标,帮助学生培养自我管理和学习方法。

(三) 引导学生积极参与社会实践和文化活动

引导学生积极参与社会实践和文化活动是现代教育的重要组成部分,也是班主任在教育理念更新中应该重视的方面之一。通过参与各种社会实践活动,比如志愿者服务、社区义工等,学生可以亲身感受社会的多样性和复杂性,从而培养他们的社会责任感和团队合作精神。例如参与志愿者服务的学生可以通过实际行动感受到帮助他人的快乐,同时也学会了解和尊重不同群体的需求和特点,培养了他们的同理心和社会责任感。组织学生参观博物馆、美术馆等文化场所也是非常有益的。这种活动不仅可以促进学生对文化艺术的理解和欣赏,还能够培养其审美情趣和文化素养。例如学生可以通过参观博物馆了解历史文化的沿革和发展,通过欣赏艺术作品提升审美能力,从而拓宽了他们的视野和经验,丰富了课外生活。通过引导学生积极参与这些社会实践和文化活动,班主任不仅能够促进学生全面发展,还能够培养他们的社会意识、团队精神和文化素养,为他们未来的成长和发展奠定坚实的基础。

(四) 倡导尊重和包容的教育态度和行为

在当今多元化的社会环境下,班主任的教育理念需要更多地倡导尊重和包容的态度和行为。这意味着要尊重每个学生的个性和价值观,不歧视任何一个学生,给予他们平等的对待和机会。例如在班级管理中,班主任应该坚决反对任何形式的欺凌和歧视行为,确保建立一个和谐、包容的班级氛围。通过积极的班级管理

和情感引导，班主任可以帮助学生建立互相尊重、互相理解的良好关系，促进学生之间的团结和友爱。班主任还应该教育学生尊重他人的不同观点和文化背景，培养他们的包容心和包容度。在课堂上，班主任可以鼓励学生分享自己的看法和经历，同时也要引导他们尊重他人的观点，包容不同的意见。通过开展跨文化交流和理解，学生可以更好地认识和尊重不同文化的多样性，从而建设一个更加和谐的社会环境。

在教育理念的更新中，班主任应该关注学生的个体差异，采用个性化的教学方式；培养学生的自主学习和探究精神，引导他们积极参与社会实践和文化活动；同时倡导尊重和包容的教育态度和行为，营造和谐的班级氛围。这些举措将有助于提升教育质量，培养学生成为具有全面发展和社会责任感的人才。

四、班主任与学生的关系构建

建立良好的班主任与学生关系是学校教育中至关重要的一环。这种关系不仅体现了师生之间的信任和尊重，还关乎学生的成长和发展。在这个过程中，班主任的角色至关重要，他们不仅是教育者，更是学生的引导者和榜样。在与学生的互动中，班主任需要关注学生的个性化需求，培养他们的自主性和责任感，同时帮助他们树立正确的人生观和价值观，促进他们的全面发展。

（一）建立师生之间的信任和尊重

建立师生之间的信任和尊重是促进良好师生关系的关键，班主任应该以开放的心态和平等的姿态对待每一个学生，建立起一种相互尊重的氛围。通过定期组织班会或个别谈话等方式，班主任可以与学生建立起密切的沟通渠道，了解他们的学习和生活情况。这样的互动不仅让学生感受到被理解和关心，也使班主任更了解学生的需求和问题，进而能够更有效地为他们提供支持和帮助。在这种信任和尊重的基础上，班主任可以更好地引导学生，促进他们的全面发展。

表 1-2-3 建立师生之间的信任和尊重观点总结

观点	总结
建立师生之间的信任和尊重是促进良好师生关系的关键	以开放的心态和平等的姿态对待每一个学生，建立相互尊重的氛围，是建立师生信任的基础
班主任通过定期组织班会或个别谈话等方式与学生建立密切的沟通渠道，促进师生之间的互动	通过与学生建立起良好的沟通和理解，班主任不仅能更好地了解学生的需求和问题，也能更有效地为他们提供支持和帮助

观点	总结
在信任和尊重的基础上，班主任可以更好地引导学生，促进他们的全面发展。	建立师生之间的信任和尊重不仅有助于维护良好的师生关系，也能为学生的全面发展提供有效的支持和指导。

（二）关注学生的成长和需求，提供个性化的关怀和指导

作为班主任了解并关注学生的成长和需求是至关重要的，每个学生都是独一无二的个体，拥有不同的性格特点、学习方式和生活经历。因此，班主任应该致力于提供个性化的关怀和指导，以满足每个学生的独特需求。针对学习成绩较差的学生，班主任可以采取有针对性的措施，制订个性化的学习计划。通过与学生和家长的沟通，了解他们在学习上所遇到的困难和挑战，班主任可以为他们提供额外的辅导和指导，帮助他们克服学习障碍，提高成绩水平。同时班主任还可以鼓励这些学生参加一些学习小组或辅导班，为他们创造更多的学习机会和资源，激发他们的学习兴趣和动力。针对性格较内向的学生，班主任可以通过开展一些社交活动来帮助他们融入班级集体，并建立自信心。例如组织一些小组游戏或团体活动，为学生提供展示自己的机会，让他们逐渐打开心扉，与同学们建立起良好的人际关系。同时班主任还可以鼓励这些学生参加一些课外兴趣班或社团活动，培养他们的特长和兴趣爱好，丰富校园生活，促进其全面发展。

（三）培养学生的自主性和责任感

培养学生的自主性和责任感是教育中至关重要的一环。作为班主任应致力于激发学生的内在动力和独立思考能力。通过组织小组活动或课外项目，鼓励学生自主选择并完成任务，从而培养其自主性和团队合作精神。例如在一个社会实践项目中让学生自主分工合作，让他们根据自己的兴趣和专长选择任务，并在团队中发挥所长。这样的经历不仅培养了他们的自主性，也锻炼了他们的团队合作和沟通能力。同时班主任也应注重教育学生树立正确的目标和追求，培养他们的责任感和使命感。鼓励学生设立明确的学习和生活目标，并制订可行的计划去实现这些目标，也倡导学生关注社会问题，引导他们认识到自己作为公民的责任和义务。通过参与志愿活动或社区服务，学生不仅能够体验到帮助他人的快乐，也能

够培养自己的责任心和使命感。

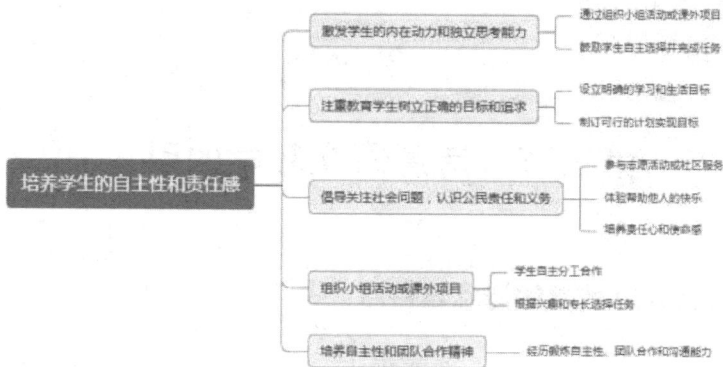

图 1-2-1 培养学生的自主性和责任感思维导图

（四）帮助学生建立正确的人生观和价值观，促进其全面发展

作为班主任，帮助学生建立正确的人生观和价值观是一项至关重要的任务，在这个信息爆炸的时代，学生面临各种诱惑和挑战，因此他们需要有一套正确的人生导向和价值观来引导他们前进。班主任可以通过多种途径来实现这一目标。班主任可以组织主题班会或读书活动，引导学生接触积极向上的思想和正能量。通过分享优秀人物的事迹、阅读励志故事或观看相关视频，班主任可以激发学生的向上心态，鼓励他们积极面对生活的挑战，并树立正确的人生目标和追求。班主任应该注重道德教育，引导学生明辨是非，树立正确的价值观。通过课堂教学、班级活动或日常生活中的点滴示范，班主任可以向学生传递正确的道德观念和价值理念，让学生明白何为善、何为恶，懂得如何去选择和行动。班主任还应该成为学生的榜样和引路人，通过自身的言行举止，班主任可以给学生树立良好的榜样，让他们从身边的人中学到正确的行为和态度，进而形成自己的正确人生观和价值观。

在建立良好的班主任与学生关系的过程中，信任和尊重是基石。班主任应以平等、开放的姿态对待每一个学生，通过定期的沟通和个别谈话，建立起密切的师生关系。关注学生的成长和需求，提供个性化的关怀和指导，是班主任的责任。通过培养学生的自主性和责任感，帮助他们树立正确的人生观和价值观，班主任可以促进学生的全面发展和健康成长。这种师生关系的构建不仅有助于学生

的学业成就，更能够培养他们的综合素养和社会责任感，为他们的未来打下坚实的基础。

第三节　诗意语文教学的引入

一、诗意语文教学的概念与特点

诗意语文教学是一种独特的教学方法，以情感体验和审美感悟为核心，旨在通过文学作品的阅读和欣赏，培养学生的语文修养和人文素养。相较于传统语文教学，诗意语文教学更注重学生情感共鸣和审美体验，将文学作品视为情感与思想的载体，引导学生深入感悟其中的美好与智慧。下面将探讨诗意语文教学的概念与特点，着重介绍其与传统语文教学的区别以文学作品为载体的教学特色，并深入探讨如何引导学生情感共鸣与审美体验，以及诗意语文教学的跨学科融合特征。

（一）诗意语文教学的定义及其内涵解读

诗意语文教学是一种以诗意为主导，以情感体验和审美感悟为核心的语文教学方法。它不仅注重学生对文字表面意义的理解，更强调学生通过文学作品的阅读和欣赏去感受其中所蕴含的情感与美感，从而提升语文修养和人文素养。在诗意语文教学中，班主任不仅是知识的传授者，更是情感的引领者和审美的启蒙者，他们致力于引导学生通过文学作品的阅读去感知生活的美好，体验人生的情感，进而塑造积极向上的人生态度。

（二）诗意语文教学的特点与传统语文教学的区别

诗意语文教学与传统语文教学在方法与目标上有显著不同，传统语文教学主要侧重文字的解读、语法的应用和篇章结构的分析，其目的在于培养学生的语言能力和逻辑思维。相比之下，诗意语文教学则更强调情感体验和审美感悟的重要性。在这种教学模式下，班主任不仅是知识的传授者，更是情感的引领者和审美

的启蒙者。诗意语文教学通过精选的文学作品，如诗歌、散文和小说等，以其独特的艺术表现形式，激发学生内心深处的情感共鸣和情绪体验。在学习和欣赏这些文学作品时，学生不仅是在理解文字表面的含义，更是在感受其中蕴含的情感、揭示的人生智慧及表达的美学价值。例如通过阅读一首富有抒情色彩的诗歌，学生可以体验到诗人内心世界的深刻，从而增进对人类情感和情感表达形式的理解。诗意语文教学还注重培养学生的审美情趣和文学情操，通过引导学生欣赏文学作品中独特的艺术语言和表现形式，班主任帮助学生建立起对美的敏感度和鉴赏能力。这种审美意识的培养不仅有助于学生提升个人的文化修养，还能激发他们对艺术、文学和人生的深刻思考和感悟。

（三）以文学作品为载体的诗意语文教学特色

以文学作品为载体的诗意语文教学是一种富有深度和启发性的教学方法，文学作品不仅是一段文字的堆砌，更是情感和思想的精华凝结。通过选择经典的文学作品，班主任能够引导学生进入作者的内心世界，感受其情感的抒发和思想的表达。文学作品作为情感的载体，能够激发学生的情感共鸣。比如《红楼梦》中的人物命运、情感纠葛，以及《西游记》中的师徒情谊、历险故事，都是能够触动人心的情感素材。通过深入阅读和思考，学生可以体验到作品中所蕴含的丰富情感，从而拓展自己的情感体验和情感表达能力。文学作品作为思想的载体，能够引导学生进行深入地思考和探索。经典文学作品往往蕴含着丰富的人生智慧和哲理，通过阅读和分析这些作品，学生可以了解不同时代、不同文化背景下的思想观念和价值取向。例如《红楼梦》中对于人生苦乐的思考，以及《西游记》中对于修行与成长的探索，都是能够启发学生思考人生意义和社会价值的重要内容。

（四）引导学生情感共鸣与审美体验的诗意语文教学特点

诗意语文教学的独特之处在于其注重引导学生在阅读文学作品时产生情感共鸣和审美体验，这种教学方法通过巧妙地设计和选择适当的文学作品，让学生在阅读中不仅是获取知识，更是深入体验情感与审美的交融。班主任在选择教学材料时要有选择地挑选那些情感丰富、意境深远的文学作品，例如可以选取具有浓厚人情味的故事、抒情深刻的诗歌或是充满哲理的散文，这些作品往往能够触动学生内心的情感，引发他们的共鸣。班主任在教学过程中需要运用多种方法激发

学生的情感共鸣和审美体验，通过朗读、解读、讨论、表演等形式，让学生在参与的过程中更加深入地理解和感受文学作品所传达的情感和美感。例如可以组织学生进行诗歌朗诵比赛，或是设计小组讨论活动，让学生分享自己对作品的理解和感受。班主任需要关注学生的个体差异，因材施教，引导他们在情感共鸣和审美体验上有所突破。通过对学生的情感反应和审美感受进行及时的反馈和指导，帮助他们不断提升自己的情感素养和审美修养。

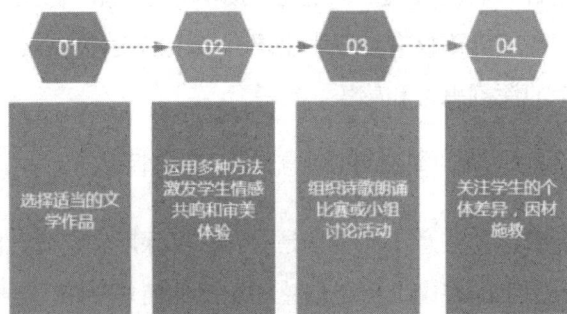

图 1-3-1 引导学生情感共鸣与审美体验的诗意语文教学特点流程图

(五) 诗意语文教学的跨学科融合特征

诗意语文教学的跨学科融合特征使得教学更加丰富多元，能够促进学生在多个领域的全面发展。通过将文学、心理学、艺术等学科知识相互融合，班主任能够设计出更具启发性和深度的教学活动，为学生提供更加综合的学习体验。结合文学作品的阅读和欣赏，班主任可以引导学生进行文学鉴赏和表达。通过分析文学作品的情节、人物形象、语言运用等方面，学生不仅能够提升对文学作品的理解能力，更能够培养自己的文学鉴赏水平和文学创作能力。例如学生可以通过分析小说中的角色性格与行为动机来探讨人物形象的塑造和情节发展的逻辑，从而提升自己的文学理解和批评能力。借助心理学的理论知识，班主任可以深入探讨文学作品中所表达的情感和思想。通过分析作品中人物的内心世界、情感表达和心理冲突，学生能够了解人类情感的丰富多样性，提升自己的情感认知能力和情感表达能力。例如学生可以通过心理学理论解读小说中的人物行为，了解其背后的心理动机和情感因素，从而深入理解作品所表达的深刻内涵。结合艺术等学科知识，班主任可以设计出更具创意和艺术性的教学活动，提升学生的审美修养和

审美体验。例如学生可以通过绘画、音乐等形式表达对文学作品的理解和感受，从而培养自己的审美情趣和审美表达能力。

诗意语文教学作为一种以情感和审美为核心的教学方法，与传统语文教学有着显著不同。它通过选择精致的文学作品，引导学生深入体验其中的情感和思想，培养他们的审美情趣和文学情操。在诗意语文教学中，班主任扮演着情感的引领者和审美的启蒙者的角色，通过多种形式激发学生的情感共鸣和审美体验，引导他们在阅读中获得更深层次的理解和感悟。诗意语文教学还具有跨学科融合的特征，结合了文学、心理学、艺术等多个学科知识，为学生提供了更加丰富多彩的学习体验，促进了他们在多个领域的全面发展。

二、诗意语文教学与班主任工作的结合点

诗意语文教学与班主任的工作密切相关，它不仅是一种教学方法，更是一种理念，强调情感体验和人文关怀，为班级管理、学生心理健康、班级文化建设及学生综合素养的提升提供了丰富而有效的途径。在教学实践中，班主任可以巧妙地融入诗意语文教学，从而促进学生的全面发展，营造积极向上的学习氛围。

（一）诗意语文教学与班级管理的关联

诗意语文教学与班级管理密切相关，因为它强调情感体验和人文关怀，有助于建立积极向上的班级氛围。班主任可以通过诗意语文教学来促进学生之间的情感交流和团结合作，从而提升班级凝聚力和成员间的互信互助关系。例如通过组织诗歌朗诵比赛或是文学分享活动，可以让学生展示自己的才华，增进彼此的了解和尊重，同时激发他们对语文学习的兴趣。诗意语文教学也能够培养学生的情感表达能力和情商，使其更加懂得如何处理人际关系，从而有效地减少班级内的矛盾和冲突，促进良好的班风班纪。

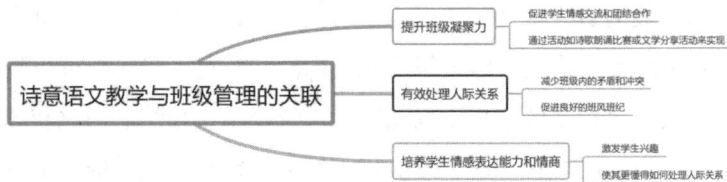

图 1-3-2 诗意语文教学与班级管理的关联思维导图

（二）诗意语文教学与学生心理健康的促进

诗意语文教学的魅力在于其强调情感共鸣与审美感悟，这对学生的心理健康发展至关重要。作为班主任，利用诗意语文教学的方法可以帮助学生更好地认识和表达自己的情感。通过选择那些触动心灵的诗歌或情感丰富的故事，学生可以在阅读和讨论中释放内心的情感，找到宣泄情感的途径。这种情感的释放有助于缓解学生的压力和焦虑，让他们感受到情感得到理解和认同的温暖，从而提升心理素质。同时，诗意语文教学也能通过欣赏文学作品中的美好与智慧来塑造学生的积极人生态度和价值观，通过与文学作品中的人物共情，学生可以领悟到生活中的积极意义和智慧，从而更好地应对生活中的挫折和困难。这种积极的心态不仅有助于学生情绪的稳定，还能培养他们乐观向上的生活态度，使其更好地适应和面对未来的挑战。

表 1-3-1 诗意语文教学与学生心理健康的促进实施方案

行动方案	具体措施
选择触动心灵的文学作品	班主任精选适合学生年龄和情感需求的诗歌、故事或小说等文学作品。在课堂上进行朗诵或阅读活动，引导学生深入感受文学作品中的情感表达和内涵
提供情感表达的机会	定期组织诗歌朗诵或故事分享活动，鼓励学生用诗歌或故事表达自己的情感和思想。创设开放的学习氛围，让学生在课堂上自由发表情感和观点
培养积极的人生态度和价值观	分析文学作品中的人物形象和生活智慧，引导学生探讨积极的人生态度和价值观。组织学生参与角色扮演或讨论活动，让他们从文学作品中汲取积极的生活启示

（三）诗意语文教学与班级文化建设的融合

诗意语文教学与班级文化建设的融合为班主任提供了一个强有力的工具，以塑造丰富而温暖的班级氛围。通过诗意语文教学，班主任可以促进学生之间的情感共鸣和审美体验，进而加强班级文化的内涵和特色。班主任可以鼓励学生共同创作班级诗集。这种集体创作不仅能够展现每个学生独特的情感和思想，还能够将这些情感与思想融合在一起，形成班级的文学精神。这样的诗集可以收录学生对生活、学校、班级的感悟与体验，反映班级的共同价值观和情感共鸣，为班级文化建设增添独特的魅力和活力。通过学生对文学作品的解读和讨论，班主任

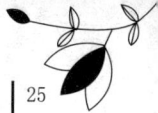

可以促进班级成员之间的交流与合作。在诗意语文教学中，学生不仅可以分享自己对文学作品的理解和感受，还可以借此展开深入的讨论，共同探索作品背后的意义和价值。这样的讨论不仅有助于提升学生的文学素养，还能够增进班级成员之间的情感联系，形成共同的学习氛围和价值观念，进而提升班级的凝聚力和向心力。

（四）诗意语文教学与学生综合素养的提升

诗意语文教学作为一种独特的教学方式，不仅是传授语文知识，更是培养学生情感情操和提升综合素养的有效途径。对于班主任来说，利用诗意语文教学促进学生的全面发展至关重要。通过这种教学方式，班主任可以帮助学生培养审美情趣、人文素养和社会责任感，从而达到提升综合素养的目的。诗意语文教学能够通过文学作品中的人生智慧和社会意义，帮助学生提升道德修养和社会情操。文学作品常常反映了人类的情感和思想，通过学习这些作品，学生能够在情感共鸣中感受到作者的深刻体验，进而反思自己的生活态度和价值取向。例如通过阅读诗歌，学生可以感受到诗人对生命和自然的深情表达，从中汲取关于人生的智慧和对自然的敬畏，这些对于学生的道德修养和人生观念有着深远的影响。诗意语文教学能够激发学生的创造力和想象力，培养其艺术修养和审美能力。通过学习诗歌、散文等文学作品，学生不仅可以感受到语言的美感和节奏感，还可以在阅读和理解的过程中自由地想象和表达。这种创造性的学习方式，有助于学生培养艺术修养，提升审美能力，使他们在情感上更加丰富和深刻，同时也能够在表达和创作中体现出自己的独特性和创造力。

（五）诗意语文教学与个性化教育的结合

诗意语文教学与个性化教育的结合为班主任提供了有力工具，以满足每个学生的学习需求和个性发展。这种教学方式注重学生的情感体验和个性发展，与个性化教育的理念相契合，使班主任能够更好地关注和理解每个学生的个性特点和成长需求，从而实现因材施教，促进学生的全面发展。对于性格内向的学生，班主任可以选择一些含蓄深刻的诗歌或散文进行教学。这样的文学作品常常充满了细腻的情感和深刻的思想，能够引发内向学生内心的共鸣和思考，激励其表达自己的情感和观点。通过这种方式，班主任能够帮助内向学生更好地理解自己，建

立自信心，释放内心的情感，从而促进其情感和心理健康地发展。而对于性格外向的学生，则可以通过文学作品中的人物形象和情节进行情景模拟，激发其表达和沟通能力。这样的学习方式能够激发外向学生的兴趣和参与度，让他们在情景中体验到不同的人生角色和情感体验，从而提升其表达和沟通能力，培养其领导能力和团队合作精神。

诗意语文教学与班主任工作的结合点体现在多个方面：首先，它促进了班级管理，通过情感交流和团结合作提升班级凝聚力；其次，它有助于促进学生心理健康，通过情感共鸣和审美体验缓解学生的压力和焦虑；再次，它融入班级文化建设，通过共同创作和文学作品的讨论增进班级成员之间的情感联系；最后，它实现了个性化教育，因材施教，满足每个学生的学习需求和个性发展。诗意语文教学与班主任工作的结合为班级管理和学生发展提供了丰富的资源和路径，为构建和谐温馨的学习环境作出了重要贡献。

三、诗意语文教学在班主任工作中的应用价值

诗意语文教学在班主任工作中具有丰富的应用价值，不仅能够促进学生的情感表达能力与情感智慧，提升他们的文学素养和人文精神，还能够增强他们的审美情趣与创造力，塑造积极向上的人生态度与价值观，以及促进班级凝聚力与团队合作精神的培养。班主任在日常的工作中，运用诗意语文教学方法，不仅能够丰富教学内容，更能够激发学生的学习兴趣，提升他们的综合素养，进而促进班级和谐发展。

（一）培养学生的情感表达能力与情感智慧

诗意语文教学在班主任工作中的应用价值之一是培养学生的情感表达能力与情感智慧。通过诗歌、散文等文学作品的阅读与赏析，学生能够感受到作者深邃的情感表达，从而激发并提升自己的情感表达能力。例如当学生阅读到鲁迅的《狂人日记》时，可以深刻感受到主人公的内心挣扎与痛苦，进而启发他们对于自己内心世界的探索与表达。班主任可以通过引导学生分析作品中的情感元素，并与学生分享自己的情感体验，引导学生在课堂上或是其他场合表达自己的情感，从而培养他们的情感智慧和情感表达能力。

（二）提升学生的文学素养和人文精神

诗意语文教学在班主任工作中具有显著的提升学生文学素养和人文精神的价值。通过深入学习文学经典，学生不仅能够掌握文学的基本技巧和知识，更能够领略作品所蕴含的深刻人文意义。以李白的诗歌为例，学生可以从中感受到诗人对自然与人生的热爱与思考。当他们读到《静夜思》时，或许会领悟到李白对大自然的敬畏之情，或是对人生短暂的思考，这样的体验能够启发学生对于人生意义和人文关怀的深刻思考。班主任在教学中扮演着重要的引领角色，通过引导学生深入解读文学作品，班主任可以帮助他们逐步领会作品背后所蕴含的人文精神，如对自然、对人性、对历史的思考与感悟。透过导读和讨论，学生能够拓展自己的思维，加深对文学作品的理解，同时也能够培养出对人文价值的敏感和关注，提升他们的人文素养和人文情怀。

表 1-3-2 提升学生的文学素养和人文精神观点总结

观点	总结
诗意语文教学有助于提升学生的文学素养和人文精神	通过深入学习文学经典，学生不仅掌握文学技巧，更领略作品的人文意义
学生通过阅读经典诗歌如李白的作品，可以深刻感受诗人对自然与人生的热爱与思考	阅读《静夜思》等作品能够启发学生对人生意义和人文关怀的深刻思考
班主任在教学中扮演重要角色，通过引导学生深入解读文学作品，帮助他们领会作品背后的人文精神	导读和讨论能够拓展学生思维，加深对文学作品的理解，同时培养出对人文价值的敏感和关注

（三）增强学生的审美情趣与创造力

诗意语文教学的魅力在于它不仅是传授知识，更是一种启迪心灵、激发创造力的过程。通过欣赏诗歌、绘画等艺术作品，学生不仅能够培养审美情趣，还能够从中汲取创造力的灵感。艺术作品中蕴含着丰富的情感和想象力，能够触发学生内心深处的共鸣和想象。例如当学生欣赏到梵高的《星月夜》时，他们或许会被那缤纷斑斓的色彩和流动的线条所吸引，进而产生对于艺术的赞叹和探索的渴望。这种审美体验不仅是对艺术作品本身的感受，更是一种对内心情感和想象力的启迪。班主任在这一过程中扮演着重要的引导者角色，通过组织艺术欣赏活动或者诗歌创作比赛等形式，班主任能够激发学生的艺术创造力，引导他们表达内

心的情感和想象。例如可以组织学生就某一主题展开绘画比赛或诗歌创作，让他们通过自己的作品表达对于美的追求和对于世界的理解，从而提升他们的审美情趣与创造力。

（四）塑造积极向上的人生态度与价值观

诗意语文教学的独特之处在于它不仅传授文学知识，更能深刻影响学生的人生态度与价值观。通过阅读和分析文学作品，学生能够感受到作品中所蕴含的人生智慧和积极态度，这对于他们塑造积极向上的人生观念至关重要。文学作品往往反映了作者对人生、社会和价值观的深刻思考，这些思考可以直接影响读者，特别是年轻人的世界观。以《红楼梦》中的贾宝玉为例，他的人生经历和成长过程充满了对现实生活的观察和思考。学生通过阅读他的故事，可以体会到珍惜眼前人、珍惜眼前事的重要性。这种态度不仅是一种道德观念，更是一种生活哲学，能够帮助学生更加积极地面对生活中的挑战和困难。课堂上的班主任可以通过讨论和引导，帮助学生深入理解文学作品中的人生智慧，并将其运用到实际生活中。通过提出问题和促进讨论，班主任可以帮助学生反思自己的生活态度和价值观，并鼓励他们根据自己的理解进行思考和行动。例如可以通过写作、小组讨论或者课堂演讲的方式，让学生分享他们对文学作品中人生智慧的理解和应用。

（五）促进班级凝聚力与团队合作精神的培养

诗意语文教学在班主任工作中非常重要，不仅是因为它传授文学知识，更因为它能够促进班级凝聚力与团队合作精神的培养。文学作品的阅读和讨论是一个集体活动，它能够帮助学生建立起共同的情感联系和认同感。当学生共同欣赏一首诗歌或者讨论一部文学作品时，他们会在交流与分享中建立起心灵的共鸣，增进彼此的理解与信任。这种共同体验不仅是对文学作品的理解和欣赏，更是对彼此的认同和支持。班主任在这一过程中扮演着重要的引导者角色，通过组织文学分享会、文学作品解读讨论等活动，班主任能够营造良好的学习氛围，激发学生的学习热情和合作精神。在这些活动中，班主任可以引导学生分享自己的理解和感受，鼓励他们积极参与讨论，并及时给予肯定和鼓励。通过这样的过程，学生能够感受到班主任的关爱和支持，增强对班主任的信任和认同，进而加强班级的凝聚力。

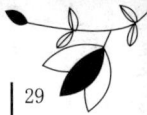

通过培养学生的情感表达能力与情感智慧，提升他们的文学素养和人文精神，增强他们的审美情趣与创造力，塑造积极向上的人生态度与价值观，以及促进班级凝聚力与团队合作精神的培养，诗意语文教学在班主任工作中发挥着重要作用。班主任应当充分发挥自身的引导作用，利用诗意语文教学的方法和手段，引导学生积极参与，共同感受文学的魅力，从而推动班级和学生的全面发展。

四、诗意语文教学的实施策略

诗意语文教学旨在通过文学作品的欣赏、解读和表达，培养学生的审美情趣、语言表达能力及情感体验能力。在实施诗意语文教学的过程中，采用多种策略和方法是至关重要的，这不仅可以丰富教学内容，还能够激发学生的学习兴趣和提升教学效果。下面将探讨诗意语文教学的实施策略，包括多媒体技术应用、文学作品解读与情感体验相结合、诗歌朗诵与表演、课堂情境营造与情感引导、跨学科教学与项目式学习的融合。

（一）多媒体技术在诗意语文教学中的应用

诗意语文教学中多媒体技术的应用能够为学生提供更加丰富、直观的学习体验。通过多媒体技术，班主任可以将诗歌、文学作品以图像、声音、视频等形式呈现给学生，从而激发他们的学习兴趣和情感体验。例如班主任可以利用多媒体展示一些名家诗歌的朗诵视频，让学生在欣赏诗歌的同时感受到诗人的情感表达和语音节奏，进而更好地理解诗歌的内涵与魅力。班主任还可以借助多媒体资源呈现一些相关的图片、音乐或视频，帮助学生更好地理解诗歌背后的文化、历史背景，增强他们的感受力和理解力。通过多媒体技术，班主任能够提供更加生动、直观的学习资源，丰富课堂教学内容，激发学生的学习兴趣，从而提升诗意语文教学的效果。

（二）文学作品解读与情感体验相结合的教学策略

在诗意语文教学中，将文学作品的解读与情感体验相结合是一种有效的教学策略。通过引导学生深入理解文学作品背后的文化、历史、社会背景，以及作者的创作意图和情感表达，学生可以更好地领略作品的内涵与魅力。班主任可以设计一些启发性问题，引导学生思考作品中的象征意义、隐喻手法等，从而激发他

们对文学作品的思考和探索。同时通过情感体验，班主任可以引导学生投入作品情境中，感受其中的情感冲击和情感共鸣，从而增强学生对文学作品的情感体验和审美情趣。例如班主任可以组织学生进行文学作品朗读或情境表演，让他们通过语音、表情、动作等形式，深入体验作品中所传递的情感，从而更好地理解和感悟作品的内涵。通过将文学作品的解读与情感体验相结合，可以使诗意语文教学更加生动、有趣，激发学生的学习兴趣和情感体验。

表 1-3-3 文学作品解读与情感体验相结合的教学策略行动方案及措施

行动方案	具体措施
设计启发性问题	设计针对文学作品的启发性问题，引导学生深入思考作品的象征意义、隐喻手法等。提供相关背景知识和资料，帮助学生理解作品的文化、历史、社会背景
情感体验活动	组织学生进行文学作品朗读或情境表演，让他们通过语音、表情、动作等形式投入作品情境中。引导学生表达自己对作品情感的体验和感受，分享彼此的情感共鸣

（三）诗歌朗诵与表演在诗意语文教学中的作用

诗歌朗诵与表演是诗意语文教学中不可或缺的重要环节。通过诗歌朗诵和表演，学生可以更好地领略诗歌的语音节奏、韵律美感和情感表达，提高他们的语言表达能力和情感体验能力。班主任可以组织学生进行诗歌朗诵比赛或诗歌朗诵会，让学生在舞台上展示自己的朗诵技巧和情感表达能力，从而激发他们对诗歌的兴趣和热爱。同时诗歌表演也是一种情感释放和情感沟通的方式，可以帮助学生更好地理解诗歌中的情感表达，并通过表演将自己的情感与他人分享，增强情感交流和情感共鸣。例如学生可以通过表演诗歌情境或角色扮演的形式，将诗歌中的情感与情节真实地展现出来，从而使诗歌更加生动、感染力强，引发听众的共鸣和思考。通过诗歌朗诵与表演，可以提升学生的语言表达能力、情感体验能力和审美情趣，丰富诗意语文教学的形式和内涵。

（四）课堂情境营造与情感引导的实施方法

在诗意语文教学中，课堂情境的营造和情感的引导是实施方法的重要环节。班主任可以通过布置课前阅读任务、设置情境引导问题等方式，营造一个富有情

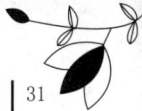

感共鸣和情感体验的课堂氛围。例如在讲解一首富有抒情色彩的诗歌时，班主任可以提前播放一段相关的音乐或视频，让学生在欣赏的同时进入诗歌所描述的情境，感受其中的情感氛围和情感张力。同时班主任还可以通过情感引导问题，引导学生分享自己的情感体验和感受，促进情感交流和情感共鸣。通过课堂情境的营造和情感的引导，可以使学生更加投入课堂学习中，增强他们的学习体验和情感体验，从而提高诗意语文教学的效果和质量。

（五）跨学科教学与项目式学习在诗意语文教学中的融合

跨学科教学与项目式学习的融合是诗意语文教学的重要发展方向，通过跨学科教学，可以将语文与其他学科知识结合起来，丰富课程内容，拓宽学生的视野和思维。例如在学习古诗词时，可以结合历史学科的知识，了解诗人的生平和时代背景；或者结合音乐学科的知识，分析诗歌与音乐的关系，探讨音乐对诗歌的情感表达和韵律美感的影响。同时项目式学习可以提供学生更加自主、探究式的学习方式，激发他们的学习兴趣和创造力。例如可以组织学生进行诗歌创作项目，让他们通过自己的创作实践，深入理解诗歌的创作技巧和情感表达方式，培养他们的创新意识和表达能力。通过跨学科教学与项目式学习的融合，可以使诗意语文教学更加多元化、灵活性。

诗意语文教学的实施策略涵盖了多方面的内容，从利用多媒体技术提供丰富的学习资源，到将文学作品的解读与情感体验相结合，再到通过诗歌朗诵与表演激发学生的语言表达能力和情感体验能力，以及通过课堂情境营造与情感引导营造积极的学习氛围，最后到跨学科教学与项目式学习的融合，丰富了诗意语文教学的形式和内涵，提升了教学效果。这些策略的有机组合能够使学生在诗意语文教学中获得更加全面、深入的学习体验，培养出既有扎实的语文基础，又具备审美情趣和创新能力的综合素养。

第二章 诗意教育的实践基础

第一节 了解学生，因材施教

一、了解学生的个性与需求

了解学生的个性特点与需求是个性化教育的基石。在小学阶段，学生的好奇心和求知欲旺盛，但也面临心理发展上的挑战。通过分析学生的个性特点、学习习惯与家庭背景，以及发掘他们的兴趣爱好与特长，班主任可以更有效地因材施教，为他们提供个性化的学习支持和指导。

（一）学生的个性特点与心理发展阶段分析

了解学生的个性特点和心理发展阶段是为了更好地因材施教，在小学阶段的学生往往充满了好奇心和求知欲，这是他们探索世界的重要阶段。然而他们也面临注意力不集中和自控能力尚未完全发展的挑战。因此，班主任可以采用富有趣味和互动性的教学方法，如游戏化教学或小组活动来激发学生的学习兴趣，并在其中渗入培养良好学习习惯和自我管理技能的元素。通过这样的教学方式，学生不仅可以享受到学习的乐趣，还能逐步培养自我约束和学习自律的能力，为未来的学习打下坚实的基础。

（二）学生的学习习惯与学习风格识别

学生的学习习惯和学习风格是多样化的，了解并识别这些差异对于个性化教学至关重要。有些学生倾向于通过阅读来获取知识，他们会更喜欢独立地阅读教科书或相关资料，然后进行笔记整理。这类学生通常在安静的环境中学习效果更好，因为他们需要集中注意力来理解和吸收文字内容。另一些学生更喜欢通过听讲来学习，他们在课堂上倾听老师的讲解，并通过口头交流来加深对知识的理

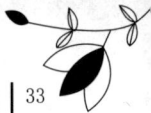

解。这样的学生会受益于课堂上的讨论和互动，因为他们通过言语交流来加深对知识的消化和理解。还有一些学生更偏好通过实践来学习，他们喜欢动手操作和参与到具体的实验活动中。这类学生通过实践中的观察和亲身体验来理解知识，因此他们会在实验室环境或课外实践中表现出色。

（三）学生的家庭背景与社会环境考察

学生的家庭背景和社会环境是塑造他们个性和学习态度的重要因素，了解这些因素可以帮助班主任更好地支持学生的学习和发展。学生来自不同类型的家庭，如单亲家庭或经济困难家庭，需要额外的关爱和支持。这些学生面临家庭经济压力、家庭成员不足以支持学业的挑战，需要学校提供更多的资源和帮助，如经济援助、心理辅导等。班主任可以通过了解这些学生的情况，采取更加温暖、关怀的态度，建立起与学生之间更紧密的联系，从而更好地帮助他们克服困难，实现学业成功。有些学生来自教育氛围浓厚的家庭，他们受到家庭的积极鼓励和支持，对学习有更高的期望值。这类学生会在学业上表现出更强的自信和动力，但也面临家庭期望压力过大的挑战。对于这些学生，班主任可以通过鼓励他们探索自己的兴趣和发展个人潜能，同时给予适当的指导和支持，帮助他们找到适合自己的学习方式和目标。

（四）学生的兴趣爱好与特长发掘

学生的兴趣爱好和特长是他们个性发展的重要组成部分，也是因材施教的关键。通过了解和发掘学生的兴趣爱好和特长，班主任可以为他们提供更加丰富多样的学习体验，激发他们的学习内在动力。举例来说，假设一个学生对音乐有着浓厚的兴趣。班主任可以通过将音乐与其他学科相结合，为学生创造更具吸引力的学习环境。比如在语文课上，可以通过音乐欣赏的形式，让学生感受诗歌的韵律和情感表达；在艺术课上，可以让学生通过音乐创作来表达自己的想法和情感。通过将学生的兴趣爱好融入课堂教学中，不仅可以提高学习的积极性和参与度，还可以促进学生的多元智能发展，培养其综合素养。发掘学生的特长也是重要的，班主任可以通过观察学生在不同领域的表现，发现他们的潜在特长，并为他们提供相应的支持和指导。例如如果一个学生擅长绘画，班主任可以为他提供更多的绘画机会，并鼓励他参加美术比赛或展览，从而增强他的自信心和自尊心，培养

其创造力和表达能力。

了解学生的个性与需求是教育的基础，特别是在小学阶段。班主任需要关注学生的心理发展阶段，识别并尊重他们的学习风格和习惯，同时考虑他们的家庭背景和社会环境。通过发掘学生的兴趣爱好与特长，班主任可以为他们提供更具吸引力和有效性的学习体验，激发他们的学习内在动力，促进其全面发展。

二、针对不同学生的教学策略

个性化教学是教育领域的一大趋势，针对不同学生的教学策略至关重要。下面将探讨针对不同学生的学习风格、认知水平、兴趣爱好和学科特长所设计的差异化教学方法，旨在帮助班主任更好地满足学生的学习需求，促进其全面发展。

（一）针对不同学习风格的差异化教学

针对不同学习风格的学生，差异化教学是确保他们获得最佳学习成果的关键。对于偏好阅读的学生，可以提供更多的文字资料和书籍，鼓励他们独立阅读并进行书面总结。对于偏好听讲的学生，可以加强口头讲解和课堂讨论，让他们通过言语交流来理解和消化知识。对于偏好实践的学生，可以开展实验活动或提供案例分析，让他们通过动手操作和实际体验来加深理解。例如针对一个偏好实践的学生，班主任可以组织实验课程或者户外考察，让学生通过亲身参与和实践操作，掌握科学知识和技能，从而提高学习效果。

（二）针对不同认知水平的个性化辅导

在个性化辅导中，关注学生的认知水平是至关重要的。对于那些理解能力较强的学生，班主任可以引导他们深入学习，提供更为抽象和挑战性的知识内容，激发他们的独立思考和探索欲望。这包括引导他们进行自主研究项目或参与学科竞赛，以进一步促使他们拓展知识面和提升技能；相反，对于理解能力较弱的学生，则需要采用更为具体和生动的教学方式，使抽象的概念更易于理解。例如班主任可以通过绘制图表、使用实物模型或讲述富有情感的故事来帮助这些学生理解概念。这种方式能够让他们更直观地理解知识，降低学习难度，从而提高学习效果。通过这样的个性化辅导方法，班主任可以更好地满足不同学生的学习需求，促进他们的全面发展。

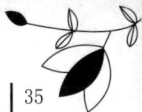

（三）针对不同兴趣爱好的情感共鸣教学

个性化教学的核心之一就是通过学生的兴趣爱好来激发他们的学习兴趣和动力。对于喜欢音乐的学生，班主任可以将音乐与学习内容融合，例如通过使用音乐来帮助记忆数学公式或历史事件，或者组织音乐欣赏活动，让学生通过音乐作品感受不同历史时期或文化背景的情感和氛围。对于热爱运动的学生，班主任可以将体育元素融入课堂教学，例如在学习科学的过程中进行户外实验，或者组织团队活动来解决问题，以培养学生的团队合作和领导能力。而对于喜欢绘画的学生，班主任可以鼓励他们通过绘画来表达对文学作品或历史事件的理解和感受，或者组织美术创作比赛，让学生在创作中体验学习的乐趣并展示自己的才华。通过这些情感共鸣教学方法，班主任可以更好地激发学生的学习兴趣和动力，提高他们的学习效果和学习体验。

表 2-1-1　不同兴趣爱好的情感共鸣教学观点总结

观点	总结
个性化教学应该充分考虑学生的兴趣爱好，以激发他们的学习兴趣和动力	通过针对不同兴趣爱好的情感共鸣教学方法，可以更有效地激发学生的学习兴趣和动力
对于喜欢音乐的学生，可以将音乐与学习内容融合，或组织音乐欣赏活动	借助音乐元素，让学生通过音乐作品感受不同历史时期或文化背景的情感和氛围
对于热爱运动的学生，可以将体育元素融入课堂教学，以培养学生的团队合作和领导能力	在学习科学的过程中进行户外实验或组织团队活动，可以增强学生的团队合作意识和领导能力
对于喜欢绘画的学生，可以鼓励他们通过绘画表达对文学作品或历史事件的理解和感受	通过美术创作比赛等活动，激发学生的创造力，让他们在创作中体验学习的乐趣并展示自己的才华

（四）针对不同学科特长的拓展性教学

针对不同学科特长的学生，个性化拓展性教学是发挥其潜力的有效途径。对于数学领域的天才，班主任可以提供更为深入和挑战性的数学问题，以激发其求知欲和探索精神。这包括引导他们探究更高级的数学概念、参加数学建模竞赛或研究项目等，以进一步挖掘其数学才华。相比之下，对于语言表达方面有天赋者，班主任可以鼓励他们参与写作比赛、诗歌朗诵或辩论比赛等活动，以培养其文学

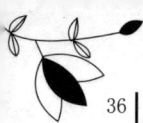

素养和表达能力，同时拓展其思维广度。例如对于对科学充满兴趣的学生，班主任可以组织科学实验小组，让他们在实践中探索科学奥秘，培养其科学探究能力和实验技能。通过这样的拓展性教学方法，班主任可以更好地满足不同学科特长学生的学习需求，激发他们的学习热情，提高其学科水平和综合素养。

差异化教学是针对不同学生需求设计的关键策略，包括对学习风格、认知水平、兴趣爱好和学科特长的个性化辅导。通过有针对性的教学方法，班主任可以更有效地激发学生的学习兴趣和动力，提高他们的学习效果和学习体验，实现教育的最终目标。

三、个别化教育计划的制订

个别化教育计划的制订是为了更好地满足学生个性化学习需求，提升其学习效果和全面发展。下面将探讨确立学习目标与发展路径、设计个性化学习任务与活动、制订个别化学习计划与时间表、确定个别化学习评价与反馈机制等四个方面的重要内容。

（一）确立个别化学习目标与发展路径

个别化教育计划的首要任务是确立学生个别化的学习目标和发展路径，这需要班主任和学生共同合作，根据学生的能力、兴趣和学科特长，制定符合其需求的学习目标。例如对于一个数学方面有天赋的学生，学习目标是掌握更高级的数学概念和解题技巧，参加数学竞赛并取得好成绩；而对于语言表达能力较强的学生，学习目标是提高写作水平，参与各类写作比赛或文学创作活动。在确立学习目标的同时还需要制定相应的发展路径，明确学习所需的步骤和时间安排，以便学生能够逐步实现目标。

（二）设计个性化学习任务与活动

设计个性化学习任务和活动是个别化教育计划的核心部分，针对学生的个人兴趣、特长和学习目标，定制符合其需求的任务和活动，可以更好地激发学生学习兴趣和提高学习效果。例如对于喜欢科学实验的学生，可以设计一系列具有挑战性和创造性的实验项目，让他们动手操作、观察现象、提出假设，并通过实验验证自己的想法，从而深入理解科学知识；而对于热爱文学的学生，则可以安排

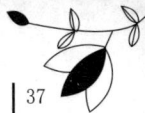

阅读经典文学作品，如《红楼梦》《傲慢与偏见》等，组织文学讨论和写作活动，让他们通过阅读和思考，感受文学的魅力，提升自己的文学素养和表达能力。通过这样的个性化学习任务和活动，可以更好地满足学生的学习需求，促进其全面发展。

表 2-1-2 设计个性化学习任务与活动实施方案

学生类型	个性化学习任务与活动
喜欢科学实验的学生	设计具有挑战性和创造性的实验项目，涉及不同科学领域，如物理、化学、生物等。提供实验材料和设备，让学生动手操作、观察现象，并提出自己的假设。组织实验报告或展示活动，让学生分享实验过程和结果，以及对科学知识的深入理解
热爱文学的学生	安排阅读经典文学作品，如《红楼梦》《傲慢与偏见》等，提供相关阅读材料和指导。组织文学讨论和写作活动，让学生分享对作品的理解和感受，同时提升文学素养和表达能力。鼓励学生进行创作，可以是短篇小说、诗歌或读后感等形式，展示自己的文学才华

（三）制订个别化学习计划与时间表

制订个别化学习计划和时间表需要充分考虑学生的学习节奏和个人需求，以确保他们能够按照自己的步伐和方式进行学习。要将学习目标具体化，并分解为可量化的学习任务，以便学生清晰了解应完成的工作。根据学生的学习进度和能力水平，合理安排学习任务和活动的时间和顺序，确保每个学生都能在适当的时间内完成任务。例如可以为每个任务设定截止日期，并在时间表中明确标注，以提醒学生及时完成。同时还应该灵活调整计划和时间表，根据学生的学习情况和个人发展需求进行调整。例如对于某些学生需要额外的时间来消化和理解知识，而对于另一些学生则需要更多的挑战性任务来激发学习兴趣。因此个别化学习计划和时间表应该具有一定的灵活性，以满足不同学生的学习需求，促进其全面发展。

（四）确定个别化学习评价与反馈机制

确定个别化学习评价与反馈机制是确保个别化教育有效实施的重要环节。评价方式应根据学生的个别化学习目标和发展路径，采用多样化的方法，如考试、作业、项目评估等，以全面了解学生的学习情况。例如对于一个喜欢实践的学生，

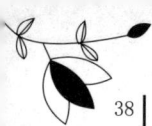

可以设计实验报告作为评价方式，以考查其实验设计和数据分析能力；对于另一个文学爱好者，可以通过写作作业评估其文学理解和表达水平。重要的是及时提供个性化的反馈，帮助学生了解自己的学习进展和存在的问题，并有针对性地调整学习策略。例如可以定期举行一对一的学习反馈会议，与学生共同分析学习成果和困难，提供有效的建议和支持措施。通过这样的个别化评价与反馈机制，可以更好地指导学生实现个人学习目标，促进其全面发展。

个别化教育计划的制订需要综合考虑学生的能力、兴趣和学习需求，通过确立个别化学习目标与发展路径，设计个性化学习任务与活动，制订个别化学习计划与时间表，以及确定个别化学习评价与反馈机制等步骤，促进学生的全面发展。这一过程中，班主任与学生共同合作，为每个学生量身定制符合其需求的教育方案，以达到个性化教育的最终目标。

四、诗意教育中的学生评价

诗意教育中的学生评价是确保其全面成长和发展的重要环节，学生的情感态度、审美情趣、创造性思维及综合素养与人文精神的评价，构成了对其诗意素养的全面考量。通过深入了解学生在这些方面的表现，教育者可以更好地引导他们在文学、艺术和人文领域的学习和成长，培养其独立思考、情感表达和社会责任感。

（一）学生情感态度与情感表达的评价

学生的情感态度和情感表达能力是诗意教育中至关重要的方面。评价学生的情感态度包括对其学习的热情、对文学作品的情感体验以及对人生、社会的情感态度等方面进行观察和分析。例如通过学生在课堂上的积极参与、作品阅读后的情感反应，以及对诗歌、散文的感悟和表达来评价其情感态度。评价学生的情感表达能力则涉及其在文学作品赏析、创作活动中所展现出来的表达能力和情感表达的深度。例如通过学生撰写的诗歌、散文、小说等作品，以及其在诗意教育课程中的演讲、朗诵等形式，来评价其情感表达的程度和质量。

（二）学生审美情趣与文学素养的评价

诗意教育中培养学生的审美情趣和文学素养是至关重要的。评价学生的审美情趣包括对其对文学作品的审美能力、艺术鉴赏能力及对美的感知能力等方面进

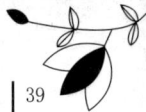

行观察和评估。例如通过学生对诗歌、小说、绘画等艺术形式的品位和理解程度，来评价其审美情趣。而评价学生的文学素养则主要涉及其对文学知识的掌握程度、文学作品的理解能力、文学批评能力等方面。例如通过考查学生对经典文学作品的解读、对文学理论的理解和运用，来评价其文学素养的高低。

（三）学生创造性思维与表达能力的评价

评价学生的创造性思维和表达能力需要综合考虑其在不同场景下的表现，首先针对创造性思维，可以观察学生在课堂上的思维活跃程度和对问题的独立见解。例如能否提出新颖的观点、解决问题的创意方案，以及在文学作品阅读或创作中展现出的想象力和创意。这可以通过课堂讨论、作业设计和项目作品等多种方式进行评价。评价学生的表达能力则需要关注其语言组织能力、表达流畅度和表达效果。例如通过学生的写作作品、演讲稿、朗诵表演等形式，评估其表达能力的水平。关键在于观察其表达是否清晰明了、语言是否生动形象、能否准确传达所要表达的思想和情感。通过综合评价学生的创造性思维和表达能力，可以更好地指导其在诗意教育中的学习和成长，培养其独立思考和自信表达的能力。

表 2-1-3 学生创造性思维与表达能力的评价观点总结

观点	总结
评价学生的创造性思维需要考虑其在课堂和其他场景中的表现	观察学生在课堂上的思维活跃程度和对问题的独立见解，以及在文学作品阅读或创作中展现的想象力和创意
可以通过课堂讨论、作业设计和项目作品等多种方式进行评价	评价学生是否能提出新颖观点、解决问题的创意方案，以及创造性思维在不同场景下的表现
评价学生的表达能力需要关注语言组织能力、表达流畅度和表达效果	观察学生的写作作品、演讲稿、朗诵表演等形式，评估其表达能力水平
关键在于观察表达是否清晰明了、语言是否生动形象，并能否准确传达思想和情感	综合评价学生的创造性思维和表达能力，可以更好地指导其在诗意教育中的学习和成长

（四）学生综合素养与人文精神的评价

评价学生的综合素养与人文精神是诗意教育中的一项重要任务，评价综合素

养需要考查学生对人文知识的掌握情况。这包括对历史、哲学、艺术等人文学科的理解程度和运用能力。例如通过学生对历史事件的分析解读、对哲学思想的理解和对艺术作品的欣赏评价，来评价其综合素养水平。评价学生的人文精神需要观察其对人类文明的尊重、社会价值的认同及对人文情感和道德的关怀。例如通过学生在社交互动中的表现、对社会问题的思考和对他人的关爱等方面，来评价其人文精神的培养情况。综合考量学生的言谈举止、思想境界及对人类文明的理解与践行，可以更准确地评价其综合素养与人文精神的发展情况，从而为其全面成长提供有效指导。

学生评价在诗意教育中有重要作用，评价学生的情感态度、审美情趣、创造性思维及综合素养与人文精神，不仅需要观察其在课堂学习中的表现，还需要关注其在实践活动和社交互动中的表现。通过综合评价，可以更好地了解学生的成长轨迹，为其提供个性化的教育指导，使其在诗意教育的过程中获得更为全面的提升。

第二节　创建诗意教育环境

一、教室环境的布置与优化

教室环境的布置与优化对于学生的学习和发展至关重要。通过设计温馨舒适的教室布局与装饰、打造富有诗意的墙面展示与装饰、营造富有文学氛围的角落与展示区、提供多样化的座位选择与学习区域设置，以及利用技术手段增强教室环境的诗意氛围，可以为学生营造一个宜人的学习环境，促进其全面发展和成长。

（一）设计温馨舒适的教室布局与装饰

为了在教室中营造出温馨舒适的氛围，教室的布局与装饰至关重要。选择柔和的灯光和自然色系的墙面颜色可以让整个空间显得温暖而舒适。这样的环境有助于学生放松身心，更好地专注于学习。摆放舒适的座椅和柔软的地毯也是必不可少的。舒适的座椅可以提供良好的坐姿支撑，而柔软的地毯则让学生在课堂上

感受到家的温馨。将一些绿植或装饰性盆栽置于教室中，不仅可以增添一份生机与活力，还能让学生感受到自然的气息，有助于缓解压力和焦虑，提升学习效果。通过设计温馨舒适的教室布局与装饰，可以为学生营造一个宜人的学习环境，促进其全面发展和成长。

（二）打造富有诗意的墙面展示与装饰

利用墙面展示与装饰可以为教室带来富有诗意的氛围。首先可以挂上学生的诗歌、书法作品或美术作品，展示他们的创意与想象力。这样的展示不仅能够激励学生的创作热情，还能够让他们感受到自己的成就，增强自信心。贴上著名诗人的诗歌或诗句，也是一种有效的方式。通过与经典诗歌的互动，学生可以更深入地理解诗歌的内涵与情感，激发对文学的兴趣与热爱。墙上的展示物可以根据不同主题进行设计，可以是多彩的、充满活力的，也可以是简洁清新的，这取决于教室的氛围和教学内容。无论是哪种风格，都能够为学生营造一个充满诗意与艺术气息的学习环境，激发他们的文学情感与创造力。

（三）营造富有文学氛围的角落与展示区

为了营造富有文学氛围的角落与展示区，可以在教室中设置一个专门的文学区域，使学生能够深入接触和体验文学的魅力。这个区域可以包含与诗歌、文学相关的书籍、期刊和文学作品，例如诗集、小说、散文集等。展示这些资源可以激发学生的阅读兴趣，帮助他们更好地理解和欣赏文学作品。可以设计成一个小型的图书馆或书角，提供一个安静、舒适的环境，供学生阅读和借阅书籍。配备舒适的座椅和阅读灯，让学生在这个区域内专注地阅读和思考。这种设计能够帮助学生远离喧嚣，专心投入文学作品中，培养他们的阅读习惯和批判性思维能力。展示区还可以包括一些展示架或展示柜，展示学生的阅读心得、书评或自己的文学作品。通过展示学生的作品，可以激发其他学生的学习兴趣，同时也可以增强学生的自信心和表达能力。

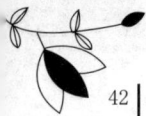

表 2-2-1 营造富有文学氛围的角落与展示区行动方案及措施

行动方案	具体措施
创建文学区域	在教室中设置专门的文学区域,包含与诗歌、文学相关的书籍、期刊和文学作品。包括诗集、小说、散文集等不同类型的文学作品,以满足学生的阅读需求
设计舒适环境	设计文学区域成为一个小型的图书馆或书角,提供安静、舒适的阅读环境。配备舒适的座椅和阅读灯,让学生可以专心阅读和思考
设置展示区域	在文学区域内设置展示架或展示柜,用于展示学生的阅读心得、书评或文学作品。鼓励学生积极参与展示,分享自己的阅读体会和创作成果。
激发学生兴趣	展示丰富多样的文学资源,激发学生的阅读兴趣和对文学作品的欣赏。通过展示学生作品,增强学生的自信心和表达能力,同时激励其他学生的学习兴趣

(四) 提供多样化的座位选择与学习区域设置

为了满足不同学生的学习习惯和需求,提供多样化的座位选择和学习区域设置至关重要。传统的课桌椅排列虽然是最常见的方式,但并不一定适合所有学生。因此可以考虑在教室中设置多种不同的学习区域,以供选择。首先可以设置沙发区,给予学生舒适的环境,使其在放松的状态下更好地思考和学习。沙发区可以作为小组讨论或休息放松的场所,激发学生之间的合作与交流。咖啡桌区也是一个不错的选择,在这个区域可以摆放一些小型的咖啡桌和椅子,为学生提供一个轻松愉快的学习环境。学生可以在这里进行个人学习,也可以与同学进行小组讨论或交流。地毯休闲区也是一个很受学生欢迎的选择,在这个区域可以铺设柔软舒适的地毯,配备一些坐垫或抱枕,让学生可以躺着或坐着进行学习或休息。这样的设置有助于缓解学生的疲劳和压力,增强学习的舒适度和效果。

(五) 利用技术手段增强教室环境的诗意氛围

利用技术手段增强教室环境的诗意氛围是一种创新的方法,可以更好地激发学生对文学的兴趣和理解。可以利用投影仪或屏幕播放与诗歌、文学相关的视频、音乐或图像。例如播放古典音乐,如贝多芬的交响乐或巴赫的管风琴曲,营造出一种庄严肃穆的氛围;或者播放自然风景视频,如山水风景或草原牧歌,让学生

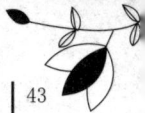

在视觉上感受到诗意的美好。可以利用电子白板或智能手机应用进行互动课堂教学，班主任可以通过展示诗歌的文字、图像或音频，并与学生进行互动讨论，引导他们深入理解诗歌的内涵与意义。学生也可以利用智能手机应用，参与诗歌朗诵、创作或分享，增强他们对文学内容的参与度和体验感。还可以播放文学名著的电影片段，如根据名著改编的电影或纪录片，让学生通过影像更直观地了解文学作品的情节和人物形象，激发他们对文学的兴趣和探索欲望。

通过以上的优化措施使教室不再是单调的学习场所，而是一个充满诗意和文学氛围的学习天地。这种环境不仅可以激发学生对文学的兴趣和热爱，还可以促进学生的思维发展和创造力，提升他们的学习效果和综合素质。因此，教室环境的优化是教育工作者不断探索的重要课题，也是为学生提供更好教育资源的重要保障。

二、课堂氛围的营造与调控

课堂氛围的营造与调控对于学生的学习积极性和参与度至关重要，通过创设轻松活泼的学习氛围，借助音乐、光影等元素调节情绪，鼓励学生积极参与诗意活动与讨论，以及把握好课堂节奏与氛围的把控，班主任能有效地促进学生的学习效果和学习体验。提供安全包容的学习环境，让学生自信地表达和展示自己的才能和观点，是保障学生全面发展的重要环节。

（一）创设轻松活泼的诗意学习氛围

教学中创设轻松活泼的氛围可以大大提高学生的学习兴趣和积极性，通过运用诙谐幽默的语言，班主任能够让学生在笑声中轻松接受知识，消解学习的紧张感。举例来说，班主任可以在介绍概念时插入有趣的笑话或逸事，使学生在学习中感受到愉悦。设计一些生动有趣的教学活动也是创造轻松氛围的有效途径。例如通过角色扮演、小组合作等形式，让学生在游戏中学习，既锻炼了他们的能力，又增加了学习的趣味性。最重要的是，保持轻松的交流氛围，让学生敢于表达自己的想法和疑虑，促进彼此的交流和互动。因此，班主任在课堂中不妨放下严肃，积极创造轻松愉快的学习氛围，从而激发学生的学习兴趣和动力。

（二）借助音乐、光影等元素调节课堂情绪

课堂中的音乐和光影是调节情绪的重要元素，它们能够有效地改变学习环境的氛围，为学生营造出更加舒适和愉悦的学习氛围。适时播放轻快愉悦的音乐可以提高学生的情绪，让他们感到放松和愉快，从而更加专注于课堂内容。比如在学生进入教室之前，播放一段轻松的音乐，可以帮助他们缓解紧张和焦虑，进入学习状态。同时通过合理利用光影效果，如调节灯光的明暗度和色彩，可以营造出舒适宜人的课堂氛围。温暖柔和的灯光可以让学生感到放松和安心，有助于提高学习效果。总之，音乐和光影作为课堂氛围调节的有力工具，能够有效地促进学生的情绪和学习体验，为课堂教学增添一份愉悦和活力。

（三）鼓励学生积极参与诗意活动与讨论

在课堂中鼓励学生积极参与诗意活动与讨论是促进学习氛围活跃的重要方式。通过开展各种诗意活动，如诗歌朗诵、文学作品分享、诗意绘画等，可以激发学生的创造力和表现欲望。例如组织学生进行诗歌朗诵比赛，让他们挑选自己喜爱的诗歌进行朗诵，展示自己的才华和表达能力。同时安排文学作品分享环节，让学生分享自己喜爱的文学作品，并进行交流讨论，拓宽视野、增进理解。还可以组织诗意绘画活动，让学生通过绘画表达对文学作品的理解与感悟，培养审美情趣和艺术表达能力。在活动过程中，班主任应该及时给予学生肯定和鼓励，激励他们更多地参与到课堂活动中来，树立自信心，培养团队合作意识。通过这些诗意活动与讨论，不仅能够丰富课堂教学内容，增强学生的学习兴趣，还能够促进学生之间的交流与合作，营造出积极向上的学习氛围。

表 2-2-2 鼓励学生积极参与诗意活动与讨论观点总结

观点	总结
鼓励学生积极参与诗意活动与讨论是促进学习氛围活跃的重要方式	通过各种诗意活动，如诗歌朗诵、文学作品分享、诗意绘画等，激发学生的创造力和表现欲望
组织诗歌朗诵比赛和文学作品分享，展示学生的才华和表达能力	通过诗歌朗诵比赛和文学作品分享，拓宽学生的视野，增进对文学作品的理解与感悟
组织诗意绘画活动，培养学生的审美情趣和艺术表达能力	通过诗意绘画活动，让学生通过绘画表达对文学作品的理解与感悟，提升艺术表达能力

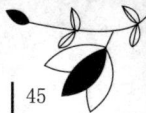

续表

观点	总结
及时给予学生肯定和鼓励，激励他们更多地参与到课堂活动中来	通过肯定和鼓励，培养学生的自信心和团队合作意识，营造积极向上的学习氛围

（四）注重课堂节奏与氛围的把控

在课堂教学中注重把握好课堂节奏和氛围，是确保教学效果的关键。班主任应该根据教学内容的复杂程度和学生的接受能力，合理安排课堂的进度和节奏，确保学生能够跟上教学进度，并且能够深入理解所学知识。及时进行适当的复习、总结，以及提出问题的引导，可以帮助学生巩固所学内容，提高学习效果。同时班主任还需注意课堂氛围的把控，避免过于紧张或松懈的状态。一个既严肃又活跃的氛围有助于激发学生的学习热情和积极性。通过灵活运用教学方法和手段，如启发式教学、小组讨论、案例分析等，可以增加课堂的活跃度，吸引学生的注意力，提高他们的学习积极性。班主任还应不断收集学生的反馈信息，了解他们的学习状态和需求，及时调整教学策略和方式，确保课堂教学的质量和效果。通过密切关注学生的学习情况，班主任能够更好地把握课堂节奏和氛围，使教学过程更加顺畅和高效。

（五）提供安全包容的学习环境，促进学生自我表达与展示

在课堂中提供安全包容的学习环境，是促进学生自我表达与展示的重要保障。班主任应该尊重每个学生的个性和差异，鼓励他们勇敢地表达自己的观点和想法，不受拘束地展现自己的才华和特长。这种包容性的环境能够让学生感到放松和自信，从而更愿意参与到课堂讨论和活动中来。为了营造安全包容的学习环境，班主任可以采取一些措施。班主任应该树立尊重和理解的态度，不轻易批评或贬低学生的观点和表现，而是给予他们积极的反馈和支持，鼓励他们不断尝试和进步。班主任可以设立一些小组讨论或合作项目，让学生在小组内相互支持和协作，建立彼此的信任和友谊。班主任应该时刻关注学生的情绪变化，及时调整教学策略，确保每个学生都能够在一个舒适和安全的氛围中学习和成长。

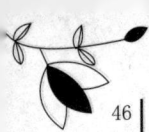

在课堂教学中创设轻松活泼的学习氛围，通过诙谐幽默的语言和生动有趣的教学活动，能够激发学生的学习兴趣和动力。借助音乐、光影等元素调节情绪，可以提升学生的情绪状态，营造出舒适愉悦的学习环境。鼓励学生积极参与各种诗意活动与讨论，不仅丰富了课堂内容，还促进了学生之间的交流与合作。同时把握好课堂节奏和氛围，有助于提高教学效果，提高学生的学习积极性。最重要的是，提供安全包容的学习环境，让每个学生都能自信地表达和展示自己，是培养学生自信与独立思考能力的必备条件。班主任应综合运用多种教学方法和策略，营造诗意课堂氛围，以促进学生全面发展和综合素质的提升。

三、家校合作，共同营造诗意教育环境

当今社会的教育早已不仅是学校的责任，而是需要学校与家庭之间的紧密合作，共同促进学生的全面发展。在这个过程中，诗意教育作为培养学生情感与审美能力的重要组成部分，需要学校与家庭共同营造一个有利于学生情感与审美发展的环境。下面将探讨家校合作如何共同营造诗意教育环境，以及如何通过与家长的沟通合作、邀请家长参与活动和课堂观摩、家校联动策划项目和活动、开展家访和家庭作业设计来促进家庭诗意教育的延伸。

（一）与家长沟通合作，共同关注学生情感与审美发展

与家长的沟通合作是促进学生情感与审美发展的关键一环。通过与家长保持密切联系，班主任可以了解学生在家庭环境中的情况，及时发现并解决学生在情感与审美方面的问题。例如如果发现学生在家庭中缺乏艺术氛围，班主任可以与家长沟通，共同寻找适合学生的艺术活动或课外诗意教育资源。班主任还可以向家长传达课堂上培养学生情感与审美发展的重要性，并邀请家长共同关注和引导学生在这方面的成长。通过与家长合作，可以形成学校和家庭共同关注、共同培养学生情感与审美发展的良好氛围。

（二）邀请家长参与诗意教育活动与课堂观摩

邀请家长参与诗意教育活动与课堂观摩是建立积极家校合作关系的有效途径。在课堂观摩中的家长能够亲身感受到孩子的学习环境和教学内容，这有助于他们更全面地了解孩子在学校的表现与需求。同时这也向家长展示了学校对于诗

意教育的重视，增强了他们的信心和支持度。而参与诗意教育活动，则为家长与学校之间建立起更为紧密的联系和互动平台。通过文艺汇演、诗歌朗诵比赛等形式，家长能够深入了解学校的教育理念和教学成果，同时也能够与其他家长交流互动，共同探讨如何更好地培养孩子的审美情感和文学素养。这样的活动不仅促进了家校之间的沟通与交流，也使得双方能够更加紧密地携手，共同关注和支持学生的全面发展。

（三）家校联动，共同策划诗意教育项目与活动

家校联动，共同策划诗意教育项目与活动是构建良好家校关系的重要举措。一种有意义的活动是举办诗意绘画比赛。在这个活动中，学校和家长可以共同制定比赛规则和主题，激发学生的创造力和想象力。学生可以通过绘画表达自己对诗意的理解和感受，从而培养情感和审美能力。家长也可以参与到比赛中，担任评委或志愿者，与学校一起为活动的顺利进行提供支持。通过这样的合作，学校和家庭之间建立了更加紧密的联系。家长可以更直接地了解学校的教育理念和课程内容，增强对学校的信任和支持。同时学校也更加了解家庭对孩子教育的期待和关注点，有针对性地开展相关活动。这种合作不仅有助于学生的全面发展，还能够促进学校和家庭之间的互信与合作，共同为孩子的成长和未来奠定坚实的基础。

（四）家访与家庭作业设计，促进家庭诗意教育的延伸

家访是促进家庭诗意教育延伸的重要途径之一。通过与家长面对面地交流，班主任可以更深入地了解家庭对于诗意教育的态度和期望。在家访中，班主任可以与家长探讨如何在家庭环境中培养孩子的情感和审美，共同寻找适合的诗意教育方式和资源。例如班主任可以向家长推荐一些适合家庭阅读的诗歌或文学作品，鼓励家长与孩子一起分享和讨论，营造诗意的家庭氛围。在设计家庭作业时，班主任可以引导学生与家长共同参与诗意教育活动，例如布置家庭作业，要求学生与家长一起完成有关诗意的任务，如共同选择一首喜爱的诗歌进行朗诵或解读，一起创作一幅诗意的艺术作品等。这样的作业设计不仅可以促进家庭成员之间的亲子交流和合作，也使诗意教育真正融入家庭生活中，拓展学校课堂之外的教育空间。通过家访和家庭作业设计，家庭诗意教育得到了更加全面和深入的推进。

家长在与班主任的交流中了解到了诗意教育的重要性，并得到了相应的指导和支持，有助于他们更好地在家庭中培养孩子的情感与审美。这样的家校合作不仅促进了学生的全面发展，也加强了家校之间的沟通与联系，共同致力于孩子的成长与成才。

家校合作是促进诗意教育环境建设的关键一环。通过与家长的沟通合作、邀请家长参与活动与课堂观摩、家校联动策划项目与活动及家访与家庭作业设计等方式，学校与家庭可以共同营造一个有利于学生情感与审美发展的环境。这样的合作不仅促进了学生的全面发展，也加强了家校之间的沟通与联系，共同致力于孩子的成长与成才。

四、社会资源的整合与利用

当今社会诗意教育的重要性逐渐被人们所认识和重视，然而要让诗意教育真正落地，需要整合和利用社会资源，为学生提供更广阔、更丰富的学习平台和体验方式。开展文学名家讲座、利用社区资源开展文化体验活动、与文化机构合作举办展览与演出、邀请志愿者参与项目实施，以及利用互联网资源开展课程与活动，都是实现这一目标的重要举措。

（一）开展文学名家讲座与作家沙龙活动

在促进诗意教育的过程中，开展文学名家讲座与作家沙龙活动是一种有效的方式。通过邀请知名作家或文学学者来学校举办讲座，可以为学生提供与文学大师直接交流的机会，激发他对文学的兴趣和热爱。比如邀请著名诗人到校进行诗歌创作分享，让学生近距离感受到诗歌的魅力与艺术内涵。同时组织作家沙龙活动，让学生们能够与作家面对面地交流、讨论，分享彼此的创作心得和体会。这样的活动不仅能够拓宽学生的文学视野，还能够激发他们的创作潜力，促进他们在诗意教育方面的进步与成长。

（二）利用社区资源开展诗意文化体验活动

利用社区资源开展诗意文化体验活动是丰富学生课余生活、培养其文化素养的有效途径，例如可以组织学生前往当地的艺术馆、博物馆或文化中心参观，让他们接触到不同形式的艺术作品，感受诗意的艺术氛围。又如，可以组织学生参

与社区文化活动，如诗歌朗诵会、书法比赛等，让他们亲身体验到诗意文化的魅力。通过这些活动，学生不仅可以增加对诗意文化的了解和感受，还能够拓宽视野、提升审美能力，进而在日常生活中更加热爱和珍视诗意文化。

（三）合作文化机构举办诗意教育展览与演出

合作文化机构举办诗意教育展览与演出是丰富学生课外文化生活、提升其艺术素养的重要举措，例如可以与当地美术馆、剧院或音乐厅合作，举办诗意主题的艺术展览或演出活动。在展览中，学生可以欣赏到不同风格的诗意艺术作品，感受到艺术家们对生活与情感的诗意表达；在演出中，学生可以欣赏到诗意音乐、舞蹈或戏剧表演，感受到艺术带来的情感冲击和审美享受。通过与文化机构的合作，学生将有机会接触到更广泛、更深入的诗意文化，从而丰富自己的精神世界，提升自己的艺术修养。

（四）邀请社会志愿者参与诗意教育项目的实施

邀请社会志愿者参与诗意教育项目的实施，是为学生提供多元化学习体验的重要举措。志愿者的参与不仅能够丰富学校课程，还能够拓宽学生的视野，激发他们的创造力和想象力。例如一位具有诗意情怀的志愿者可以组织学生一起走进自然，感受大自然的诗意之美，从中汲取灵感并进行诗歌创作；又如一位擅长艺术表演的志愿者可以带领学生进行戏剧排练，演绎诗意经典，让学生通过表演感受诗歌的魅力。通过与志愿者的互动交流，学生们可以不仅学习到诗歌、艺术等方面的知识，还能够感受到志愿者对于诗意教育的热情和付出，从而激发他们对于诗意文化的兴趣和热爱。志愿者的参与不仅为学生提供了丰富多彩的学习体验，也为他们树立了良好的榜样，促使他们更加积极地投入诗意教育中去。

（五）利用互联网资源开展诗意教育课程与活动

利用互联网资源开展诗意教育课程与活动，为学生提供了便捷、多样化的学习平台。通过建立在线诗歌创作平台或文学阅读社区，学生可以在虚拟环境中与他人分享自己的诗作或文学感悟，获得来自同龄人或老师的反馈与指导。这样的平台不仅鼓励了学生的创作积极性，还促进了学生之间的交流与互动，形成了一个共同学习的社群。同时通过网络直播或线上讲座，学生有机会与知名文学家或

艺术家进行远程互动，听取他们的创作心得和艺术体验，拓宽了学生的知识视野，激发了学生对诗意文化的兴趣。这种灵活的学习方式，让学生可以随时随地参与诗意教育课程与活动，不受时间和空间的限制，实现了个性化学习与自主发展。

表 2-2-3 利用互联网资源开展诗意教育课程与活动实施方案

行动方案	具体措施
建立在线诗歌创作平台或文学阅读社区	创建一个在线平台，供学生发布自己的诗歌作品或文学感悟，并与他人分享。设立专区，提供给老师和同龄人进行反馈与指导，促进学生的创作积极性和交流互动
网络直播或线上讲座	安排知名文学家或艺术家进行网络直播或线上讲座，分享其创作心得和艺术体验。组织学生参与远程互动，提问交流，拓宽学生的知识视野，激发对诗意文化的兴趣
实现个性化学习与自主发展	提供灵活的学习方式，让学生随时随地参与诗意教育课程与活动。利用互联网资源，打破时间和空间的限制，促进学生的个性化学习与自主发展

通过开展文学名家讲座与作家沙龙活动，学生可以与文学大师直接交流，激发他们对文学的兴趣与热爱。利用社区资源开展诗意文化体验活动，可以让学生亲身感受诗意艺术的魅力，拓宽他们的文化视野与审美能力。合作文化机构举办诗意教育展览与演出，为学生提供了更广泛、更深入的诗意文化体验。邀请社会志愿者参与诗意教育项目的实施，丰富了学生的学习体验，并树立了良好的学习榜样。利用互联网资源开展诗意教育课程与活动，则为学生提供了便捷、多样化的学习平台，实现了个性化学习与自主发展。通过整合社会资源，促进诗意教育的发展，不仅可以培养学生的文学素养与审美情趣，还能够提升其综合素质与创新能力，助力其全面发展与成长。

第三节　诗意教育的教学方法

一、启发式教学在诗意教育中的运用

在诗意教育中，启发式教学作用 显著，通过创设情境、提出开放性问题、

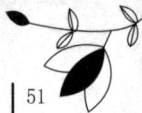

启发情感共鸣、借助感官刺激及角色扮演等方式，班主任能够激发学生的兴趣、思考和表达欲望，从而深化他们对诗歌的理解与体验。以下将探讨启发式教学在诗意教育中的应用，并总结其重要性和影响。

（一）创设情境，引发学生兴趣与思考

创设情境是诗意教育中引发学生兴趣与思考的重要策略，通过生动的情境描述，可以让学生深入体验诗歌所呈现的情感和意象。例如当教授一首描绘春天的诗歌时，可以先通过言语描绘细腻的春日阳光、细碎的春雨，或是绿意盎然的树木和鸟语花香，让学生在想象中感受到春天的氛围和生机勃勃的景象。这种方式不仅使学生身临其境，感受诗歌所传达的情感，同时也激发了他们的思考：诗人选择这样的场景和表达方式是为了什么？他们如何用诗歌语言来描绘这些景象？这些问题引导学生深入思考诗歌的意义和创作技巧。通过创设情境使班主任可以激发学生对诗歌的兴趣和热爱，让他们从课堂中的文字走进了诗歌的世界，从而使诗意教育不再局限于死板的知识传授，而是真正成为一场心灵的启迪和感悟。这种亲身感受和情感共鸣，不仅加深了学生对诗歌的理解，也培养了他们对文学艺术的审美能力和表达欲望，为他们未来的创作和生活经验积累了宝贵的情感基础。

（二）提出开放性问题，激发学生探究欲望

在诗意教育中提出开放性问题是激发学生探究欲望和思考能力的重要手段。这种方法不仅能够促进学生对诗歌的深入理解，还能够培养他们独立思考和批判性思维的能力。举例来说，当学生面对一首诗歌时，老师可以引导他们思考诗歌中蕴含的情感和意义。通过提问诸如："诗中作者想要表达的情感是什么？"或者"：你们对诗中的某个词句有什么理解？"等开放性问题，学生被鼓励去深入挖掘诗歌背后的意义和作者的用心。这种提问方式不仅能够激发学生的学习兴趣，还能够培养他们的批判性思维和分析能力。学生在思考问题的过程中，不仅会学会从多个角度去理解诗歌，还会学会提出自己的见解和观点。这样的交流和探讨不仅加深了学生对诗歌的理解，也促进了他们的学术成长和思维能力的发展。

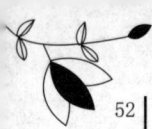

（三）利用诗歌、文学作品等启发学生情感共鸣

在诗意教育中利用诗歌、文学作品等来启发学生情感共鸣是一种深具意义的教学方法。通过欣赏优秀的文学作品，学生不仅能够感受到作者所表达的情感，也有机会与作品产生共鸣，从而深化对诗意的理解与体验。举例来说，当学生接触一首抒情诗时，班主任可以引导他们去体会诗中所表达的情感，如爱、孤独、渴望等。通过开放式的讨论或写作活动，学生可以分享自己对诗歌中情感的理解和体验。他们可以通过诗歌中的形象和语言来表达自己的情感体验，或者创作自己的诗歌来表达内心的感受。通过这样的活动，学生不仅是在理解和欣赏诗歌，更是在与诗歌进行情感上的互动和交流。这种情感共鸣不仅能够加深学生对诗歌的理解和体验，还能够培养他们的情感表达能力和文学素养。

（四）借助视觉、听觉等感官刺激启发学生创造力

借助视觉、听觉等感官刺激是在诗意教育中激发学生创造力的重要方法之一。通过利用多媒体技术或实物展示，班主任可以向学生展示诗歌所描绘的景象或场景，从而激发他们的想象力和创造力。举例来说，当教授一首描绘自然景象的诗歌时，可以通过播放自然风景的视频，或音频来让学生身临其境地感受大自然的美好。在观赏自然景象的同时学生可以闭上眼睛，用心感受自然的声音、气息和光影，从而深入体验诗歌所描绘的情境和氛围。这样的感官体验不仅能够帮助学生更加深入地理解诗歌，还能够启发他们的想象力和创造力。在感受自然美景的同时学生会被启发出许多创意和灵感，从而进行诗意创作或其他形式的创意表达。

（五）通过角色扮演等方式激发学生参与与表达

利用角色扮演等方式是激发学生参与与表达的有效途径之一。通过安排角色扮演活动，让学生扮演诗歌中的角色，可以让他们亲身体验诗歌所表达的情感和情境，从而深化对诗歌的理解和体验，并激发他们的参与与表达欲望。举例来说，当教授一首叙事诗时可以邀请学生扮演诗中的角色，身临其境地感受诗歌所描绘的情景和情感。通过角色扮演，学生不仅可以更加深入地理解诗歌中人物的内心

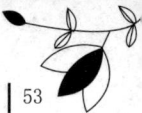

感受和情感交流，还可以将自己置身于诗歌所描绘的场景中，从而更加直观地感受诗歌所传达的情感和意义。这样的活动不仅能够增强学生的参与感和投入度，还能够培养他们的表达能力和情感沟通能力。在角色扮演的过程中，学生需要思考角色的内心世界和情感变化，并通过语言和行为来表达出来，这既加深了对诗歌的理解，也锻炼了他们的语言表达能力和情感表达能力。

启发式教学在诗意教育中发挥着重要作用，通过创设情境，班主任可以让学生身临其境地感受诗歌所描绘的情感和意象；提出开放性问题可以促进学生的深入思考和批判性思维能力；利用诗歌、文学作品等启发学生情感共鸣可以加深学生对诗歌的理解与体验；借助感官刺激可以激发学生的想象力和创造力；通过角色扮演等方式激发学生参与与表达，可以培养他们的表达能力和情感沟通能力。因此，启发式教学不仅能够提升学生的学习效果，还能够培养他们的综合素养和创造性思维，为其未来的发展奠定坚实基础。

二、情境教学法的实践与探索

情境教学法在诗意教育中是一种强大的教学策略，可以有效提升学生的思维能力、表达能力及情感共鸣。下面将探讨几种不同的情境教学法在诗意教育中的实践与探索，包括创设真实生活情境、构建文学作品情境、跨学科情境教学、结合社会实践情境及利用虚拟情景模拟，旨在揭示这些方法如何帮助学生深入理解诗歌、拓展思维能力，并激发学生的情感共鸣。

（一）创设真实生活情境激发学生情感共鸣

诗意教育中创设真实生活情境是激发学生情感共鸣的有效途径之一，通过将诗歌中的情感和主题与学生日常生活紧密联系起来，班主任可以让学生更加深入地理解诗歌，并与之产生共鸣。例如当教授一首描写友谊的诗歌时，可以让学生分享自己与朋友之间的真实经历和感受，从而让他们更加深刻地体会到诗歌中所表达的情感。通过这样的活动，学生不仅能够加深对诗歌的理解，还能够将诗歌中的情感和主题与自己的生活联系起来，从而产生更加深刻和真实的情感共鸣。

（二）构建文学作品情境引导学生体验与感悟

构建文学作品情境是引导学生体验与感悟的重要方法之一，通过将学生带

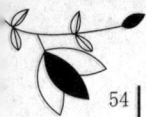

入文学作品所描绘的情境中，班主任可以让他们亲身体验作品所传达的情感和意义。例如当教授一部文学作品时，可以通过角色扮演、音乐、视觉艺术等多种方式来营造作品所描述的场景和氛围，让学生沉浸其中，从而更加深入地理解作品的内涵和主题。通过这样的活动，学生不仅能够感受到文学作品的美感和艺术价值，还能够从中体验到作者所表达的情感与思想，从而提升他们的审美能力和文学素养。

（三）运用跨学科情境教学培养学生综合素养

在诗意教育中运用跨学科情境教学是培养学生综合素养的有效途径，通过将诗歌与其他学科知识结合起来，班主任可以拓宽学生的视野，培养其跨学科思维能力和创新意识。例如当教授一首描写自然景观的诗歌时，可以引导学生从地理、生物、艺术等多个学科角度去理解诗歌中所描绘的景象和意义，从而拓展他们对诗歌的理解和认识。通过这样的跨学科情境教学，学生不仅能够学到更多的知识，还能够培养其综合素养和创造性思维能力。

（四）结合社会实践情境拓宽学生视野与认知

在诗意教育的实践中将诗歌与社会实践结合起来，为学生提供了一种深入了解社会、反思人生的途径。例如当学生接触到一首描写贫困与希望的诗歌时，班主任可以组织他们前往当地的贫困社区，与居民交流并亲身感受贫困的生活状态。这种亲身体验能够让学生更加真切地理解诗歌中所表达的情感和主题，激发他们对社会问题的关注和思考。通过参与社会实践，学生不仅能够了解社会现实，还能够培养其同情心和社会责任感，进而提升其批判性思维能力和社会参与意识。因此结合社会实践情境不仅能够拓宽学生的视野和认知，还能够促进其全面发展和成长。

（五）通过虚拟情景模拟提升学生思维与表达能力

在诗意教育的实践中利用虚拟情景模拟是一种非常有效的方法，可以促进学生的思维和表达能力。通过虚拟现实技术或模拟软件，班主任可以为学生创造出各种场景，让他们在其中进行角色扮演、情景模拟等活动。假设班主任教授了一首描写古代战争场景的诗歌，通过虚拟情景模拟软件，学生可以被带入一个仿真

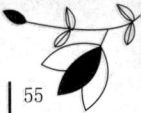

的战场环境中，身临其境地感受当时的氛围和紧张气氛。在这个虚拟情境中，学生可以扮演不同的角色，比如士兵、将军、平民，通过模拟战争过程和战场上的情景，他们可以深入了解诗歌所描绘的战争场景，从而更加深刻地理解诗歌中所蕴含的情感和主题。通过参与这样的虚拟情景模拟，学生不仅可以拓展自己的想象力和创造力，还能够培养批判性思维和逻辑推理能力。在模拟中，他们需要思考如何应对各种情境，表达自己的观点和情感，这有助于提升他们的表达能力和沟通能力。

情境教学法为诗意教育提供了多种创新的教学途径和方法，通过这些方法使班主任可以有效地激发学生的学习兴趣和参与度，提升他们的思维能力和表达能力。创设真实生活情境可以使诗歌中的情感与学生的日常生活产生共鸣；构建文学作品情境可以让学生深刻体验作品的美感和作者的情感表达；跨学科情境教学则能够拓宽学生的知识视野和跨学科思维能力；结合社会实践情境可以让学生在社会中深入思考诗歌的社会意义；利用虚拟情景模拟则能够提升学生的想象力和批判性思维。这些方法的综合应用不仅能够丰富诗意教育的教学内容和方法，还能够促进学生在情感、认知和能力等多个层面的全面发展。

三、案例教学法的具体应用

在教学实践中，案例教学法是一种高效的教学方法，能够激发学生的思考与讨论，帮助他们更深入地理解和运用所学知识。下面将探讨案例教学法在诗意教育中的具体应用，包括选取生动案例引发学生思考与讨论、利用历史文学案例激发学生对人文精神的理解、结合科技发展案例探讨诗意与现代社会的关系、运用名人故事案例激发学生对人生价值的思考，以及借助学生个人经历案例引导学生情感表达与共鸣。通过这些具体案例的探讨，我们可以更好地理解如何运用案例教学法来丰富课堂教学内容，提升学生的学习效果和情感体验。

（一）选取生动案例引发学生思考与讨论

在诗意教育中选取生动案例是激发学生思考与讨论的有效方式之一，例如班主任可以选取一首描写自然景色的诗歌作为案例，让学生通过观察周围的自然环境，思考诗歌中的意象与现实之间的联系。以李白的《静夜思》为例，学生可以通过观察夜晚的月亮、星星和寂静的夜色，思考诗人是如何借助这些意象表达内

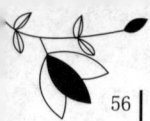

心的情感与思绪。通过与实际生活中的景象对比，学生可以更深入地理解诗歌的意义，并展开讨论诗歌如何唤起人们对自然的感悟和情感共鸣。

（二）利用历史文学案例激发学生对人文精神的理解

历史文学案例具有丰富的文化内涵，可以帮助学生深入理解人文精神的演变和发展。以《红楼梦》为例，这部中国古典小说以其细腻的情节和丰富的人物形象深受读者喜爱。班主任可以选取其中的经典片段，例如贾宝玉与林黛玉的爱情故事，或贾府家族的生活场景，引导学生深入探讨古代中国社会的家族观念、礼俗习惯及宫廷生活等方面的内容。通过分析这些案例，学生不仅能够感受到古代文化的魅力，还能够思考人类社会在不同历史时期的生活方式、价值观念及人文情感的表达方式。通过这种深入探讨，学生可以更好地理解人文精神的内涵和演变，培养对历史文学的审美情趣和文化理解能力。

（三）结合科技发展案例探讨诗意与现代社会的关系

将诗意与现代科技发展相结合，可以引发对社会现实与文学意义的深刻思考。例如班主任可以选择一首描写城市现代化的诗歌，如《城市之光》或《数字化之梦》，然后与城市建设、科技创新等现代社会案例相结合，引导学生探讨诗歌中所包含的人文情感与现代社会发展之间的关系。以鲁迅的《朝花夕拾》为例，通过了解旧上海的历史文化与现代城市的变迁，学生可以思考诗人如何通过诗歌表达对城市变迁的情感与思考。鲁迅笔下的上海既是一个充满生机与活力的城市，又是一个充斥着贫困与悲苦的现实世界。学生可以通过对比旧上海的街巷景象与现代城市的高楼大厦、繁华商业区，思考城市发展背后所蕴含的人文情感和社会变迁。

（四）运用名人故事案例激发学生对人生价值的思考

运用名人故事案例激发学生对人生价值的思考是一种引人深思的教学方法。通过深入研究名人的生平和作品，学生可以从中汲取宝贵的人生智慧和道德信念，启迪自己的人生之路。以屈原的《离骚》为例，学生可以了解屈原的生平遭遇和创作背景，深入思考诗人如何在困境中坚守信念、追求自由。屈原作为中国古代伟大的爱国诗人，他的一生经历了政治挫折、流放困苦，但他始终不改初衷，坚

持自己的信念，用文字表达了对祖国的深情与对人生的思考。学生可以从屈原的故事中体会到，无论面对怎样的困境和挑战，坚持信念、追求真理和自由都是人生中最宝贵的品质。他的故事告诉我们，即使逆境重重也要坚定不移地追求内心的真善美，不被外界的诱惑和压力所左右。

（五）借助学生个人经历案例引导学生情感表达与共鸣

借助学生个人经历案例是一种极具情感共鸣的教学方法，通过邀请学生分享他们的真实经历，班主任可以激发学生情感表达的能力，促进他们之间的情感交流与共鸣。课堂上班主任可以邀请学生分享与家人、朋友的真实故事，或他们在某个特殊场景下的感受与思考。例如一个学生分享了与父母一起度过的难忘假期，另一个学生谈及面对挑战时的内心体验。通过这些分享，学生不仅可以表达自己的情感和体验，还可以倾听他人的故事，从中感受到情感上的共鸣和理解。这种互动式的学习过程不仅有助于促进学生情感表达能力的提升，还能够培养他们的沟通技巧和同理心。学生在分享与倾听的过程中，不仅可以感受到他人的情感体验，也可以通过与他人的交流，加深对自己情感和价值观的认识。同时这种情感共鸣也有助于建立起师生之间更加紧密的情感联系，营造出一种充满温暖与理解的学习氛围。

案例教学法在诗意教育中具有重要的应用意义；选取生动案例可以引发学生的思考与讨论，激发他们对诗歌意象的理解与感悟；利用历史文学案例可以帮助学生深入探讨人文精神的演变和发展；结合科技发展案例可以引发对诗意与现代社会关系的思考；运用名人故事案例可以激发学生对人生价值的思考；借助学生个人经历案例可以促进情感表达与共鸣。通过这些具体案例的引导，学生不仅能够加深对诗意教育的理解，还能够培养批判性思维、文化素养和情感表达能力，从而更好地应对未来的学习和生活挑战。

四、多种教学方法的融合与创新

在当今教育中，多种教学方法的融合与创新已经成为提高教学效果和激发学生学习兴趣的重要途径之一。特别是在诗意教育领域，整合各种教学方法不仅可以提升学生对诗意的理解和欣赏能力，还能够促进他们的参与和表达，培养综合

素养。下面将探讨如何整合启发式、情境教学与案例教学，结合讨论式、体验式等多种教学形式，创新教学技术手段以及跨学科融合等方法，以及引入反思性教学方法，从而提升诗意教育的质量和效果。

（一）整合启发式、情境教学与案例教学，提升教学效果

在诗意教育中整合启发式、情境教学与案例教学可以有效提升教学效果，启发式教学通过提出问题引发思考，激发学生的兴趣和求知欲；情境教学则营造出真实的情境，让学生在情境中体验诗意的内涵；而案例教学则以具体案例为载体，帮助学生将抽象的诗意理论与实际情境结合起来。例如在教学《诗经》时，班主任可以提出一个启发性问题："古代诗人是如何表达自己对自然的情感与思考的？"接着通过情境教学，将学生带入古代诗人的生活场景中，感受古代诗人对自然的热爱与感悟。通过分析具体的诗歌案例，如《采薇》等，学生可以更深入地理解诗人的情感表达与意境构建，从而提升对诗意的理解和欣赏能力。

（二）结合讨论式、体验式等多种教学形式激发学生参与和表达

为了激发学生的参与和表达，可以结合讨论式、体验式等多种教学形式。讨论式教学可以促进学生思维的碰撞与交流，培养他们的批判性思维能力；而体验式教学则可以让学生通过亲身体验，更深入地理解诗意的内涵与情感。例如在教学《唐诗宋词选》时，可以组织学生进行小组讨论，探讨诗歌中的意象与情感表达方式。同时也可以安排诗歌朗诵比赛或制作诗歌手工艺品等体验式活动，让学生通过实际操作，感受诗意的美好与魅力。

（三）创新教学技术手段

在诗意教育中，创新教学技术手段可以为学生提供更加直观、生动的学习体验。通过虚拟现实技术，学生可以身临其境地感受诗歌中的景象与情感；而互动游戏则可以增加学生的参与度和趣味性，激发他们的学习兴趣。例如可以开发一个虚拟现实诗意世界，让学生在其中探索古代诗歌的意境与文化；或者设计一个诗意互动游戏，让学生通过游戏的方式学习诗歌的韵律与表达技巧。

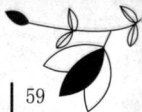

（四）跨学科融合，结合艺术、科学等多个学科元素进行诗意教育

跨学科融合是促进诗意教育创新的重要手段之一，可以结合艺术、科学等多个学科元素，丰富诗意教育的内容和形式。例如在教学《诗经》时，可以引入音乐学、美术学等相关学科知识，分析古代音乐与绘画与诗歌的关系，从而深入理解诗歌的音韵与意境。

（五）引入反思性教学方法，促进学生对诗意教育的深层理解与应用

引入反思性教学方法可以促进学生对诗意教育的深层理解与应用；通过反思性教学，学生可以审视自己的学习过程和成长经历，思考诗意对自己的意义和影响。例如可以组织学生进行诗歌创作比赛，并要求他们在创作后进行反思，分享自己的心得体会，从而提升对诗意的理解和应用能力。

多种教学方法的融合与创新对诗意教育的提升起到了重要作用，通过启发式、情境教学与案例教学的整合，学生可以更深入地理解诗意的内涵与意义；结合讨论式、体验式等多种教学形式，能够激发学生的参与和表达；创新教学技术手段为学生提供了更加生动直观的学习体验；跨学科融合则丰富了诗意教育的内容和形式；引入反思性教学方法则促进了学生对诗意的深层理解与应用。多种教学方法的融合与创新为诗意教育注入了新的活力与动力，为学生的全面发展和提升提供了有力支持。

第三章 诗意教育与班级管理

第一节 班级管理的新视角

一、传统班级管理的局限

传统的班级管理方式在强调纪律与秩序的同时常常忽视了学生的个性和情感需求，导致学生参与度不足与班级凝聚力不强，成为管理上的挑战。过于刻板的规则和约束性管理方式抑制了学生的内在动力和创造性，而忽视学生的情感需求和个性差异则造成学生的孤立和压力。缺乏足够的情感关怀与人文关怀也限制了学生在学校中的发展和归属感。因此未来的班级管理需要更加注重个性化、差异化和情感关怀，以及激发学生的参与热情与团队精神，从而营造一个更加包容、温暖和有凝聚力的学习环境。

（一）刚性规则与约束性管理方式的局限性分析

传统班级管理往往采用刚性规则和约束性管理方式，强调纪律与秩序，但这种方式存在一定局限性。举例来说，过于刻板的规则导致学生产生反感和逆反心理，甚至形成对抗态度。比如严格规定学生必须在特定时间完成作业，而没有考虑到个体差异和学习需求的灵活性，这导致一些学生因为无法适应而产生挫败感或压力过大。因此单纯依靠刚性规则和约束性管理方式来维护班级秩序，未必能够真正激发学生的内在动力和责任感。

（二）忽视学生情感与个性差异的管理缺陷

传统班级管理的一个明显缺陷是它常常忽视学生的情感需求和个性差异。管理者通常倾向于奉行一种"一刀切"的方法，强调统一的管理标准和规范化的行为表现。然而这种方法往往未能有效地考虑到学生个体之间的差异性。例如有些

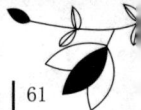

学生在学习方面有着截然不同的风格和节奏，或者他们的情感表达方式与传统标准不符。这样的情况下，传统管理模式无法给予这些学生足够的关注和理解，导致他们感到被忽视或不被理解。这种情感上的脱节会影响学生对学校和班级的归属感和认同感，从而降低他们的学习动力和参与度。因此未来的班级管理需要更加注重个性化和差异化，以确保每个学生都得到充分的关注和支持，从而真正实现班级的包容性和融合性。

（三）缺乏情感关怀与人文关怀的管理模式限制

传统的班级管理模式存在一定的局限，其中之一就是缺乏足够的情感关怀与人文关怀。这种管理模式往往过于注重行为规范和学业成绩，而忽视了学生的情感需求和人文关怀。举例来说，一些学生面临家庭困境或情感问题，但在传统管理下，这些问题往往未能得到充分的关注和支持。这导致这些学生在学校中感到孤立和无助，影响其学习和发展。对于这些学生来说，情感支持和人文关怀同样重要，它们可以帮助他们建立自信、克服困难，并更好地融入学校和班级的大家庭中。因此未来的班级管理需要更加注重学生的情感需求和人文关怀，为他们提供更加全面的支持和关爱，从而真正实现班级的温暖与包容。

（四）学生参与度不足与班级凝聚力不强的管理挑战

传统的班级管理方式存在一个显而易见的挑战，即学生参与度不足及班级凝聚力不强。传统管理模式往往过于强调规则和纪律，而忽视了激发学生的主动性和创造性。这导致学生对学校和班级的归属感减弱，从而影响了班级的凝聚力。例如严格的规定和限制阻碍了学生积极参与班级活动或发挥自己的想象力和创造力。因此传统管理模式需要转变，更加注重激发学生的参与热情和团队精神。通过鼓励学生参与各种活动、建立团队合作意识，以及提供更多的互动机会，可以促进班级成员之间的交流与合作，增强班级的凝聚力，营造良好的学习氛围。这样的转变不仅能够提高学生的学习积极性，也有助于培养学生的团队精神和社交技能，从而为他们未来的发展打下更坚实的基础。

传统班级管理的局限性主要体现在刚性规则与约束性管理方式、忽视学生情感与个性差异、缺乏情感关怀与人文关怀，以及学生参与度不足与班级凝聚力不强等方面，这些局限性影响了学生的学习积极性和发展，也影响了班级的氛围和

凝聚力。因此未来的班级管理需要转变思维方式，更加注重个性化、差异化和情感关怀，激发学生的内在动力和团队精神，为每个学生提供充分的支持和关爱，从而建立一个更加包容、温暖和有凝聚力的学习环境。

二、诗意教育为班级管理带来的变革

传统的班级管理往往侧重纪律和规则的执行，却忽略了学生情感需求与内在动力的激发。然而随着诗意教育理念的兴起，班级管理迎来了一场革命性的变革。诗意教育将情感教育与审美教育作为重要组成部分，为班级管理注入了新的活力与温度。通过引入情感共鸣、审美体验和文学启发等方式，诗意教育为学生提供了更广阔的成长空间，为班级带来了全新的管理思路与实践方法。

（一）引入情感教育与审美教育的新理念

传统的班级管理往往偏重规则与纪律，而忽视了学生的情感需求与审美体验。诗意教育为班级管理带来了新的变革，强调情感教育与审美教育的重要性。通过引入情感教育，班级管理者可以更加关注学生的情感体验和情绪状态，从而建立起更加人性化和温暖的班级氛围。同时，审美教育的引入也能够激发学生对美的感知和追求，帮助他们培养审美情趣和艺术修养。这样的新理念不仅可以促进学生的全面发展，也能够增强班级的凝聚力和包容性。例如在语文课上，可以通过赏析诗歌或文学作品来培养学生的审美情趣和情感体验。通过欣赏优美的诗句或故事情节，学生不仅能够感受到文字背后蕴含的情感和情绪，还可以借此开阔自己的审美视野，增强对美的感知能力。这样的活动不仅能够让学生在学习中感受到乐趣，还能够培养他们的情感智慧和审美能力，为班级管理带来积极的变革。

（二）借助文学作品与诗歌启发学生内在动力

诗意教育的一个核心理念是通过文学作品与诗歌来启发学生的内在动力，文学作品和诗歌常常蕴含着丰富的情感和思想，能够触动人心，激发人们的感悟和共鸣。在班级管理中，班主任可以选取一些优秀的文学作品或者诗歌，通过朗诵、解读等方式让学生感受其中蕴含的情感力量和思想深度。这样的活动可以激发学生对知识的兴趣和对美的追求，培养他们的审美情趣和内在动力，从而更加积极地投入学习和班级活动中去。比如在中文课上，班主任可以引导学生朗诵一些经

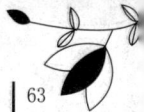

典诗歌，如李白的《静夜思》或者苏轼的《水调歌头》。通过朗诵，学生可以体会到诗歌中蕴含的情感和意境，感受到文字之美。随后，班主任可以与学生一起探讨诗歌的内涵，引导他们从中获得启示，思考人生和价值观。这样的活动不仅可以提高学生的文学素养，还可以启发他们的内在动力和创造力，促进班级的良好氛围和学习氛围的形成。

（三）提倡情感共鸣与情感智慧的培养

在诗意教育的框架下，提倡情感共鸣与情感智慧的培养是班级管理中的一项重要举措。情感共鸣指的是通过文学作品、诗歌或者其他艺术形式，让学生与作品中的情感产生共鸣，从而增强情感体验和理解能力。而情感智慧则是指学生在理解和处理自己及他人情感时的智慧和敏感度。在班级管理中，班主任可以通过情感教育的方式，引导学生主动表达自己的情感，倾听他人的情感，从而培养他们的情感共鸣和情感智慧。这样的培养不仅有助于提升学生的人文素养和情商，还能够促进班级成员之间的情感交流和互动，增强班级的凝聚力与和谐度。例如在班会活动中，可以组织学生分享自己的情感故事或者对某一文学作品的感悟。学生可以通过文字、绘画、音乐等形式表达自己的情感体验，与他人分享内心的感受。班主任可以引导学生从不同角度去理解他人的情感，学会倾听和关怀他人。通过这样的活动，学生不仅能够增强自己的情感共鸣和情感智慧，还能够建立起更加紧密的班级关系，促进班级的和谐发展。

（四）建立学生与班主任之间的平等关系与信任基础

诗意教育还倡导建立学生与班主任之间的平等关系与信任基础，传统的班级管理往往存在师生之间的权力差距和隔阂，学生因为敬畏或者害怕而不敢与班主任沟通，导致学生的情感需求得不到有效满足。而诗意教育强调师生之间的平等和尊重，鼓励学生勇敢表达自己的想法和情感，同时班主任也要以开放的心态倾听学生的声音，建立起学生与班主任之间的信任基础。这样的平等关系和信任基础能够让学生更加愿意与班主任合作，更加积极地参与到班级管理和学习活动中去。在课堂上的班主任可以鼓励学生提出问题、发表观点，同时也要真诚地倾听学生的声音，给予肯定和鼓励。当学生面临困难或者烦恼时，班主任要主动关心和支持，给予适当的帮助和引导。通过建立这样的平等关系和信任基础，学生会

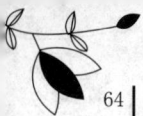

感受到被尊重和被理解的情感，从而更加愿意与班主任合作，共同推动班级的发展和进步。

诗意教育不仅是一种教学方式，更是一种关于人性的探索与尊重。在班级管理中引入情感教育与审美教育的新理念，让学生在温馨与包容的环境中茁壮成长；借助文学作品与诗歌的启发，激发学生的内在动力与创造力；提倡情感共鸣与情感智慧的培养，促进班级成员之间的情感交流与互动；建立学生与班主任之间的平等关系与信任基础，营造和谐与积极的学习氛围。这一系列变革不仅使得班级管理更加人性化和温暖，也为学生的全面发展和成长奠定了坚实的基础，为未来社会培养更加健康、积极的公民。

三、以诗意为引导，构建和谐班级文化

在构建和谐的班级文化中，诗意的引导起着关键作用。通过培养学生的情感表达与共鸣能力，借助文学作品塑造共同情感体验，建立良好的人际关系与互助文化，以及倡导相互尊重与理解，班级成员之间的联系将更加紧密，班级氛围也会更加温暖与包容。

（一）培养学生的情感表达与情感共鸣能力

构建和谐班级文化的关键之一是培养学生的情感表达与情感共鸣能力，诗意教育提倡通过各种方式让学生表达内心的情感，并引导他们与他人产生情感共鸣，从而增强情感沟通和理解能力。在班级管理中，班主任可以通过诗歌、绘画、音乐等形式，鼓励学生表达自己的情感体验，同时也要倾听并理解学生的情感需求。例如组织情感分享活动或开展情感日记写作，让学生有机会表达内心的喜怒哀乐，促进班级成员之间的情感交流和共鸣。通过这样的活动，学生能够更加自信地表达自己，同时也能够更加敏感地理解他人，从而构建起更加温暖和谐的班级氛围。

（二）借助文学作品塑造班级共同的情感体验

借助文学作品塑造班级共同的情感体验是构建和谐班级文化的重要途径之一，文学作品蕴含着丰富的情感和人生智慧，能够唤起人们共鸣和共通的情感体验。在班级管理中，班主任可以选择一些适合的文学作品，组织学生共同阅读、讨论和感悟。通过共同的文学体验，学生可以建立起共同的情感认知和价值观，

增强班级成员之间的凝聚力和归属感。例如通过阅读一篇感人至深的小说或诗歌，学生能够共同体验其中蕴含的情感，并从中获得启示，进而促进彼此的情感交流与理解。

（三）建立班级良好的人际关系与互助文化

建立班级良好的人际关系与互助文化是构建和谐班级文化的关键一环。在诗意教育的引导下，班主任应该着力培养学生之间的合作精神和互助意识，让班级成员之间建立起真诚、和谐的人际关系。例如可以组织学生参与班级志愿活动或者小组合作项目，让他们学会相互支持和帮助，培养团队意识和集体荣誉感。同时班主任也要以身作则，以开放包容的态度与学生互动，为班级营造一个亲密、和谐的氛围。通过建立这样的互助文化，班级成员之间能够更加紧密地联系在一起，共同促进班级的成长和发展。

（四）倡导班级成员之间的相互尊重与理解

在班级中相互尊重与理解是构建和谐氛围的基石。班主任在课堂上扮演着引导者的角色，应该给予学生足够的自由和尊重，鼓励他们勇敢地表达自己的观点和情感。这不仅培养了学生的自信心，也促进了他们对彼此的理解与尊重。同时学生之间的相互尊重也至关重要。通过参与互动游戏和讨论，他们可以学会倾听并尊重他人的意见，从而建立起良好的人际关系。例如在班级活动中，可以设计一些团队合作的游戏，让学生在合作中学会互相尊重和理解。通过这样的努力，班级成员之间的关系将更加和谐，共同营造出一个温馨而包容的学习环境。

以诗意为引导，构建和谐班级文化需要从多方面着手。培养学生的情感表达与共鸣能力，通过文学作品塑造共同情感体验，建立良好的人际关系与互助文化，以及倡导相互尊重与理解，都是实现这一目标的重要途径。当学生能够自信地表达情感、共享情感体验、建立良好的人际关系并相互尊重理解时，班级文化将会更加和谐，为学习与成长提供更加良好的环境。

四、培养学生自主管理与合作意识

在当今教育环境中，培养学生的自主管理与合作意识已经成为教育工作者的重要任务之一。通过引导学生发展自我认知与自我管理能力，建立学生自治机制

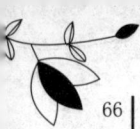

与班级自治氛围,以及开展团队合作与协作性学习活动,可以有效促进学生的全面发展。在这个过程中,提倡学生互助支持与共同成长的意识也至关重要,这将有助于构建和谐班级文化,为每个学生的发展提供坚实的支撑。

(一)培养学生自我认知与自我管理能力

学生的自我认知与自我管理能力是其发展成熟与自主的基础,班主任可以通过启发性问题、反思性作业等方式,引导学生审视自己的学习风格、优点、挑战和目标。例如在课堂上设置反思时间,让学生思考他们在学习中遇到的困难、克服的方法、学到的经验教训。同时为学生提供自我管理工具和技巧,如时间管理、目标设定、计划制订等,帮助他们有效地管理学习和生活。通过这样的培养,学生可以更好地了解自己,提高自我控制能力,为未来的发展奠定坚实的基础。

(二)建立学生自治机制与班级自治氛围

建立学生自治机制是促进班级自治氛围形成的重要举措,通过组建学生议会或班级委员会,学生可以参与班级事务的决策和管理,这不仅培养了学生的自主管理能力,也激发了他们的参与意识和责任感。例如学生议会可以负责组织班级活动的策划和执行,制定学习和行为规范,以及处理班级内部的问题。同时班主任可以通过班会或小组讨论等形式,引导学生团结协作、共同发展,让每个学生都感受到自己在班级中的重要性和责任。在这样的自治氛围中,学生将更加主动地参与到班级管理和活动中,形成一种积极向上的班级文化,共同营造出和谐、民主的学习环境。

(三)开展团队合作与协作性学习活动

开展团队合作与协作性学习活动可以激发学生的合作意识和团队精神,从而促进他们在学习中共同成长。班主任可以设计各种形式的合作任务和项目,如小组讨论、共同研究课题、合作解决问题等。例如安排学生分组完成一个综合性的课题研究,每个小组成员负责不同的部分,通过共同合作完成整个项目。在这个过程中,学生需要相互协商、分工合作、互相支持,从而培养出良好的团队合作精神。通过这样的活动,学生不仅能够学会尊重他人的意见和贡献,还能够学会分享资源、克服困难、提高解决问题的能力。这种团队合作的学习方式不仅可以

促进学生的学业发展，还能够培养他们的沟通能力、协作能力和创新能力，为他们未来的发展打下坚实的基础。

（四）提倡学生互助支持与共同成长的意识

提倡学生互助支持与共同成长的意识是构建和谐班级文化的关键。班主任可以通过鼓励学生在学习和生活中相互帮助、分享经验来培养这种意识。例如组织学生进行学习小组互助讨论，让他们分享学习方法和解决问题的策略，共同攻克难关。在这样的活动中，学生不仅能够从彼此的经验中获益，还能够建立起彼此之间的信任和友谊。同时班主任也要关注学生的情绪变化和困难，及时给予必要的关怀和支持。例如倾听学生的倾诉，提供建设性的帮助和解决方案，让每个学生都感受到班级集体的温暖和力量。通过这样的互助支持，学生将更加紧密地联系在一起，共同成长、共同进步。这种班级文化将促进学生之间的情感交流与理解，营造出一个充满爱与关怀的学习环境，为每个学生的发展提供坚实的支撑。

学生的自主管理与合作意识的培养需要班主任和学生共同努力，通过引导学生发展自我认知与自我管理能力，建立学生自治机制与班级自治氛围，以及开展团队合作与协作性学习活动，可以有效促进学生的成长和发展。同时提倡学生互助支持与共同成长的意识也是非常重要的，这将有助于建立和谐的班级氛围，让每个学生都能在支持与帮助中茁壮成长。

第二节 诗意教育下的班级活动设计

一、结合语文教学，开展丰富多彩的班级活动

语文教学不仅是传授知识，更是引领学生进入文学世界、感悟人生意义的重要途径。为了激发学生对语文的兴趣，提高其文学素养，我们设计了一系列丰富多彩的班级活动，将经典文学融入课堂与校园生活之中。这些活动旨在通过参与、体验、分享，培养学生的语言表达能力、创造力和团队合作精神，进而促进他们全面成长。

（一）文学名著朗诵比赛与文学作品分享会

文学名著朗诵比赛是一项能够激发学生对经典文学作品的兴趣和理解的活动，通过此活动学生将有机会深入了解经典文学作品，并通过朗诵的形式展示其对作品的理解和感悟。比赛可以设立多个环节，包括个人朗诵、集体朗诵等，以展示学生的朗诵技巧和情感表达能力。结合文学作品分享会，可以让学生在轻松愉快的氛围中交流分享自己喜爱的文学作品，拓宽视野，丰富文学素养。比如学生可以选择经典文学作品中的一段进行朗诵，像《红楼梦》中的经典片段或者《西游记》中的精彩章节。通过朗诵，他们不仅可以展示对文学作品的理解，还能够通过语音表达展现自己的情感和理解。在文学作品分享会上，学生可以分享自己喜欢的文学作品，并通过与同学的交流，拓宽自己的阅读视野，增进对文学的理解与欣赏。

（二）诗歌创作与朗诵比赛

诗歌创作与朗诵比赛是一项能够激发学生创造力和表达能力的活动，通过此活动，学生将有机会尝试自己创作诗歌，并通过朗诵的形式展示自己的作品。比赛可以设立多个奖项，鼓励学生展现出独特的创作风采和表达方式。还可以邀请专业诗人或语文老师进行点评和指导，帮助学生提升诗歌创作水平。学生可以在课余时间或课堂上进行诗歌创作，可以是自由创作也可以是按照特定的题材要求进行创作。然后在朗诵比赛中，学生可以选择自己的作品进行朗诵，并展示出自己的创作灵感和表达技巧。这样的活动不仅能够锻炼学生的语言表达能力，还能够培养他们的创造力和想象力。

（三）语文知识竞赛与语文学科实践活动

语文知识竞赛与语文学科实践活动是一种能够巩固学生语文知识、激发学习兴趣的活动形式，通过此类活动使学生可以在竞赛的氛围中加深对语文知识的理解和掌握，并在实践活动中将所学知识运用到实际生活中，增强学习的实效性和趣味性。例如可以组织语文知识竞赛，包括诗词默写、古诗鉴赏、成语接龙等环节，通过竞赛的方式激发学生对语文知识的兴趣和学习积极性。同时也可以组织一些语文学科实践活动，比如古诗词展示、语文实验室探索等，让学生在实践中

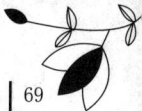

感受语文知识的魅力，增强学习的深度和广度。

（四）文学阅读马拉松与读书分享会

文学阅读马拉松是一种能够培养学生阅读兴趣和阅读能力的活动形式，通过设立阅读目标、激励机制等方式，引导学生持续阅读文学作品，并在读书分享会上分享自己的阅读心得和体会，促进学生之间的交流与合作。比如可以设立一个文学阅读马拉松活动，设定一定的阅读目标和时间，鼓励学生持续阅读文学作品。在读书分享会上，学生可以分享自己的阅读体会、感受和收获，与同学们交流心得，共同探讨文学作品的内涵和价值。这样的活动不仅能够增强学生的阅读兴趣和阅读能力，还能够促进学生之间的交流与合作，营造出浓厚的文学氛围。

通过文学名著朗诵比赛、诗歌创作与朗诵比赛、语文知识竞赛与实践活动，以及文学阅读马拉松与读书分享会等一系列班级活动，我们不仅丰富了课堂教学内容，更拓展了学生的学习领域。学生通过朗诵、创作、竞赛和分享，不仅深入理解了经典文学作品，也提升了语文素养和综合能力。这些活动不仅丰富了学生的课余生活，更培养了他们的情感表达能力和团队协作精神，为他们未来的成长打下了坚实的基础。

二、通过诗意表达，增强班级凝聚力

通过诗意的表达，班级凝聚力得以进一步增强。诗歌、绘画、音乐等形式的艺术创作为学生提供了表达内心情感和思想的独特途径。在这个过程中，他们不仅可以发掘个人的创造力和想象力，还能与同学分享彼此的作品，共同感受到情感的共鸣和团队合作的重要性。下面将探讨如何通过诗意的绘画比赛、班级诗歌创作活动、音乐表演比赛，以及诗意文学刊物与视频节目制作等方式，促进班级凝聚力的提升。

（一）诗意绘画比赛与美术作品展览

在诗意绘画比赛中的学生将通过绘画的方式表达自己对诗意的理解与感悟，他们可以选择一首诗歌、一段文字或者一个情感主题，用画笔将内心的情感与想法呈现出来。比如学生可以选择诗人李白的《静夜思》作为创作题材，通过绘画表现出月色下的静谧与思绪。在美术作品展览上，学生的作品将被展示出来，供

全校师生欣赏。这不仅是对学生创作的肯定，也为班级凝聚力的增强提供了一个平台，让同学在艺术中感受彼此的共鸣与情感交流。

（二）创作班级诗歌与情感表达活动

在这个班级诗歌创作活动中的每个学生都将成为一名诗人，用心灵的笔触书写着共同的篇章。或许他们会借用校园风光、教室氛围，以及校友情谊来构思诗歌的题材，从而唤起更多的共鸣。有的同学会借此机会表达对老师的敬爱和感激之情，用简洁而真挚的语言将对老师的爱戴倾注于诗行之中；而另一些同学则倾诉对同学们之间深厚友情的感慨，让彼此的心灵在文字间相互交融。在这个过程中，他们将学会倾听彼此的声音，理解他人的情感，进而形成一种共同的情感认知和情感共鸣。通过合作创作诗歌，学生将激发出彼此的创造力和想象力。他们或许会在探索语言的魅力中发现自己的天赋，从而学会用简洁而富有诗意的语言表达内心的情感。而在集体创作的过程中，他们也会学会尊重他人的想法和创意，培养出良好的团队合作精神。这种集体的创作经历不仅会让学生在语言表达方面有所收获，更会在心灵上增进彼此的情感联系，形成一种深厚的班级凝聚力。

（三）诗意音乐表演与歌曲创作比赛

这个诗意音乐表演与歌曲创作比赛是一个充满创造力和情感表达的活动，学生将有机会通过音乐的方式，将自己内心的情感和想法转化为动人的旋律和深刻的歌词。他们可以选择表达关于友谊、希望、梦想或其他重要主题的歌曲，从而在音乐中传递出真挚的情感和深刻的思考。创作歌曲是一个极具个性和创意的过程，学生将挖掘自己的内心世界，探索情感的深度，然后用音乐的语言将其传达出去。他们可以借助各种乐器、编曲技巧和声音效果，打造出独具特色的音乐作品。在这个过程中，他们将发现自己的音乐天赋，培养创造力，并提升自己的音乐技能。比赛时的学生将有机会展示自己的创作成果，并与同学分享彼此的音乐作品。这不仅是一个展示个人才华的舞台，更是一个促进交流和合作的机会。通过倾听和欣赏他人的作品，学生将增进彼此的了解和尊重，形成更加紧密的班级关系。在共同创作和表演的过程中，他们将体会到团队合作的重要性，培养出集体荣誉感和凝聚力。

（四）制作班级诗意文学刊物与视频节目

制作班级诗意文学刊物和视频节目是一个展示学生文学才华和艺术成就的绝佳平台，在这个活动中的学生将有机会展示自己的创作成果，无论是诗歌、散文还是小说，都可以通过这些作品表达自己的情感、思想和见解。他们可以挖掘内心的世界，用文字描绘出生动的画面，让读者感受到他们内心的情感世界。通过制作诗意文学刊物，学生将有机会将自己的作品集结起来，形成一个文学精品集。他们可以在刊物中分享彼此的作品，互相借鉴、学习和交流。这不仅是对学生创作的一种肯定，更是一次展示和分享的机会，让他们在合作中感受到共同进步的喜悦，增进彼此的情感联系。而制作视频节目则是另一种展示文学才华和语言表达能力的方式，学生可以录制诗歌朗诵、故事演讲、文学解读等内容，通过视听的方式将自己的作品呈献给其他同学。在视频制作的过程中，学生将学习到视频剪辑、配音等技能，同时也可以培养团队合作精神和创意思维。

通过诗意的绘画、诗歌创作、音乐表演及文学刊物与视频节目制作等活动，学生得以在艺术中展现自己的才华和创造力，同时也增进了彼此的情感联系和团队合作精神。这些活动不仅丰富了班级文化生活，也为学生提供了一个共同成长、共同进步的平台，从而进一步增强了班级凝聚力的增强。

三、创新班级活动形式，激发学生创造力

在当今教育环境中激发学生的创造力是至关重要的，创新的班级活动形式可以成为培养学生创造力的有效途径之一。通过设计各种富有创意和情感共鸣的活动，可以激发学生的想象力、表达能力和团队合作精神。下面将介绍四种创新的班级活动形式，旨在激发学生的创造力和文学素养。

（一）设计诗意主题的角色扮演活动

活动中的学生将有机会通过扮演不同的角色，体验诗意的魅力并表达自己的创造力。比如他们可以选择诗歌中的经典人物或情境，如李白、白居易，或者古代的山水诗境，通过角色扮演的形式重新演绎诗歌的情境。例如学生可以穿上古装，模仿古代文人的行为举止，表达对诗歌和文学的理解与热爱。通过这样的角色扮演活动，学生将深入体验诗意生活，同时也锻炼了表达能力和想象力。

(二) 开展户外诗意探索与实践活动

在户外的自然环境中，学生将有机会感受到大自然的美妙和诗意。他们可以前往公园、湖畔或者山区，沉浸在自然景观中，观察身边的一草一木，感受大自然的美好。在这个过程中，学生可以用心感受自然的美丽，并通过观察和思考，创作诗歌、散文或者绘画作品。例如在湖边静坐观景，倾听风声、水声，感受自然的灵动，然后将这些感受转化为诗歌或者绘画作品。

(三) 利用数字技术创作诗意微电影或动画

利用数字技术创作诗意微电影或动画是一种富有创意和表现力的方式，可以让学生通过影像和声音来传达诗歌的情感和意境。举个例子，我们可以以李白的《静夜思》为素材，创作一部微电影或动画。首先画面可以从夜晚的天空开始，星星点点，月光洒在村庄上，温柔而宁静。随着诗歌的朗诵，画面可以切换到村庄里的小径，月光照耀下，枝叶投下斑驳的影子，一只孤独的猫咪悠闲地走过，增加一种温馨的氛围。然后可以出现一位诗人在小桥上停下脚步，凝视远方，思绪万千。接着镜头转向远方的田野，一位归人骑着马悠然归来，背景音乐轻柔而悠扬。在这个过程中可以运用一些特效和音效来增强诗意的表达，比如用慢动作和柔焦的镜头来展示夜晚的月色，使用淡淡的幽暗色调和渐变效果来营造静谧的村庄氛围，配以虚实结合的动画方式展示诗人的内心世界在音效方面，可以选择一些轻柔的钢琴曲或古筝曲作为背景音乐，搭配上淡淡的鸟鸣声和远处牛羊的叫声，增加自然的氛围感。

(四) 举办诗意主题的写作马拉松与作品分享

举办诗意主题的写作马拉松是一种激发学生创造力、培养写作技能的活动形式，在这样的活动中的学生被要求在限定的时间内创作与诗意相关的作品，如诗歌、散文或小说等。这种活动旨在通过写作的过程，让学生深入体验诗意的魅力，培养他们的想象力、表达能力和文学修养。首先学生将在规定的时间内集中精力进行创作，这种时间限制可以有效地促使他们集中注意力，迅速进入创作状态，释放创造力。写作马拉松的主题可以是多样化的，可以是关于爱情、自然、友谊、季节等任何与诗意相关的主题或情感。学生可以根据主题或情感，自由发挥想象

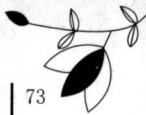

力，将自己的思想和感受转化为文字作品。随后活动结束后，学生将有机会分享自己的作品。这种作品分享的环节不仅可以让学生展示自己的创作成果，还可以促进他们之间的交流与合作。在分享的过程中，学生可以互相倾听、评价和启发，从他人的作品中获取灵感和反思，进一步提高自己的写作水平。同时通过交流与讨论，学生还可以培养批判性思维和团队合作精神，促进彼此的成长和进步。

通过设计诗意主题的角色扮演活动、开展户外诗意探索与实践活动、利用数字技术创作诗意微电影或动画及举办诗意主题的写作马拉松与作品分享，可以在学生中营造出富有创造力的氛围。这些活动不仅能够让学生亲身体验诗意的美好，也能够促进他们的想象力、表达能力和团队合作精神的发展。因此这些创新的班级活动形式对于激发学生创造力具有积极的意义，有助于培养学生全面发展的素养。

四、活动评价与反馈机制的建立

在推动班级活动的发展过程中，建立有效的评价与反馈机制至关重要。这不仅有助于激发学生的参与热情，还能促进活动的持续改进与提升。下面将探讨四项关键举措，包括设立评选奖项与优秀奖励制度、开展学生评价与自我评价、建立班级活动反馈小组、制定活动评估标准，以及定期进行活动效果评估与总结。

（一）设立评选奖项与优秀奖励制度鼓励学生参与

为了激励学生积极参与创新班级活动，可以设立评选奖项与优秀奖励制度。比如在诗意主题的写作马拉松活动中，可以设立最佳诗歌奖、最佳散文奖、最佳小说奖等奖项，对于获奖学生进行奖励和表彰。这样的奖项设置可以有效激发学生的参与积极性，让他们在活动中全力投入，追求卓越表现。

（二）开展学生评价与自我评价，促进学生成长与反思

除了外部评选奖项还可以开展学生评价与自我评价环节，在活动结束后组织学生对活动进行评价，搜集他们的意见和建议。同时鼓励学生进行自我评价，反思自己在活动中的表现和收获，促进他们的成长和进步。例如学生可以通过写作反思文章或者进行小组讨论，分享自己的体会和心得，从而提高对活动的理解和参与度。

（三）建立班级活动反馈小组，搜集意见建议改进活动

建立班级活动反馈小组是促进活动持续改进和提升参与者满意度的重要步骤，这个小组由老师和学生组成，旨在更系统地搜集、整理和分析活动参与者的反馈意见，以便及时调整和改进活动方案。学生可以通过填写反馈表或参加小组讨论的方式，表达他们对活动的看法、体验和建议。比如他们提出增加某种活动形式、改进活动内容、调整活动时间等建议。而小组则负责汇总和分析这些反馈，提出可行的改进方案，并将其提交给活动组织者和相关负责人。通过这样的反馈机制，可以实现对活动的持续优化，确保活动更加贴近学生的需求和期待，提升活动的吸引力和实效性。

（四）制定活动评估标准，定期进行活动效果评估与总结

为确保活动的质量和效果，制定明确的活动评估标准至关重要。这些标准应该涵盖活动的各个方面，如参与度、创新性、表现力等。参与度评估可以通过统计参与人数和参与时间来进行，创新性评估可以考察活动设计是否与传统形式有所不同，表现力评估则可以观察学生在活动中展现出的表现和成果。评估可以采用多种方式，包括问卷调查、观察记录、学生反馈等。问卷调查可以向参与者搜集意见和建议，观察记录可以通过观察活动现场来评估活动的实际效果，学生反馈则可以直接听取学生对活动的感受和看法。评估结果应该及时总结并加以分析，发现问题并提出改进措施。例如如果参与度较低，可以考虑调整活动时间或内容以提高吸引力；如果创新性不足，可以思考如何加入更具创意的元素；如果表现力不够突出，可以提供更多的指导和培训。

通过设立奖项与奖励制度，学生在活动中追求卓越，积极参与。开展学生评价与自我评价，促进了学生的成长与反思。建立班级活动反馈小组，使得活动能够持续优化，更贴近学生需求。而定期进行活动评估与总结，则确保了活动的质量与效果。这些举措共同构成了一个完善的活动评价与反馈机制，为班级活动的持续发展提供了有力支持。

第三节　班级纪律与规范的诗意引导

一、以诗意语言阐释班级纪律的重要性

在我们的班级里，纪律如同一首优美的诗篇，以其细腻而深邃的内涵，为我们的校园生活增添了一抹和谐的色彩。通过诗歌、文学作品等形式，我们更加深刻地理解和感受到班级纪律的重要性，以及它对我们学习与成长的促进作用。让我们一起探寻纪律的美妙之处，共同珍视并共建一个和谐的学习家园。

（一）诗歌、文学作品等形式传达班级纪律的内涵与意义

班级纪律如同一首动人的诗篇，细腻而深邃，以其规范和秩序的节奏，为校园生活勾勒出一幅和谐的画卷。诗歌和文学作品成为传达班级纪律内涵与意义的精妙载体，通过这些文艺形式，我们可以更加深刻地理解和感受到纪律的重要性。在诗歌中可以感受到纪律的美妙之处，比如"风和日丽，纪律如诗；紧张有序，团结如画"，这样的诗句让我们联想到纪律带来的安定与和谐，以及在有序中展现的团结和力量。诗歌通过抒发情感和意象，将班级纪律与诗意相融合，使其不再是单调乏味的规定，而是一种精神上的追求和表达。文学作品也是传达班级纪律内涵与意义的重要途径之一，小说、散文、寓言等形式都可以通过人物塑造、情节设置等方式来展现纪律对个体和集体的影响。例如一部关于班级纪律的小说，可以通过描述主人公在遵守纪律中的成长和体悟，让读者感受到纪律对于个人品质和团队凝聚力的重要性。

（二）利用富有诗意的语言描述班级纪律对学习与成长的促进作用

班级纪律如同学习与成长的坚实保障，其作用犹如春风细雨般滋润心田。以富有诗意的语言描述纪律对学习与成长的促进，能够更深刻地触动学生的内心深处。比如我们可以用"纪律是心灵的指南针，引领我们驶向知识的海洋；规范是

人生的阳光，照亮我们茁壮成长的道路"的形象化诗句来描述。将纪律比作心灵的指南针，意味着它在学生的成长过程中扮演着重要的导向角色，指引着他们朝着正确的方向前进。正如指南针指引航行员航向未知的海洋一样，纪律引领着学生探索知识的海洋，使他们能够更加有序地学习、探索、成长。而将规范比作人生的阳光，则强调了它在学生成长过程中的照耀作用。阳光是万物生长的源泉，它为植物提供了必要的能量，促进了它们茁壮成长。同样地，规范为学生提供了成长的环境和条件，使他们在规范的照耀下茁壮成长，塑造良好的品德和习惯。

（三）使用寓意深刻的诗句或段落概括班级规范的重要性

班级规范犹如一张温暖的被褥，为学生的成长提供了宁静和安全的环境。就像被褥在寒冷的夜晚给予人们温暖舒适的庇护一样，班级规范保障着学生在学校的生活和学习中能够有序、安心地成长。这种比喻生动地表达了规范在班级中的重要性，它不仅是一种行为准则，更是学生成长路上的坚实支撑。而规范犹如一首悠扬的歌谣，伴随着学生的学习与生活。就像歌谣会随着人们的呼吸而起伏，班级规范也贯穿学生的日常学习和生活的方方面面。它不仅是一种约束，更是一种精神的引领和指引，激励着学生积极向上、努力学习，让他们在规范的节奏中找到自己的节拍，创造出美好的学习和生活乐章。

（四）以情感共鸣的方式呼吁学生珍视班级纪律

让我们以情感共鸣的方式呼吁学生珍视班级纪律，共同营造和谐氛围。在这个温馨的校园里，每一个同学都是这个大家庭中不可或缺的一分子。我们应像手牵手一样，紧密相连，共同守护班级的纪律之花。纪律之花是班级和谐的象征，是每个人共同努力的结果。它需要我们每一个人用心呵护，用行动守护。就像花朵需要阳光和雨露一样，纪律之花需要我们每一个同学的爱护和呵护。只有当我们每一个人都能自觉遵守班级规范，做到言行一致，才能让这朵纪律之花在校园里绽放出更加灿烂的光芒。在这个共同呵护的过程中不仅能够培养自己的责任意识和团队精神，更能够享受到和谐氛围带来的愉悦和成长。让每一个心灵在纪律的阳光下绽放，让我们共同努力、共同奋斗，共同创造出一个充满爱和温暖的学习家园。

班级纪律如同一首动人的诗篇，通过诗歌、文学等形式传达着它的内涵与意

义。它是学习与成长的保障，是心灵的指南针和人生的阳光，引领我们茁壮成长。班级规范则如同温暖的被褥和悠扬的歌谣，为我们提供了安定与支撑。让我们以情感共鸣的方式珍视班级纪律，共同创造一个充满爱和温暖的学习环境，让每一个心灵在纪律的阳光下绽放。

二、引导学生自觉遵守班级规范的方法

引导学生自觉遵守班级规范是培养他们积极参与班级生活、形成良好行为习惯的关键，下面将探讨四种方法来引导学生自觉遵守班级规范，包括利用情感教育、角色扮演等活动、建立奖惩机制及培养学生自我管理与自我约束能力。

（一）利用情感教育引导学生对规范的认同与理解

情感教育是引导学生自觉遵守班级规范的有效方法之一，通过情感教育可以激发学生内心的认同感和理解力，使他们从内心愿意去遵守规范，而不仅是出于被迫或规定。比如可以组织班会或心理辅导活动，让学生分享自己对班级规范的理解和感受，从而增强他们的情感认同。通过倾听他们的想法和感受，可以使学生更深刻地理解规范对班级和个人的重要性，从而自觉地去遵守。

（二）通过角色扮演等活动让学生身临其境感受规范的重要性

角色扮演等活动是让学生身临其境感受规范的重要性的有效途径之一，通过让学生扮演不同的角色，如老师、家长、学生等，让他们亲身体验不同身份下的责任与义务，进而深刻领悟到规范对整个班级的重要性。例如可以组织一场校园规范游戏，在游戏中模拟各种班级生活场景，让学生通过实际操作感受规范的作用和必要性，从而培养他们遵守规范的意识。

（三）建立奖惩机制，激励学生自觉遵守班级规范

建立奖惩机制是树立学生遵守班级规范的重要手段之一，奖惩机制旨在激励学生自觉地遵守规范，并让其认识到不遵守规范带来的后果。通过设立奖励机制，学校可以及时表彰遵守规范的学生，比如颁发优秀学生奖、发放奖状或奖品等方式，以此激励他们的积极表现。这种正向激励能够增强学生对规范的认同感，形成遵守规范的良好习惯。同时也要建立严格的惩罚机制，对违反规范的行为给予

相应的处罚，比如警告、扣分、社会服务等方式。这种惩罚措施能够让学生意识到不遵守规范的严重性，从而自觉地改正错误，避免再次犯错。综合运用奖惩机制，能够有效引导学生自觉遵守班级规范，促进班级秩序的稳定和发展。

（四）培养学生自我管理与自我约束能力

培养学生自我管理与自我约束能力是长远培养学生遵守班级规范的有效途径，首先通过学生自治组织和班级自治活动，让学生参与班级管理和规范制定的过程，激发他们的责任心和主动性。例如学生可以组建班级委员会，负责制定和执行班级规范，从而培养他们的自我管理意识和团队合作能力。定期进行规范教育和心理辅导，引导学生自我反思、自我调节，提升他们的自我认知和情绪管理能力。通过讨论案例、开展角色扮演等方式，帮助学生认识到规范对个人和集体的重要性，从而自觉地遵守规范。例如组织班级规范教育活动，让学生分享自己的观点和经验，共同探讨规范对班级生活的意义和作用。综合运用以上方法，可以促使学生逐步形成自我管理和自我约束的能力，在学习和生活中自觉地遵守班级规范，为良好的班级氛围和秩序做出积极贡献。

通过情感教育使学生能够从内心认同和理解班级规范的重要性；通过角色扮演等活动，学生可以亲身体验规范的作用和必要性；建立奖惩机制可以激励学生自觉遵守规范，同时也让他们认识到不遵守规范的后果；通过培养学生自我管理与自我约束能力，他们能够在学习和生活中自觉地遵守班级规范，为班级的秩序和发展做出积极贡献。这些方法相互结合，有助于形成一个良好的班级氛围和秩序，促进学生全面发展。

三、诗意教育在处理违纪行为中的应用

教育中处理违纪行为是一项重要而挑战性的任务，传统的惩罚式方法会产生反效果，而诗意教育则提供了一种更具启发性和情感化的手段。通过诗歌、寓言故事等形式，以及诗意的语言表达，借助文学作品中的案例与角色塑造，以及诗意的反思与审视，我们可以引导学生认识并改正错误行为。下面将探讨诗意教育在处理违纪行为中的应用方法及其价值。

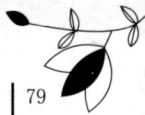

（一）运用诗歌、寓言故事等形式进行违纪行为的引导与教育

诗意教育在处理违纪行为中的应用是一种富有创意和启发性的方法，通过诗歌、寓言故事等形式，可以巧妙地引导学生认识和理解违纪行为的后果，激发他们的思考和改正意识。例如可以编写一首诗歌描述违纪行为所带来的负面影响，如失去信任、影响集体利益等，通过押韵和节奏感强化教育的效果。又或者利用寓言故事，像《狐假虎威》一样，通过动物形象和情节来揭示违纪行为的荒谬和危险，让学生通过想象和反思深刻领悟到规范的重要性。

（二）利用诗意语言表达对违纪行为的关怀与警示

诗意语言能够表达对学生的关怀与警示，增强教育的亲和力和感染力。通过诗意的表达方式，可以使教育更加生动有趣，更具有感染力和启发性。例如一首温暖而富有教育意义的诗歌可以表达出班主任对学生的关心和期望，同时警示学生遵守规范，避免违纪行为带来的负面影响。这种方式既传达了严肃的教育态度，又不失温情，有助于引导学生自觉遵守规范。

（三）借助文学作品中的案例与角色塑造教导学生遵纪守法

通过借助文学作品中的案例和角色塑造，可以生动形象地教导学生遵纪守法。例如通过分析文学作品中的正面和负面角色，让学生深刻领悟遵纪守法与违纪行为所带来的不同结果。比如《红楼梦》中林黛玉的坚持原则与宝钗的圆融处世，以及贾宝玉的玩世不恭与贾政的守纪守法等，都可以用来引导学生认识到规范的重要性，并从中吸取教训，树立正确的行为观念和价值取向。

（四）通过诗意的反思与审视引导学生认识并改正错误行为

诗意的反思与审视可以帮助学生更深刻地认识并改正错误行为，通过引导学生用诗意的方式来反思自己的行为，如写下感悟和忏悔的诗句，可以让他们更加真切地体会到违纪行为所带来的内心冲突和痛苦，进而积极主动地进行改正和修正。例如学生可以写一首反思诗，表达对违纪行为的悔恨和决心改正的情感，通过这种方式，不仅能够引导学生正视错误，还能够激发他们自我成长和进步的动力。

诗意教育为处理违纪行为提供了多种富有创意的方法，通过诗歌、寓言故事等形式引导学生认识后果，利用诗意语言表达关怀与警示，借助文学作品中的案例与角色塑造教导学生遵纪守法，以及通过诗意的反思与审视引导学生改正错误行为，都是有效的手段。这些方法不仅能够增强教育的亲和力和感染力，还能够激发学生的思考和改正意识，促进他们的成长与进步。因此，诗意教育在处理违纪行为中具有重要的意义和价值。

四、培养学生自我约束与自我管理能力

当今社会培养学生的自我约束与自我管理能力被认为是学校教育的一项重要任务，这种能力不仅有助于学生在学业上取得成功，还有助于他们在日常生活中处理挑战和压力。下面将探讨四种有效的方法，包括开展诗意主题的自我管理训练活动、建立学生自治机制、引导学生借助诗意表达情感与情绪及培养学生审美情操。

（一）开展诗意主题的自我管理训练活动

通过开展诗意主题的自我管理训练活动，学校可以激发学生的创造力和自我约束能力。例如组织学生参与诗歌创作比赛，要求他们以自己的生活经历、情感体验为素材，写出富有情感共鸣和启发性的诗作。在这个过程中，学生需要思考、表达、整理自己的情感和想法，同时也需要自我管理时间、思维和情绪，以完成一篇有质量的诗歌作品。通过这样的活动，学生不仅能够提升诗意表达能力，还能够培养自我管理和创造力。

（二）建立学生自治机制

建立学生自治机制是培养学生自我约束和自我管理能力的重要举措，学校可以设立学生议事会、班级自治委员会等组织，让学生参与学校和班级管理的决策和执行过程。例如学生可以通过投票、讨论等方式，制定班级的规章制度、活动安排等，然后自觉遵守和执行这些规定。这样的参与过程可以让学生深刻体会到自我管理的重要性，提升他们的自治意识和责任感。

（三）引导学生借助诗意表达情感与情绪

学校通过组织诗歌朗诵比赛等活动，引导学生借助诗意表达情感与情绪，是一种富有启发性和情感化的教育方式。在这样的比赛中，学生不仅有机会选择自己喜爱的诗歌作品，还可以通过朗诵的方式表达自己的情感和情绪。例如一个学生可以选择朗诵一首描写自然景色的诗歌，用深情的语调和生动的形象表达对大自然的敬畏和热爱；另一个学生则可以选择朗诵一首抒发内心感受的诗歌，用细腻的情感和抑扬顿挫的语调表达自己的喜怒哀乐。在朗诵过程中，学生不仅可以感受到诗歌的美妙和力量，还可以借助诗意的表达方式更好地认识和理解自己的情感和情绪。通过这样的活动，学生可以逐渐学会如何适当地表达和处理情绪，提升他们的情感管理和自我调节能力。因此引导学生借助诗意表达情感与情绪，是培养其自我约束和情感管理能力的有效途径之一。

（四）培养学生审美情操

学校通过组织文学欣赏活动、艺术展览等方式，培养学生的审美情操，是促进其自我管理能力和全面发展的关键举措。在这些活动中，学生有机会接触到各种形式的优秀文学作品和艺术品，如经典小说、诗歌、绘画等，从而拓宽视野，提升审美水平。例如学校可以组织学生参观文学名著展览，让他们深入了解经典文学作品的内涵和历史背景，从中感悟人生哲理和情感体验，培养他们对文学的鉴赏能力和审美情操。同时通过艺术展览等活动，学生也能够欣赏到各种形式的艺术作品，如绘画、雕塑、摄影等，从中感受到艺术的美妙和力量，培养他们对艺术的理解和热爱。这样的活动不仅能够丰富学生的课余生活，还能够促进他们的个性发展和全面素养。通过欣赏优秀文学作品和艺术品，学生可以提升自己的审美情操，培养对美的敏感和热爱之情，从而更加自觉地约束和管理自己的行为举止。同时审美情操的培养也有助于学生的情感表达和思维能力的提升，使其在人生道路上更加从容和自信。因此培养学生的审美情操既是学校教育的重要任务之一，也是促进学生全面发展的重要途径。

通过开展诗意主题的自我管理训练活动、建立学生自治机制、引导学生借助诗意表达情感与情绪，以及培养学生审美情操等途径，学校能够有效地培养学生的自我约束与自我管理能力。这些方法不仅能够激发学生的创造力和情感表达能力，还能够促进他们的思维发展和全面素养，为他们未来的发展奠定良好的基础。

第四章　诗意教育中的德育渗透

第一节　德育在诗意教育中的地位

一、德育与诗意教育的内在联系

德育与诗意教育虽然各具特色，却在追求学生全面成长、培养理想人格方面有着紧密的内在联系。它们共同强调了人文关怀、情感表达和价值观培养，为学生提供了全面发展的机会。通过探究诗意教育的价值观与德育理念的共通之处，以及德育与诗意表达之间的情感联系和在人文精神培养方面的关联，我们可以深入理解这两者之间的紧密联系。下面将探讨德育在诗意教育中的角色与定位，并阐述德育与诗意教育共同的目标与愿景，为全面理解教育的综合性做出努力。

（一）诗意教育的价值观与德育理念的共通之处

德育与诗意教育的内在联系体现在它们共同强调的人文关怀、情感表达和价值观培养上，在诗意教育中强调培养学生的情感体验和审美情操，通过诗歌、文学等形式让学生感悟生活、表达情感。而德育则注重培养学生的良好品德和正确的人生观、价值观。这种共同的价值取向使得德育与诗意教育在实践中相辅相成。例如通过诗意教育，学生不仅能够提升情感表达能力，还能够深刻领悟到美、善、真的人生价值，从而更加自觉地践行良好的品德和价值观。因此，德育与诗意教育在塑造学生全面发展、健康成长方面具有共同的价值取向和目标。

（二）德育与诗意表达之间的内在情感联系

德育与诗意表达之间存在紧密的情感联系，诗意表达是一种情感的释放和表达方式，通过诗歌、文学等形式，学生得以抒发内心的情感和情绪。而德育则着重引导学生正确地表达情感，培养他们的情感素养和情感管理能力。通过诗意表

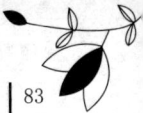

达，学生可以更加深刻地体会情感的多样性和深度，从而更好地理解自己和他人。例如当学生通过写诗或朗诵诗歌表达自己的情感时，他们不仅在表达自己的内心感受，还能够感受到其他人的共鸣和理解，从而培养同情心和包容心。这种情感联系不仅促进了学生情感表达能力的提升，也有助于他们在日常生活中更加理解和关爱身边的人，培养了责任感和同理心等美德。因此，德育与诗意表达之间的内在情感联系在学生情感培养和人格塑造方面起着重要的作用，为其全面发展提供了丰富而有益的支持。

（三）德育与诗意教育在人文精神培养方面的关联

德育与诗意教育在人文精神培养方面有着密切的关联，诗意教育着眼于培养学生的人文素养和审美情操，通过赏析和创作诗歌、文学作品，引导学生深入思考人生、探索人性。这种过程不仅是对艺术形式的欣赏，更是对人文精神的感悟和领悟。与此同时德育强调培养学生的人文精神和社会责任感，通过道德教育引导他们形成正确的人生观和社会观，关心他人、奉献社会。因此，德育与诗意教育共同致力于培养学生全面发展的人文素养。这种人文素养不仅包括对艺术、文学的欣赏和理解，还包括对人性、人生价值的思考和感悟。通过诗意教育和德育的结合，学生不仅能够领略文学艺术的魅力，更能够树立正确的人生观，培养自己的情操和道德情怀。他们将成为有情怀、有担当的时代新人，为社会的进步和发展贡献自己的力量。因此，德育与诗意教育的关联不仅在于培养学生的个人素养，更在于塑造他们的人文情怀，为其全面成长和社会参与打下坚实基础。

（四）德育在诗意教育中的角色与定位

德育在诗意教育中担任着至关重要的角色，有明确的定位，它不仅是诗意教育的重要组成部分，更是其核心价值和目标的体现。德育通过引导学生正确表达情感，培养他们的情感管理能力和社会责任感，为他们在诗意表达中发挥更高水平提供了支持。在诗意教育的实践中，德育通过以下几个方面展现其重要性：德育帮助学生更好地理解诗意表达背后的情感和思想，通过诗歌、文学作品的欣赏和创作，学生学会用言语和文字来表达内心的情感和体验，同时理解并感受他人的情感表达，从而培养他们的同情心和沟通能力；德育在诗意教育中有助于树立学生正确的人生观和价值观，诗意教育不仅是技术层面的教学，更是对生活、人

性和社会的一种思考和审视；德育通过道德教育，引导学生树立正确的人生观，培养他们的责任感、奉献精神和社会正义感，使他们在诗意表达中能够有更高层次的思考和创作；德育在诗意教育中还能够帮助学生培养情感管理能力和社会责任感，在诗意表达的过程中，学生不仅要学会表达自己的情感，还需要学会理解和尊重他人的情感体验；德育通过情感教育和社会情感的培养，帮助学生学会如何在人际交往中更好地管理情感，以及在社会中更好地承担责任，为社会做出积极贡献。

（五）德育与诗意教育的共同目标与愿景

德育与诗意教育共同追求的目标与愿景是培养学生全面发展、健康成长的理想人格，通过德育的道德教育和诗意教育的情感表达，我们能够激发学生内心的情感智慧和人文情怀，引导他们树立正确的人生观和价值观。这种综合教育不仅关注学生的学业成绩，更注重他们的品德修养和人文素养。我们期望培养出具有良好品德和高尚情操的学生，他们能够在面对挑战和困难时保持乐观与坚韧，能够在人生道路上胸怀理想、担当责任，成为社会主义事业的合格建设者和可靠接班人。这样的学生不仅具备了扎实的学术能力，更具备了高度的情感智慧和社会责任感，能够为社会的繁荣与进步做出积极贡献。因此德育与诗意教育的共同目标与愿景是培养学生全面发展、健康成长的理想人格，使他们成为有担当、有情怀的时代新人，为实现中华民族伟大复兴的中国梦贡献力量。

德育与诗意教育之间的内在联系凸显了它们在塑造学生人格、培养全面素质上的重要性，它们共同强调的人文关怀、情感表达和价值观培养为学生提供了情感智慧和人文情怀的培养场所。德育在诗意教育中的角色与定位不仅是重要组成部分，更是核心价值和目标的体现。最终，德育与诗意教育共同追求培养学生全面发展、健康成长的理想人格，使其成为有担当、有情怀的时代新人，为实现中华民族伟大复兴的中国梦贡献力量。

二、诗意教育对德育的促进作用

诗意教育作为德育的重要组成部分，在学生的成长过程中扮演着至关重要的角色。通过诗歌、文学作品的欣赏、创作与思考，学生不仅得以培养情感品质、提升品德修养，还能够拓展审美情操、促进自我意识与社会责任感的培养。下面

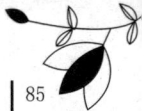

将深入探讨诗意教育对德育的促进作用，分析其在学生情感品质、品德修养、审美情操、自我意识与社会责任感等方面的具体作用，旨在为德育实践提供启示与借鉴。

（一）诗意表达对学生情感品质的塑造作用

诗意表达在德育中扮演着重要角色，对学生情感品质的塑造具有显著的促进作用。通过诗歌、文学作品的欣赏和创作，学生得以深入表达内心情感，增强情感体验能力。例如当学生创作一首诗歌来描述自己内心的喜怒哀乐时，他们不仅是在练习写作技巧，更是在探索自我情感的表达方式。这种自我表达的过程，能够帮助学生更好地认识自己的情感状态，培养情感管理能力，使他们更加成熟、稳定地应对生活中的各种情境。同时通过诗意表达，学生还能够感受到他人情感的共鸣和理解，促进情感交流与沟通，培养同情心与包容心。因此诗意表达不仅是一种艺术形式，更是一种情感体验的载体，对学生情感品质的塑造起着重要作用。

（二）诗歌、文学作品对学生品德修养的启迪

诗歌、文学作品常常蕴含着丰富的道德情感与人生智慧，对学生品德修养的启迪具有重要影响。通过阅读优秀的诗歌和文学作品，学生可以感受到其中蕴含的真善美，深刻领悟到人生的价值与意义。例如杜甫的《登高》表达了对困境的坚持与对未来的信心，激励学生在面对挑战时坚强不屈；而鲁迅的《阿Q正传》则揭示了人性的复杂与社会的黑暗，引导学生反思自身行为并树立正确的道德观念。通过对这些作品的深入思考与感悟，学生不仅能够提升自身的道德修养，更能够培养出正确的人生观与价值观，成为有担当、有责任心的社会成员。

（三）诗意表达对学生审美情操的培养

诗意表达是一扇通往美的窗户，它开启了学生审美情操的大门。通过接触、欣赏和创作诗歌、文学作品，学生被引领进入艺术的世界，感受到其中蕴含的美妙与魅力。当学生聆听一首动人的诗歌，如李白的《静夜思》，感受到夜色中的静谧与诗人的孤寂；或者阅读一篇富有情感的散文，如鲁迅的《药》，体会到文字中流淌的人生情感，他们的心灵便得到了滋养。这种审美体验不仅使学生对美

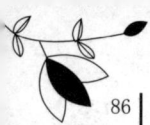

的敏感性得到锻炼，更能够影响其审美取向与行为习惯。在日常生活中，他们更加关注身边的美好事物，如大自然的景色、人们的情感交流，以及艺术作品的创作与欣赏。通过不断感受美的力量，学生内心的审美情操得以培养与提升，使他们更加热爱生活，更加追求美好。因此诗意表达对学生审美情操的培养具有重要意义，不仅能够丰富其精神世界，更能够引领他们走向更加美好的人生之路。

（四）诗意教育对学生自我意识与自我修养的促进

诗意教育在德育中的作用还体现在促进学生自我意识与自我修养方面，通过诗意表达，学生被鼓励去思考、去感悟内心世界，从而形成更加清晰的自我意识。例如当学生写下一首关于自己内心感受的诗歌时，他们需要对自己的情感状态进行深入思考，这种反思过程有助于他们更好地了解自己，形成自我认知与自我定位。同时，诗意表达也是一种自我调节与修养的方式。在创作诗歌的过程中，学生不仅能够释放内心压力，还能够培养自我情绪管理的能力，使自己更加平和、成熟。

（五）诗意教育对学生社会责任感的培养与引导

诗意教育不仅有助于学生个体内在品质的提升，也能够引导他们树立正确的社会责任感。通过诗歌、文学作品对社会现实的反思与探讨，学生能够深刻认识到自己作为社会一员所应承担的责任与义务。例如当学生阅读到关于社会不公与贫困的诗歌时，他们会思考自己应该如何去关爱弱势群体、为社会和谐贡献力量。这种思考与行动，能够激发学生的社会责任感，使他们在成长过程中更加积极地投身于社会实践与公益活动中，为社会的进步与发展贡献力量。

诗意教育对德育的促进作用是多方面而深远的，首先通过诗意表达，学生得以深化情感体验，增强情感管理能力，培养同情心与包容心，从而塑造积极向上的情感品质。优秀的诗歌、文学作品启迪学生的品德修养，激发他们的责任心与担当精神，使其成为具有良好道德品质的社会成员。诗意表达也有助于培养学生的审美情操，使其更加热爱生活、追求美好。同时诗意教育还促进了学生自我意识与自我修养的提升，使他们更清晰地认识自我、更成熟地处理情感与情绪。诗意教育引导学生树立正确的社会责任感，激发其为社会进步与发展贡献力量的愿

望与行动。因此诗意教育在德育中的作用不可忽视，应当成为学校教育中的重要内容，为学生的全面发展提供更加丰富的支持与帮助。

三、德育目标在诗意教育中的具体体现

教育实践中的诗意教育扮演着重要的角色，不仅是文学学科的一部分，更是德育的有力工具。通过诗歌的阅读与解析，学生不仅能够领略文学的魅力，更能够感悟到其中蕴含的深刻道德与人生智慧。下面将探讨在诗意教育中如何具体体现德育目标，引导学生成长为有品德、有情操、有责任感的公民。

（一）引导学生感悟诗歌中蕴含的人生智慧与道德理念

诗歌是一面镜子，反映着人类生活的方方面面。通过诗意教育，学生能够深刻感悟诗歌中蕴含的人生智慧与道德理念，从中汲取养分，提升自身的品德修养。例如杜甫的《茅屋为秋风所破歌》中"安得广厦千万间，大庇天下寒士俱欢颜"表达了对困苦人民的同情和对社会的责任感，引导学生关注社会弱势群体，培养出爱心与责任心。通过感悟诗歌中的人生智慧与道德理念，学生的品德修养将得到提升，形成积极向上的人生态度与价值观。

（二）培养学生对美的追求与崇高情操

诗意教育在培养学生对美的追求与崇高情操方面发挥着重要作用。诗歌作为一种文学形式，常常表达了诗人对美的追求和对生活的热爱，它的艺术表达和情感抒发往往能够深深触动人心，激发学生对美好事物的向往与追求。以苏轼的《水调歌头》为例，这首诗以其清新脱俗的艺术风格，展现了诗人对自然景观的赞美和对生活的热爱。通过细腻的笔触描绘出江南水乡的美丽景色，以及诗人内心的愉悦与豁达，激发了读者对自然之美和生命之美的感悟。这种美的追求不仅停留在表面的观赏，更是一种内心的领悟和体验，从而培养了学生对美的敏感和理解能力。通过诗意教育使学生不仅能够欣赏美的存在，更能够在追求美的过程中培养高尚的情操。他们在阅读、欣赏诗歌的过程中，不仅感受到了诗人的情感表达和审美追求，也在潜移默化中受到了情感的熏陶和品德的陶冶。诗意教育强调的不仅是文学作品的欣赏，更是通过情感共鸣和思想交流，引导学生积极追求美好、崇尚高尚的情操。

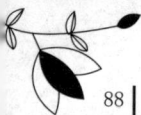

（三）培育学生的自尊、自信和自律品质

诗意教育不仅仅是学习诗歌，更是一种心灵的洗礼和启迪。在这个过程中的学生逐渐领悟到诗歌中蕴含的自我认同与生命力量。例如李白的《将进酒》中，"天生我材必有用，千金散尽还复来"，表达了对自我的坚定与自信，这种豪情壮志不仅激励了他追求内心真实的勇气，也启发了学生勇于追求理想的决心。通过诗意教育，学生能够建立起对自我的认同和价值的自尊，培养出对未来的自信，进而在生活中形成自律的品质，如李白笔下那杯"不愿饮孤酒"，学生将自觉遵循内心的规则，塑造出积极向上的行为习惯和处世态度。这种自尊、自信和自律的品质不仅是学生个体的成长所需，更是社会建设和发展的基石。

（四）提升学生的情感智慧与社会责任感

诗意教育的美妙之处在于其深刻的情感共鸣和社会意识的唤醒，诗歌作为情感的载体和思想的表达，能引导学生深入感受并理解人性的复杂与世界的多元。白居易的《赋得古原草送别》中，他抒发了对离别的悲伤和对友情的珍视，这种情感的表达不仅唤起了学生对亲情、友情的珍惜，也启迪了他们对生命、情感的深刻思考。而杜甫的《兵车行》则通过描绘战争的残酷与人民的苦难，唤起了学生对和平的向往和珍视，激发了他们为实现社会和谐、公平而努力的愿望。通过诗意教育使学生不仅能够提升情感智慧，更能够培养社会责任感。诗歌中的情感体验和社会关怀引导学生思考人与人之间的关系，以及个体与社会的责任。学生通过阅读、分析诗歌，了解到诗人对人类命运和社会现实的关切，从而培养了对社会问题的敏感性和责任感。这种情感智慧和社会责任感并不是空泛的理念，而是在对诗歌的深入领悟中逐渐形成的，潜移默化学生的行为和选择。

（五）培养学生的创造力、合作精神和公民意识

诗意教育的魅力在于其能够激发学生的创造力、合作精神和公民意识，诗歌是一种富有想象力和表现力的文学形式，通过各种意象和隐喻，它不仅唤起了读者的审美情感，也鼓舞了他们的创造力。举例来说，杜牧的《秋夜将晓出篱门迎凉有感二首》中的"微月照新妆，星稀乍似雨"，用独特的形象语言创造了一种富有诗意的画面，激发了学生的想象力和创新思维。这样的文学作品可以启发学

生不断探索、勇于创造，培养他们的创造性思维。同时诗歌也强调了个体与集体的关系，促进了学生的合作精神。诗歌中的作者常常通过对自然、人生和社会的感悟，表达对集体、团队的重视。学生通过阅读和讨论诗歌，不仅能够理解作者的意图，还能够体会到集体合作的重要性，培养出团队意识和合作精神。这种合作精神不仅在学校中有所体现，也会在日常生活和未来的工作中发挥作用。

诗意教育是一种引导学生探索人生、感悟美好、培育品德的有效途径，通过诗歌的赏析，学生不仅能够领略到文学的艺术魅力，更能够感受到其中蕴含的情感智慧与社会责任感。在诗意教育中，学生将培养出对美的追求与崇高情操，建立起自尊、自信和自律的品质，提升情感智慧与社会责任感，以及发展创造力、合作精神和公民意识，成为具有思想深度和社会责任感的新时代公民。

四、德育与语文教学的相辅相成

德育与语文教学是相辅相成的，语文教学既是知识的传授，更是价值观的传承和塑造。通过经典文学作品的学习，学生能够领悟到传统美德的力量，培养良好的品德修养；同时语文教学也引导学生正确审美观念，培养社会责任感和公民素养，从而成为具有高度文化素养和社会责任感的公民。

（一）语文教学在传承传统美德方面的作用

语文教学在传承传统美德方面发挥着重要作用。语文课堂不仅是文字的传递，更是价值观的传承。经典文学作品如《论语》《史记》等，蕴含着丰富的传统美德，如孝顺、忠诚、诚信等。通过对这些经典的阅读和解读，学生能够感受到传统美德的力量和价值，从而在情感认知上得到升华，形成对美好品德的向往和追求。例如《三字经》中"父母呼，应勿缓。父母命，行勿懒"就是对孝顺的强调，通过语文教学，学生能够深刻理解孝道的重要性，从而在日常生活中践行这一美德。

（二）语文教学在塑造学生良好品德方面的作用

语文教学在塑造学生良好品德方面具有深远的影响。通过文学作品的赏析，学生不仅是在欣赏文学的艺术魅力，更是在感悟人性的善恶、美丑，以及各种不同性格的人物形象。这些文学作品所展现的人物形象往往是具有丰富内涵和深刻品格的，他们的善良、正直、勇敢等美德，常常成为学生学习和仿效的对象。举

例来说,《红楼梦》中贤良淑德的林黛玉和仁爱单纯贾宝玉就是一个典型的案例,他们不仅是小说中的主要人物,更是一种道德品质的化身。林黛玉的聪慧、善良以及对家族的忠诚,贾宝玉的仁爱、淳朴和对美好事物的追求,都给学生留下了深刻的印象。通过对他们形象的学习和思考,学生能够潜移默化地受到其品德的熏陶,进而在日常生活中积极向上地塑造自己的品德。

(三)语文教学在引导学生正确审美观念方面的作用

语文教学在引导学生正确审美观念方面发挥着关键作用。通过文学作品的深入学习,学生能够领略到文字之美、情感之美、形象之美等多重层面的审美体验。以唐代诗人杜牧的《秋夕》为例,诗中描绘的"银烛秋光冷画屏,轻罗小扇扑流萤"场景,通过对其中意象的品位和解读,学生不仅能够感受到作者对自然景物的细腻描绘,还能领悟到其中蕴含的季节交替、生活情趣等丰富内涵。这样的赏析过程不仅培养了学生对美的敏感度,更重要的是引导他们形成独立、深刻的审美观念。通过对经典文学作品的深入研读和赏析,学生能够培养出品位独特、见识广博的审美情操,从而在日常生活中更加敏锐地感知美的存在,并能够以正确的态度去欣赏和对待各种美的表现形式。这种正确的审美观念将伴随学生终身受益,丰富其精神生活,提升其审美情趣,使其成为具有高度文化素养的社会成员。

(四)语文教学在培养学生社会责任感方面的作用

语文教学在培养学生社会责任感方面具有重要作用,通过文学作品的阅读和分析,学生能够深入了解社会现实和人民生活中存在的各种问题与挑战。这种了解不仅使他们具备了更加广泛的社会视野,也促使他们思考自己在社会中的责任与担当。文学作品往往以生动的故事、丰富的情感和深刻的思想表达社会价值观念和责任意识,比如《小兵张嘎》中描绘了小兵为了民族大义英勇牺牲的故事,这种悲壮的情节和对国家、民族责任的坚守,能够激发学生对社会责任的认识和重视。通过对这样的作品进行深入分析和探讨,学生能够从中领悟到责任感的重要性,明白自己在家庭、学校、社会中应承担的责任,并愿意为了更美好的社会贡献自己的力量。

（五）语文教学在培养学生公民素养方面的作用

语文教学在培养学生公民素养方面的作用确实非常重要。通过文学作品的学习使学生可以接触到各种不同时代、背景的人物形象和故事情节，从中感悟到公民应有的品质和行为准则。例如《草原上的麦穗》这个经典作品，通过展现一个少年在抗战时期不怕牺牲、勇敢投身革命的故事，激发了学生的爱国情怀和责任感。学生通过阅读这样的作品，不仅了解到了历史背景下的公民责任与担当，还能从中汲取到关于忠诚、勇敢、奉献等品质的启示。这些品质都是一个合格的公民所应该具备的素养，而通过文学作品的学习，学生可以在情感和思想上对这些素养有更深刻的认识。语文教学也可以通过引导学生进行讨论、写作、演讲等方式，促进学生对公民素养的理解和实践。例如可以组织学生就社会热点话题展开讨论，引导他们思考公民在当今社会中应该扮演的角色和肩负的责任；也可以通过写作作业，让学生表达对公民品质的理解和自己的思考；通过模拟演讲、辩论等活动，锻炼学生的表达能力和思辨能力，进一步培养他们成为具备公民素养的优秀人才。

语文教学在传承传统美德、塑造学生良好品德、引导正确审美观念、培养社会责任感和公民素养等方面发挥着重要作用，通过经典文学作品的学习和多样化的教学方式，学生不仅能够领略到美的存在和价值，还能够在情感、思想和行为上得到升华和提升，成为具有高尚品德和社会责任感的优秀公民。

第二节　诗意教育中的德育内容与方法

一、结合课文内容，进行德育渗透

教育教学中的德育是学校教育的重要组成部分，通过课文内容进行德育渗透，不仅可以使学生深入了解文学作品的内涵，还能够引导他们树立正确的价值观和道德观，培养积极向上的品格和行为习惯。下面将从分析课文中的人物品德与行为、探讨课文中的情节与事件、利用课文中的对话与情感表达，以及开展角色扮演与小组讨论等方面，探讨如何通过课文内容进行德育渗透，促进学生的全

面发展。

（一）通过分析课文中的人物品德与行为，引导学生思考道德选择

在《三国演义》中，诸葛亮的形象展现了忠诚、智慧和仁爱的典范。他忠于国家，全心全意为国家和民众谋福利，即使面对逆境也从不动摇；他智慧卓越，善于谋略，能够化解危机，处理复杂的政治局势；他对人民仁爱有加，以宽厚之心待人，深得人民爱戴。通过分析课文中诸葛亮的品德与行为，我们可以引导学生思考，忠诚不仅是对国家，还包括对朋友、家人和社会的忠诚；智慧不仅是智商，更包括情商和道德智慧；仁爱不仅是对亲人，也应该包括对所有生命的尊重和关爱。在现实生活中，学生可以通过学习诸葛亮的品德与行为，思考如何在面对困境时保持忠诚、如何运用智慧解决问题、如何以仁爱之心对待他人，从而在各种情境下做出正确的道德选择。

（二）探讨课文中的情节与事件，让学生理解背后的道德意义

课文中的情节与事件常常是道德意义的生动表现，以《小王子》为例，小王子对玫瑰花的深情守护是其中一个突出的情节。尽管玫瑰花时而娇纵时而刁蛮，但小王子始终对她心存忠诚与责任。这种守护不仅是对爱情的坚持，更是对承诺与责任的践行。通过探讨小王子与玫瑰花之间的关系，学生可以理解到责任与忠诚的重要性，以及在人际关系中如何坚持初衷，保持真诚与付出。这种孝心与忠诚的体现，不仅展现了传统文化中孝道的重要性，更让学生思考到无论亲疏远近，对待长辈应该怀有一颗敬老尊贤的心。通过探讨这些情节与事件，学生能够深入理解背后蕴含的道德意义，进而反思自己的行为与处世态度。这样的探讨不仅有助于学生树立正确的价值观，更能够引导他们在成长过程中做出积极的道德选择，成为有责任心、有担当的社会成员。

（三）利用课文中的对话与情感表达，引发学生的道德思考与共鸣

《红楼梦》中的对话和情感表达是引发学生道德思考与共鸣的绝佳素材，林黛玉对自己身份的认知和对爱情的执着，以及与宝玉之间的深情对话，都能够触动学生的内心，引发对人生意义和道德选择的思考。林黛玉作为一个充满矛盾与

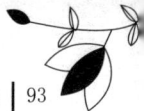

抑郁的角色，她对自己身份的认知常常带有苦涩和无奈。通过她的内心独白和与其他角色的对话，学生可以感受到现实与理想的冲突，思考人生的价值取向和追求。而黛玉与宝玉之间的情感纠葛更是触动人心。他们之间的深情对话，表达了对彼此的真挚情感和责任心。这种纯真而又执着的爱情，不仅让学生感受到爱情的美好，更让他们思考到爱情与责任、情感与人生选择之间的关系。通过分析这些对话和情感表达，学生可以深入探讨人生的意义、情感的价值及道德选择的重要性。他们可以从中感悟到关于忠诚、真诚、责任等道德观念，并将其运用到自己的日常生活中，培养出高尚的情感品质和道德情操。因此利用《红楼梦》中的对话和情感表达，能够有效地引发学生的道德思考与共鸣，促进他们的心灵成长与品德提升。

（四）开展角色扮演与小组讨论，探讨道德冲突与解决方式

通过角色扮演和小组讨论，《哈利·波特》系列中的情节可以成为探讨道德冲突和解决方式的丰富素材。学生可以扮演不同的角色，亲身体验他们在故事中所面临的道德抉择，从而更加深入地理解其中的道德冲突。例如学生可以扮演哈利、赫敏、罗恩等主要角色，在他们的处境中感受友情、勇气和正义之间的冲突。他们可以思考哈利是应该追求个人利益还是为了大局放弃自己的私心；赫敏是应该选择向老师告发同学的违规行为还是选择忍让和友谊；罗恩是应该坚持自己的信念还是随波逐流。在小组讨论中的学生可以分享彼此的看法和思考，探讨每个角色所面临的道德抉择背后的价值取向和影响。他们可以从不同角度思考，评估每种选择的利弊，并尝试寻找最符合道德准则和人性尊严的解决方式。通过这样的活动，学生不仅可以加深对《哈利·波特》故事情节的理解，更能够培养出批判性思维和道德判断能力。他们将在实践中体会到道德冲突的复杂性，从而更加理解和尊重他人的选择，并逐渐形成积极的道德观念和行为习惯。

通过分析课文中的人物品德与行为，探讨课文中的情节与事件，利用课文中的对话与情感表达，以及开展角色扮演与小组讨论等方式，可以有效地进行德育渗透。这些活动不仅可以使学生深入理解文学作品的内涵和道德意义，还能够引发他们的道德思考与共鸣，促进其心灵成长与品德提升。通过这样的德育渗透，学生能够树立正确的价值观，培养出积极向上的品格，成为有责任心、有担当的

社会成员。

二、通过诗歌鉴赏，培养学生审美情趣与道德情操

诗歌作为文学的精髓，承载了丰富的情感与深刻的道德议题。其优美的语言和富有内涵的意境，不仅可以唤起读者的审美情趣，也能引领他们探索道德的深层次。在学生的成长过程中，通过诗歌鉴赏，我们不仅可以激发他们对美的感悟，还能培养他们的道德情操。下面将从分析诗歌中的情感表达与道德议题、鉴赏经典诗歌、提供多样化的诗歌作品及引导学生通过诗歌表达自己的情感与思想等方面，探讨如何通过诗歌鉴赏，培养学生的审美情趣与道德情操。

（一）分析诗歌中的情感表达与道德议题

诗歌作为文学的精华之一，常常通过情感表达和对道德议题的探讨来引发读者的共鸣和思考。通过分析诗歌中的情感表达与道德议题，可以引导学生深入理解诗歌背后所蕴含的情感和道德意义。例如李白的《将进酒》中表达了对豪情壮志的追求和对人生美好的向往，鼓舞了人们积极向上的精神状态。而在杜甫的《登高》中，则表现了对困境与挑战的勇敢面对和对道德正义的追求。通过对这些诗歌的分析，学生可以深入体会诗人的情感体验和道德立场，从而提升自己的审美情趣和道德情操。

（二）鉴赏经典诗歌，让学生感受到诗歌对美好生活的追求

经典诗歌如同一面明镜，反映着诗人对美好生活的向往和追求，为学生呈现了一幅美妙的画卷。苏轼的《水调歌头》便是其中的佼佼者，他在诗中描绘了自然景色和人生境界，将对美好生活的渴望娓娓道来。在这首诗中，苏轼以"明月几时有？把酒问青天"开篇，展现了对自然之美的赞叹和对人生之追求的不懈。而另一首诗歌《月下独酌》，李白通过"举杯邀明月，对影成三人"等抒情语句，将读者带入了一种超脱尘俗、怡然自得的境界。这种对美好生活的向往，对内心情感的宣泄，对理想人生的追求，都深深触动着读者的心灵。通过学生对这类经典诗歌的鉴赏，他们可以感受到诗歌所传达的对美好生活的渴望与描绘，从而激发出积极向上的人生态度和情感品质。诗歌不仅是一种艺术表达，更是一种生活态度的倡导。当学生在诵读《水调歌头》时，或许会感受到内心对自然之美的向往，

对理想生活的追求。这种感悟不仅会丰富他们的审美情趣，更会启迪他们对美好生活的理解和追求，促使他们在成长过程中培养出积极乐观、热爱生活的品质。

（三）提供多样化的诗歌作品，培养学生对美与善的感悟能力

提供多样化的诗歌作品，是培养学生对美与善的感悟能力的重要途径之一。诗歌是一种高度艺术化的文字表达形式，通过丰富多彩的主题和情感，能够触动人心，激发思考，引导情感，甚至塑造人生观和价值观。传统经典诗歌是了解文学历史、领略古人智慧的宝库，例如李白的豪放、王维的淡泊、杜甫的慷慨等，都是值得学生品读的经典之作。这些作品蕴含着丰富的哲理和人生智慧，能够引导学生从中领悟美与善的内涵。而当代诗歌则是对当下社会、生活、情感的直接反映，更贴近学生的生活经验和情感体验。例如余光中的《乡愁》正是一首触动心弦的现代诗篇，通过对故乡、家庭的思念，展现了人们对于亲情、乡愁的情感表达。学生通过品读这样的作品，可以感受到现代人对于美好、善良的追求，增强对美与善的感悟能力。提供多样化的诗歌作品，不仅能够开阔学生的审美视野，也能够引导他们在情感层面更加敏感、善良。通过诗歌的鉴赏与感悟，学生可以感受到美的力量、善的价值，从而在日常生活中更加积极向上地去追求美好与善良。

（四）引导学生通过诗歌表达自己的情感与思想，提升道德情操

通过诗歌表达情感和思想是一种独特而深刻的方式，它不仅可以帮助学生探索内心世界，还可以促进情感与道德的成长。引导学生通过诗歌表达自己的情感与思想，是培养他们道德情操的重要途径之一。诗歌作为一种文学形式，可以提供一个自由、开放的表达平台。学生可以通过诗歌自由地表达内心的情感、情绪和思想，无论是对美好生活的向往，还是对社会现实的思考，都可以在诗歌中找到自己的表达方式。这种自由表达的过程有助于学生理清自己的情感与思想，增强情感表达能力。通过创作诗歌使学生可以深入思考生活中的道德问题，并通过诗歌表达对这些问题的思考和态度。例如通过诗歌表达对正义、友爱、勇敢等道德价值的追求，可以潜移默化地影响学生的道德观念和行为准则。同时创作过程中的思辨和反思也有助于提升学生的道德判断力和批判思维能力。通过分享和讨论诗歌作品，学生不仅可以互相借鉴和启发，还可以促进情感交流和共鸣，培养

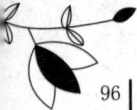

同情心和责任感。在分享和讨论的过程中，学生可以感受到他人的情感和思想，从而更加理解和尊重他人，形成良好的人际关系和社会责任感。

通过诗歌鉴赏可以带领学生深入理解诗歌中蕴含的情感与道德意义，激发他们的审美情趣与道德情操。通过分析诗歌中的情感表达与道德议题，学生可以从中领悟诗人的内心感受和道德立场，提升自己的情感理解力和道德判断力。同时通过鉴赏经典诗歌和提供多样化的诗歌作品，我们可以让学生感受到诗歌对美好生活的追求，培养他们对美与善的感悟能力。引导学生通过诗歌表达自己的情感与思想，可以促进他们的情感交流与共鸣，培养他们的同情心与责任感，使他们在审美体验中不断成长，成为具有高尚情操的社会公民。

三、利用写作教学，引导学生反思与自我提升

写作作为一种强大的教学工具，不仅可以提高学生的语言表达能力，还能够引导他们进行反思与自我提升。下面将探讨如何通过情感写作与心灵疗愈、反思性写作、写作分享与讨论，以及设计写作任务与项目等方式，激发学生的内在潜能，促进其全面发展与成长。

（一）开展情感写作与心灵疗愈，促进学生情感表达与自我认知

情感写作在学生的心理健康和成长中扮演着重要的角色。通过将内心情感转化为文字，学生可以更好地理解自己的情感状态，并从中获得舒解和安慰。例如当学生面临情感困扰或压力时，可以通过写作来表达自己的情感，从而减轻内心的负担。同时情感写作也是一种自我认知的方式。通过描述自己的情感体验，学生可以更深入地了解自己的内心世界，发现内在的需求和价值观。举例来说，一个学生通过写一篇关于自己与家人共度快乐时光的文章，回忆起童年时的温暖记忆，并从中感受到家庭的重要性和爱的力量，进而加深对家庭和亲情的认知。总之，情感写作不仅可以促进学生情感表达能力的提升，还能帮助他们更好地认识自己，从而实现心灵的疗愈和成长。

（二）组织反思性写作，让学生总结经验、反思错误与改进

反思性写作在学生的成长过程中扮演着至关重要的角色。通过反思自身经历和行为，学生能够深入了解自己的优点和不足，从而实现自我认知和提升。例如

要求学生撰写一篇关于一次失败经历的文章,可以促使他们对失败进行深入思考,并从中吸取教训。在这篇文章中,学生可以分析失败的原因是什么,是否存在个人责任,以及如何应对类似的挑战。通过这种方式,学生不仅可以认识到自己的不足之处,还能够制订改进计划,为未来的成长和发展做好准备。反思性写作还可以帮助学生建立积极的心态和解决问题的能力,当学生面对挫折和困难时,通过反思写作可以更好地理解问题的本质,并寻找解决方案。例如一个学生在一次团队项目中遇到了沟通问题导致失败,通过写作反思,他可以意识到自己在沟通和协作方面的不足,进而学习改进沟通技巧,增强团队合作能力。

(三) 利用写作分享与讨论, 增强学生互动与合作

利用写作分享与讨论的方式可以极大地促进学生之间的互动与合作,同时也有助于培养他们的道德成长。通过让学生相互分享自己的作品,他们不仅能够展示自己的想法和观点,还可以倾听他人的意见和看法。这种情境下的交流能够促进情感交流,增强学生之间的理解和尊重,从而培养出更加开放和包容的心态。进一步组织学生进行小组讨论可以更深入地探讨话题,并激发出更多的思考和见解。例如当学生就某一社会热点话题展开写作后,通过小组讨论,他们可以分享彼此的观点、分析问题的不同方面,并进行思维碰撞。在这个过程中,学生不仅可以学会倾听和尊重他人的意见,还可以从他人的看法中获得新的启发和思考角度。通过写作分享与讨论,学生不仅可以提升自己的表达能力和批判思维能力,还能够培养同情心和责任感。在与他人的交流中,他们可以更加深刻地理解到不同观点背后的逻辑和情感,从而培养出对他人的尊重和关爱之心。同时,通过共同探讨和解决问题,学生也能够培养出团队合作意识和责任担当,从而促进自身的道德成长。

(四) 设计写作任务与项目, 激励学生参与实际社会问题的解决与改善

设计写作任务与项目是激励学生积极参与实际社会问题解决与改善的有效途径,通过这样的活动使学生不仅可以提升自己的写作能力,还能够锻炼解决问题的能力和实践能力,同时培养出社会责任感和公益意识。举例来说,让学生撰写

关于环境保护的倡议书或公益活动策划方案。在这个项目中，学生需要深入研究环境问题，分析其原因和影响，并提出可行的解决方案和改善措施。通过写作，学生可以将自己的想法和建议表达出来，从而为解决环境问题贡献自己的力量。在这个过程中，他们不仅能够提升自己的写作表达能力，还能够学会如何分析问题、提出解决方案，并将这些方案转化为实际行动，促进环境保护工作的开展。这样的写作任务还能够激发学生的创造力和社会参与意识，通过参与实际的社会问题解决与改善活动，学生可以感受到自己的影响力和责任感，从而激发出更多的积极性和参与热情。他们将学会如何在实践中运用所学知识和技能，解决现实生活中的问题，为社会发展作出贡献。

通过开展情感写作与心灵疗愈，学生能够更好地表达内心情感，增进自我认知，实现心灵的疗愈与成长；组织反思性写作则使学生总结经验、反思错误，从失败中吸取教训，提升自我；利用写作分享与讨论促进学生之间的互动与合作，培养其批判思维和同理心；而设计写作任务与项目，则激励学生参与实际社会问题的解决与改善，培养其社会责任感和公益意识。写作教学不仅是提高语言能力的手段，更是引导学生成长与发展的重要途径。

四、开展德育主题活动，增强学生实践能力

开展德育主题活动是学校教育中不可或缺的一环，它不仅能够提升学生的实践能力，还能够培养其社会责任感、团队合作意识及道德素养。设计精心策划的社会实践活动、开展意义深远的义工活动、创设具有影响力的德育实践项目及组织专题讲座与研讨会，都是促进学生成长发展的重要手段。

（一）设计社会实践活动，让学生亲身体验与实践社会责任

设计社会实践活动旨在让学生亲身体验和实践社会责任，以培养其社会责任感和实践能力。如开展组织学生参与当地社区的环境清理活动。在这个活动中，学生将亲自动手，与社区居民一起清理环境，包括清理垃圾、修剪植被等。通过亲身参与环境改善，学生能够深刻体会到保护环境的重要性，并且意识到每个人都有责任保护自己所生活的环境。参与活动的过程中，学生需要团队合作，共同协作完成任务，这有助于培养他们的团队合作能力和沟通协调能力。通过这样的

实践活动，学生不仅能够增强自己的实践能力，还能够培养环保意识和社会责任感，从而促进其全面发展。

（二）开展义工活动，培养学生团队合作与公益意识

开展义工活动是一种促进学生团队合作与公益意识的有益方式，能够在实践中培养学生的社会责任感和同情心。通过参与义工活动使学生能够亲身体验到为他人服务的意义和价值。例如到养老院或孤儿院进行义工活动，学生可以与老人或孩子们互动，给予他们陪伴和关爱。在这个过程中，学生不仅能够感受到他人的需要，也能够意识到自己的行为可以对他人产生积极的影响，从而培养出同情心和责任感。义工活动也是学生团队合作能力培养的重要途径，在义工活动中的学生通常需要协作完成一些任务，如组织活动、安排行程、协调行动等。通过共同努力，学生能够体会到团队合作的重要性和力量，学会倾听他人、尊重他人、协调他人，从而提升自己的团队合作能力。通过参与公益活动，学生能够培养出公益意识和社会责任感。在活动中，他们不仅能够了解社会中存在的问题和需要帮助的群体，还能够意识到每个人都有责任为社会贡献自己的一份力量。这种公益意识的培养有助于激发学生的社会参与意识，使他们在日常生活中更加关注他人的需要，更加积极地参与到社会公益事业中去。

（三）创设德育实践项目，鼓励学生在行动中展现自己的美德与品质

创设德育实践项目是为了激励学生通过实际行动展现自己的美德与品质，其中一个具体项目是组织学生到贫困地区进行支教活动。在这个项目中，学生将有机会运用自己所学的知识和技能，帮助那些需要帮助的人，例如在偏远地区的学校教授基础知识、提供心理支持等。通过这样的支教活动，学生能够体现出仁爱和奉献精神，将自己的学识与能力服务于社会中最需要帮助的群体，从而提升他们的社会责任感和自我实践能力。同时，参与支教活动也能够培养学生的勇于担当和乐于助人的品质，让他们在实践中学会关爱他人、感恩奉献。通过这样的德育实践项目，学生将不仅成长为有担当、有责任感的社会公民，也将在实践中不断提升自己的品德和素质，为社会的进步和发展贡献自己的力量。

（四）组织德育主题讲座与研讨会，增强学生的社会认知与道德素养

组织德育主题讲座与研讨会是一种有效的途径，通过这种方式可以加强学生的社会认知与道德素养。通过邀请专家学者或代表社会公益组织来校园举办讲座或研讨，学生能够从他们的经验和知识中获益，拓宽自己的社会视野，进而思考和探讨社会问题，从而提升道德素养。这些德育主题讲座和研讨会可以涵盖广泛的主题，如道德伦理、社会责任、公民意识、环境保护等。专家学者和社会组织代表可以分享他们的见解、经验和案例，激发学生的思考和讨论。这种互动式的学习方式有助于激发学生的学习兴趣和主动性，使他们在参与讨论和交流中深化对社会问题的认识，增强对道德问题的敏感度。德育主题讲座和研讨会也是培养学生批判性思维和表达能力的良好机会，在讲座或研讨会结束后，学生可以就所听取的内容展开讨论，提出自己的看法和观点，与他人进行思想碰撞和交流，从而加深对道德问题的理解和认识。

通过以上提到的方式，学校可以在德育方面开展多样化的活动，从而全面培养学生的实践能力和道德素养。这些活动不仅能够使学生在实践中学习、成长，还能够为他们的未来发展奠定坚实的基础，使他们成为具有社会责任感和创造力的优秀公民。

第三节　诗意教育中的德育实践

一、语文课堂实施德育的思路

语文教育不仅是传授文字知识，更是塑造学生的品格和情感世界的重要途径。在语文课堂中，实施德育已成为教学的重要方向之一。为了有效地实施德育，我们需要思考如何在语文教学中整合德育内容，利用经典资源引导学生感悟品德与情感，设计德育主题的课堂活动，并通过学生参与讨论、角色扮演等形式激发学生的德育意识与情感体验，下面将探讨这些思路，并提供相关实施方法。

（一）整合德育内容于语文教学中

在语文课堂中实施德育，首先需要将德育内容与语文教学内容进行有机整合。这意味着在教学设计中，要注重将德育价值观融入语文课程中的各个环节中去，而不是将其作为独立的一部分。例如在教学《论语》时，不仅要教授其中的哲学思想，还要引导学生思考其中蕴含的道德观念，如仁、义、礼等。通过分析文本中人物的言行举止，让学生领会到这些道德观念在现实生活中的应用与意义。这样的整合可以使学生在语文学习的过程中不仅获取语言文字知识，还能够培养其良好的道德品质。

（二）利用经典诗文、文学作品等资源，引导学生感悟品德与情感

利用经典诗文、文学作品等资源，引导学生感悟品德与情感，是一种深入培养学生内在修养的有效途径。经典诗文和文学作品作为文化遗产，蕴含了丰富的道德和情感内涵。例如唐诗宋词中的许多作品，如《将进酒》《静夜思》等，不仅展现了诗人的感受和表达方式，还反映了他们对友情、爱情、家国情怀等的真挚情感。通过学习和分析这些作品，班主任可以引导学生深入理解诗人的情感表达，从而启发学生对美好品德的感悟，如忠诚、真实、善良等。经典文学作品往往通过独特的艺术表达，让学生在情感上产生共鸣和反思。比如通过阅读《红楼梦》中的人物形象和情节，学生可以深入探讨人性的复杂性，如友情与背叛、爱情与牺牲等，从中领悟到深刻的人生道理和情感规律。通过对经典作品的学习和讨论，班主任可以与学生分享作者背后的生活故事和时代背景，帮助学生更好地理解作品的深层含义。这种理解不仅有助于学生对文学作品的感情共鸣，也能够帮助他们建立起正确的人生观和价值观，培养他们的道德判断力和情感表达能力。经典诗文和文学作品的学习不仅可以促进学生的语言表达能力，还能够激发他们的创造力和想象力。通过创作与诗文相关的作文、诗歌或小说，学生能够更深入地理解作品的精髓，同时培养自己的艺术表达能力，进一步加深对品德和情感的理解与体验。

（三）设计德育主题的课堂活动

设计德育主题的课堂活动是语文教学中的一项重要任务，这些活动旨在通过

不同形式的互动，引导学生思考道德问题、培养情感认知，并促进他们的个人成长和团队合作能力。其中小组讨论是一种有效的方式，通过设定具有挑战性的道德难题，让学生分组探讨解决方案，培养他们的合作精神和批判性思维。例如讨论如何面对诱惑或处理道德困境等问题，可以激发学生的思考和讨论，引导他们形成正确的道德判断。文学欣赏会也是重要的德育活动形式之一。通过选取富有道德意蕴的文学作品，如《红楼梦》中的人物形象或《格列佛游记》中的社会批判，引导学生进行深入的文学解读和情感体验，从而培养他们的情感认知和审美情操。除此之外，角色扮演和情景模拟也是设计德育活动的有力工具。通过让学生扮演不同的角色或置身于具体情境中，体验生活中的道德抉择和情感体验，可以促进他们的情感认知和自我反思，培养出较高的情商和人格品质。设计德育主题的课堂活动不仅可以丰富语文教学的形式，更能够有效地促进学生的全面发展和道德素养的提升。

（四）通过学生参与讨论、角色扮演等形式，激发学生的德育意识与情感体验

通过学生参与讨论和角色扮演等形式，语文教学可以成为激发学生德育意识与情感体验的有效平台。通过讨论，学生有机会分享个人见解、观点和价值观，这不仅有助于他们更好地理解彼此的立场和观点，还可以培养尊重他人、倾听他人的能力，从而提高他们的社交技能和团队合作意识。例如在讨论道德难题时，学生可以从不同的角度思考问题，并尝试找到合适的解决方案，这有助于他们培养辩证思维和解决问题的能力。角色扮演是另一种激发学生德育意识与情感体验的重要手段，通过扮演不同的角色，学生可以更加身临其境地体验不同人物的情感、思想和行为，从而增强他们的同理心和情感认知能力。例如在模拟情景中扮演历史人物或文学作品中的角色，学生可以更加深入地理解历史事件或文学作品的背景和内涵，同时也可以感受到这些角色的情感体验，增强对于人性和情感世界的理解和认识。

通过整合德育内容与语文教学、利用经典资源引导学生感悟品德与情感、设计德育主题的课堂活动，以及通过学生参与讨论、角色扮演等形式激发学生的德育意识与情感体验，语文课堂可以成为培养学生品格和情感的有效平台。这些思路和方法不仅能够丰富语文教学的形式，更能够促进学生的全面发展和道德素养

的提升。

二、学生德育成果展示与分享

学生德育成果展示与分享是学校教育工作中的一项重要内容，旨在为学生提供展示成果、分享心得的平台，促进他们的品德修养和社会实践能力的发展。通过定期举办展示活动、开展演讲比赛或表演、创设展览馆或在线平台，以及鼓励学生参与志愿服务与社区实践等举措，学校致力于培养学生的社会责任感、公益意识和自我成长，构建良好的校园德育氛围。

（一）定期举办德育成果展示活动

学校定期举办德育成果展示活动，是为了给学生提供一个展示成果、分享心得的平台。通过这些展示，学生不仅可以展示自己在品德修养和社会实践方面的成就，还能与他人分享成长的故事和感悟。例如一个学生可以展示她在参与志愿活动中的照片，记录她与社区孩子一起度过的温馨时刻，以及她从中所获得的人生启示；另一个学生会分享他在环保实践中的心得，从中领悟到保护环境的重要性。这样的展示不仅能够鼓舞其他学生积极参与德育活动，也有助于培养学生的自信心和责任感，从而促进校园德育氛围的构建。

（二）开展德育主题的演讲比赛或表演

开展德育主题的演讲比赛或表演是一种促进学生思想情感发展和提升演讲能力的有益方式，通过演讲比赛使学生有机会选择与德育相关的话题，并进行深入的思考和准备。例如他们可以选择探讨友情、诚信、责任等价值观，从而增进对这些重要品质的理解和认识。在准备演讲的过程中，学生需要通过阅读、思考和组织语言来表达自己的观点，从而提高他们的表达能力和逻辑思维能力。通过表演形式展现德育理念和情感体验，可以使学生更加直观地感受和理解德育的重要性。例如通过小品、朗诵、音乐剧等形式，学生可以生动地表现出友爱、守信、勇敢等品质，从而引发观众的共鸣和思考。这种情感表达不仅能够加深学生对德育主题的认识，也能够培养他们的情感认知和人格塑造。演讲比赛或表演活动也为学生提供了展示自我、锻炼自信的机会，站在舞台上面对观众，学生需要克服紧张和胆怯，展现出自己的风采和魅力。这种经历能够增强学生的自信心和自我

管理能力，为他们今后的发展奠定坚实的基础。因此开展德育主题的演讲比赛或表演不仅有利于提高学生的表达能力和思想情感发展，也能够深化他们对德育理念的理解和认识。这样的活动丰富了学校的文化生活，营造了积极向上的校园氛围，为学生成长成才提供了更加丰富的学习体验和成长空间。

（三）创设学生德育成果展览馆或在线平台

学校创设学生德育成果展览馆或在线平台，是为了给学生提供一个展示成果、分享经验的平台。这样的展览馆或在线平台可以集中展示学生参与的德育活动、获得的荣誉、他们的心得体会等内容。举例来说，展览馆中可以陈列学生参与志愿服务、社区活动的照片和视频，同时展示他们获得的奖项和荣誉。在线平台则可以通过文章、图片、视频等多种形式，让更多人了解学生在德育方面的成长历程。学校还可以组织评选活动，表彰在德育方面表现突出的学生，并邀请他们分享自己的经验和心得。这样的举措不仅能够鼓励更多的学生参与到德育活动中来，也有助于激发整个校园的德育氛围，让更多的人受益于德育成果的分享与交流。

（四）鼓励学生在校园内外参与志愿服务与社区实践

学校积极鼓励学生在校园内外参与志愿服务与社区实践活动，是为了培养学生的社会责任感和公益意识。通过参与环保、扶贫、助残等志愿服务活动，学生能够亲身体验社会实践的意义和价值，从而培养起自己的社会责任感和公益意识。例如学生可以参与学校组织的环境清理活动，或者志愿服务于当地的养老院或残障人士福利中心，为社区带来温暖和帮助。同时学校也可以建立志愿服务记录和奖励机制，鼓励学生积极参与志愿服务活动，并将其作为学生综合素质评价的重要依据之一。这样的举措不仅可以提升学生的社会责任感和公益意识，也能够促进他们的自我成长和全面发展。通过参与志愿服务与社区实践，学生能够更加深刻地理解社会问题，并积极为社会发展贡献自己的一份力量，从而成为具有社会责任感和公益意识的社会栋梁。

学校通过多种形式的德育成果展示与分享活动，为学生提供了展示成果、分享心得的机会，促进了他们的品德修养和社会实践能力的提升。定期举办展示活动、开展演讲比赛或表演、创设展览馆或在线平台，以及鼓励学生参与志愿服务与社区实践等举措，不仅增强了学生的自信心和责任感，也丰富了校园德育活动

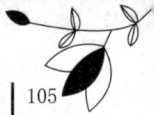

的形式和内容，为学生成长成才提供了有力支持。

三、班主任对德育实践的反思与总结

班主任在德育实践中扮演着至关重要的角色，他们的反思与总结对于提升学校的德育水平至关重要。下面将探讨班主任对德育实践的反思与总结的几种方法，包括定期组织班主任德育经验交流会、对每次德育活动进行反思与评估、建立班主任德育档案，以及鼓励班主任参与德育培训与专业学习。这些方法旨在帮助班主任不断提升自身的德育水平，从而更好地为学生的全面发展服务。

（一）定期组织班主任德育经验交流会

定期组织班主任德育经验交流会是学校促进教育质量提升的重要举措，有助于班主任分享和借鉴德育工作中的成功经验与有效方法。这样的交流会提供了一个班主任互相交流、分享的平台，每位班主任都有自己独特的教学经验和方法，例如在班级管理、行为习惯培养、品德教育等方面的实践。通过分享成功的案例和实用的策略，班主任可以互相启发和学习，发现新的教育理念和方法，从而丰富自己的教学工具箱，提升德育工作的有效性和影响力。交流会也有助于班主任共同探讨德育工作中的挑战和难题，在实际工作中，班主任可能会遇到各种复杂的情况和学生的个性化需求。通过开放式的讨论和交流，可以集思广益，共同探讨解决方案，找到更有效的策略来面对和解决问题，进一步提升班级管理和学生品德培养的水平。定期举办交流会也有助于建立起班主任之间的信任和团队精神，在一个开放和支持的环境中分享经验，班主任不仅能够在专业上得到提升，也能感受到彼此的支持和鼓励，形成团队合作的良好氛围。这种团队精神对于共同推动学校德育工作的发展至关重要，能够增强整体教育教学的质量和效果。因此定期组织班主任德育经验交流会，不仅有利于个体班主任的专业成长，也有助于整体教育质量的提升。通过分享成功经验、解决问题和建立团队精神，学校能够更好地应对教育挑战，为学生的全面发展和良好品德的培养提供坚实的支持和保障。

（二）对每次德育活动进行反思与评估

对每次德育活动进行反思与评估是促进德育工作持续改进和提升的重要步骤，在活动结束后的班主任可以组织小组讨论或填写反思表格，对活动进行全面

评估。这种评估可以从多个方面进行，包括活动目标的情况、活动过程中的亮点和不足、学生的反馈等。例如针对一次团队合作的德育活动，班主任可以反思团队建设的效果如何，学生在活动中是否表现出团队合作的精神，以及活动设计是否能够有效激发学生的团队意识和协作能力。通过反思与评估，班主任可以及时发现问题并总结经验。如果发现活动中存在的问题或不足，可以及时调整和改进活动设计和实施方式，确保下次活动能够更加顺利和有效地开展。同时也能够及时总结成功经验，为以后的活动提供借鉴和参考。对每次德育活动进行反思与评估，有助于提升德育工作的实效性和针对性。通过不断地反思与评估，班主任可以更加深入地了解学生的需求和反馈，更好地满足他们的成长需求，提升德育活动的质量和效果。因此对每次德育活动进行反思与评估是一种有效的管理和改进手段，能够帮助班主任及时调整德育工作的方向和方法，提升学生的整体素质和能力。

（三）建立班主任德育档案

建立班主任德育档案是学校管理德育工作的重要举措，这样的档案记录着班主任在德育工作中的各项成绩和表现，从德育培训证书到实践案例、学生评价和家长反馈，内容涵盖广泛。德育培训证书记录了班主任参与各类培训所取得的成绩和学习收获，反映了班主任不断学习和提升的态度。德育实践的案例记录了班主任在教学中所采取的具体德育措施和方法，是宝贵的教学经验和教育资源。同时学生评价和家长反馈则直接反映了班主任德育工作的效果和影响，是对班主任综合素质和专业水平的客观评价。通过建立这样的德育档案，学校可以全面了解和评价班主任在德育工作中的表现，及时发现和肯定优秀班主任的工作成绩，同时为班主任提供进一步的发展和提升空间。学校也可以根据班主任的德育档案，制订个性化的培训计划和评价机制，激励班主任不断提升德育工作的水平和质量，推动学校德育事业的不断发展。

（四）鼓励班主任参与德育培训与专业学习

鼓励班主任积极参与德育培训与专业学习是学校促进教育质量提升的重要举措。通过参加各类德育培训班、研讨会等活动，班主任可以不断拓宽自己的教育

视野，更新德育理念和教学方法，从而提高专业水平。例如参与心理学或教育学方面的培训，可以帮助班主任更好地理解学生心理发展规律，运用科学方法指导德育工作。同时学校也可以提供一定的经费支持和学习时间，为班主任创造良好的学习条件。这样的培训和学习不仅有助于班主任个人的成长，也能够提升学校整体的德育水平，为学生的全面发展提供更优质的教育资源。因此鼓励班主任积极参与德育培训与专业学习，是学校教育改进的重要路径之一，也是提升学校整体教育水平的有效途径。

班主任对德育实践的反思与总结是提升学校德育水平的重要手段之一，定期组织班主任德育经验交流会可以促进班主任之间的互相启发与借鉴，提升整体德育水平；对每次德育活动进行反思与评估有助于发现问题并不断完善德育工作；建立班主任德育档案可以全面了解班主任在德育工作中的表现，为其提供进一步的发展空间；鼓励班主任参与德育培训与专业学习则可以不断拓宽班主任的教育视野，提高其专业水平，这些方法共同为班主任的成长与学校德育事业的发展提供了有力支持。

四、家长对德育效果的反馈与评价

家长对学校德育效果的反馈与评价是学校与家庭合作中至关重要的一环，通过定期举办家长会、邀请家长参与德育活动、发放德育成绩单或评价报告，以及建立家校沟通渠道等方式，学校能够深入了解家长的看法和期望，从而调整和改进德育工作，实现家校合作的良性循环。

（一）定期举办家长会

定期举办家长会是促进学校与家长沟通交流的重要方式，也是了解家长对德育效果评价的有效途径之一。在家长会上，学校可以向家长介绍学校的德育工作情况，包括德育目标、实施计划、取得的成绩等。这种信息共享可以增进家长对学校德育工作的了解，使他们更加明确学校对学生品德培养的重视程度和取得的成效。同时家长会也是一个学校与家长互动交流的平台，学校可以邀请家长就学生的德育问题、家庭教育经验等方面进行交流和分享。例如家长可以分享自己在家庭中培养孩子品德修养的经验和方法，这对其他家长也会有所启发和帮助。通过家长之间的互动交流，可以形成一种共同的家校合作氛围，共同致力于学生的

全面发展。更重要的是，家长会也为学校提供了了解家长对学校德育工作的期望和意见的机会，学校可以倾听家长的声音，了解他们对学校德育工作的评价、期望和建议，从而更好地调整和改进德育工作，提升德育效果。这种积极的反馈机制有助于学校与家长之间建立起更加紧密和谐的合作关系，为学生的成长和发展提供更有力的支持。因此定期举办家长会不仅可以增进学校与家长之间的沟通和交流，也可以促进家校合作，共同致力于学生德育的全面发展。

（二）邀请家长参与德育活动

发放德育成绩单或评价报告是学校与家长沟通的重要方式之一，为学生在品德素养、行为习惯等方面提供了重要的反馈和指导。这些成绩单或报告通常详细列出学生在团队合作、诚实守信、礼貌待人等方面的表现，并注明所获得的奖励或荣誉。这样的详细评价能让家长全面了解孩子在校园生活中的表现和进步，有助于他们更清晰地认识孩子的优势和不足，以便有针对性地进行家庭教育和支持。通过德育成绩单或评价报告的发放，学校与家长之间建立起了持续的沟通和反馈机制。家长可以通过这些报告了解孩子在学校中的行为举止和品德发展情况，及时与老师沟通交流，共同探讨如何帮助孩子更好的成长。这种紧密的合作关系有助于家校共同致力于学生品德素养的培养与提升，形成良好的教育共同体。德育成绩单或评价报告的发放也是对学生积极表现的肯定和激励，当学生在德育方面取得优异成绩时，通过成绩单或报告的表彰和奖励，能激发其进一步努力的动力，增强其对良好行为的坚持和信心，有助于形成良好的学习氛围和校园文化。因此德育成绩单或评价报告的发放不仅是学校对学生品德发展情况的总结和反馈，也是学校与家长之间密切合作的体现，有助于促进学生品德素养的全面发展，共同打造更加和谐、健康的教育环境。

（三）发放德育成绩单或评价报告

发放德育成绩单或评价报告是学校与家长沟通的重要方式之一，它们为学生在品德素养、行为习惯等方面的客观评价和发展情况提供了重要的反馈和指导。德育成绩单或评价报告通常会详细列出学生在团队合作、诚实守信、礼貌待人等方面的表现，并注明所获得的奖励或荣誉。这种详细的评价能够让家长全面了解孩子在校园生活中的表现和进步，帮助他们更加清晰地认识到孩子的优势和不足，

进而有针对性地进行家庭教育和支持。通过德育成绩单或评价报告的发放，学校与家长之间建立起了持续的沟通和反馈机制。家长可以通过这些报告了解到孩子在学校中的行为举止和品德发展情况，及时与老师沟通交流，共同探讨如何帮助孩子更好地成长。这种紧密的合作关系有助于家校携手共同致力于学生品德素养的培养与提升，形成良好的教育共同体。

德育成绩单或评价报告的发放也是对学生积极表现的一种肯定和激励，当学生在德育方面取得优异成绩时，通过成绩单或报告的表彰和奖励，能够激发其进一步努力的动力，增强其对良好行为的坚持和信心，形成良好的学习氛围和校园文化。因此德育成绩单或评价报告的发放不仅是学校对学生品德发展情况的总结和反馈，也是学校与家长之间密切合作的体现，有助于促进学生品德素养的全面发展，携手打造更加和谐、健康的教育环境。

（四）建立家校沟通渠道

建立家校沟通渠道是学校与家长之间保持密切联系的关键，通过电话、短信、家校通信软件等多种方式，学校可以及时地向家长传递学校德育工作的最新动态和信息。这种沟通不仅可以让家长了解到学校在品德教育方面的举措和成效，还可以促使家长更加关注和支持孩子的学习和成长。同时学校也可以借助这些沟通渠道征询家长的意见和建议，让家长参与到学校德育工作的决策和规划中来，增强了家校之间的互信和合作。建立双向沟通的渠道，让家长随时向学校反馈学生在家庭中的行为表现和成长情况，有助于学校更全面地了解学生的情况，及时采取有效的措施。通过这样的家校沟通渠道，可以促进学校与家庭之间的密切合作，共同为学生的全面发展而努力。

定期举办家长会为学校和家长提供了交流互动的平台，邀请家长参与德育活动促进了家校之间的密切联系，发放德育成绩单或评价报告让家长更直观地了解学生的表现，而建立家校沟通渠道则是确保信息畅通、及时反馈的重要保障。这些举措共同构成了学校与家长共同关注学生德育成长、促进学校德育工作的有效途径，为学生的全面发展提供了坚实的支持和保障。

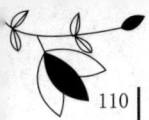

第四节　德育与诗意教育的融合发展

一、德育与诗意教育相互促进的机制探讨

德育与诗意教育在当代教育中扮演着不可或缺的角色，它们相互交融、相互促进，共同塑造学生的品格、情感、审美和社会责任感。下面将探讨德育与诗意教育相互促进的机制，并分析它们在情感与品德培养、审美情操与文化修养、自我认知与自我表达、人文精神与社会责任感培养等方面的关系与作用。

（一）德育与诗意教育在情感与品德培养上的相辅相成关系

德育与诗意教育在情感与品德培养上相辅相成，共同促进学生的全面发展。德育注重培养学生的良好品德和道德观念，引导他们形成积极向上的情感态度。德育通过道德教育课程、校园文化建设等方式，引导学生树立正确的人生观、价值观和行为准则，培养其良好的品德素养和道德修养。这种教育使学生在情感上更加成熟和稳定，能够理性思考问题，正确表达情感，积极应对生活中的挑战。诗意教育通过文学、艺术等形式激发学生的情感共鸣和审美体验，培养他们对美好事物的感知和欣赏能力。诗歌、文学作品常常蕴含丰富的情感体验和人生智慧，通过阅读和欣赏这些作品，学生可以感受到情感的深度和广度，拓展情感的表达方式，提升情感修养。诗意教育使学生的情感世界更加丰富多彩，增强了他们的情感表达能力和审美素养。德育与诗意教育相结合形成了良好的互补关系。德育注重培养学生的品德和道德观念，为其提供了正确的行为准则和情感导向；而诗意教育则通过文学、艺术的形式，丰富了学生的情感体验和审美情趣，使其更加敏感、理解并感受到美好与真善美的价值。因此德育与诗意教育相结合，不仅有助于学生在情感与品德上的全面培养，也为其未来的成长和发展奠定了坚实的基础。

（二）德育与诗意教育在审美情操与文化修养方面的互补作用

德育与诗意教育在审美情操与文化修养方面具有密切的互补作用，共同促进学生的全面发展。德育通过引导学生树立正确的价值观和文化观念，培养他们对美好事物的向往和追求，以及对传统文化的尊重和理解。在德育课堂上，学生可以学习到丰富的道德典故和文化传统，这些故事和历史背景不仅帮助学生理解道德规范的根源，也拓宽了他们的文化视野。同时诗意教育通过艺术作品的欣赏和创作，深化了学生的审美体验和情感交流。例如学生通过诗歌朗诵、音乐会演出或艺术作品的赏析，能够感受到作品中蕴含的深刻情感和艺术价值，进而提升他们的审美情操和文化修养。通过这些艺术形式的体验，学生不仅是被动地接受美的感染，更能够通过自己的创作表达内心的情感与思想，从而培养出色的审美能力和文化品位。

（三）德育与诗意教育在自我认知与自我表达上的联动机制

德育与诗意教育在自我认知与自我表达上形成了紧密的联动机制，共同为学生的个性发展和表达能力提供支持和促进。德育通过引导学生反思人生意义、树立正确的自我认知和自我定位，培养他们的自尊、自信和自律意识。在德育课堂上，学生有机会通过探讨道德问题、分析自身行为等方式，逐渐建立起对自己的清晰认知，并根据德育的指导原则，调整自己的行为和态度。同时诗意教育则通过创作、表达等方式，激发学生的创造力和想象力，培养他们独立思考和表达的能力。例如在诗意教育中，学生通过诗歌、绘画、音乐等形式，将内心的感受和思想转化为艺术作品，从而实现自我情感的表达和思想的传递。这种创作过程不仅让学生发现自己的潜能和独特性，还提升了他们的自信心和表达能力。

（四）德育与诗意教育在人文精神与社会责任感培养中的交融机制

德育与诗意教育在人文精神与社会责任感培养中形成了紧密交融的机制，共同引导学生树立正确的人生观和社会责任感。德育通过教育学生尊重他人、关爱社会，培养他们的社会责任感和公民意识。在德育课程中，学生通过学习伦理道德、参与志愿活动等方式，逐步认识到自己作为社会一员的责任与义务，培养出关爱他人、关注社会的良好品质。同时诗意教育则通过艺术作品的传播和创作，

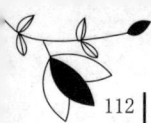

弘扬人文精神，引导学生关注社会问题，热爱祖国文化。例如通过文学作品、音乐作品等艺术形式，学生能够感受到人文情怀的魅力，深刻理解社会的多样性和复杂性，从而激发起对社会的责任感和对文化的热爱。这种艺术形式的体验不仅让学生更加深入地理解人文精神的内涵，也激发了他们对社会问题的关注和思考。

德育与诗意教育在教育实践中相得益彰，形成了多方面的交融机制。在情感与品德培养上，它们相辅相成，共同促进学生的情感丰富和品德提升；在审美情操与文化修养方面，它们互为补充，丰富了学生的审美体验和文化视野；在自我认知与自我表达上，它们形成了联动机制，促进了学生个性的发展和表达能力的提升；在人文精神与社会责任感培养中，它们紧密交融，共同引导学生塑造正确的人生观和社会责任感。这些机制的形成不仅有助于学生全面发展，也为教育实践提供了丰富的理论和实践基础。

二、创新德育方式，提高诗意教育质量

创新德育方式，提高诗意教育质量是当前教育领域的重要任务。采用诗意语言与文学作品进行德育、运用诗歌、故事情节等形式进行情感表达、利用艺术创作与表演艺术提升德育质量，以及结合科技手段进行德育与诗意教育融合，都是创新德育的有效途径，能够丰富学生的教育体验，提升德育的实效性和趣味性。

（一）采用诗意语言与文学作品进行德育的有效方式

诗歌和文学作品是人类感情的最丰富最生动的表达，它们对学生情感识别、表达和沟通能力的提升起着至关重要的作用。通过阅读经典诗歌或文学作品，学生能够深入感受作者的情感体验，并学会从中领悟到情感的多样性和复杂性。经典作品中蕴含着丰富的情感，从爱、悲伤到喜悦、希望，涵盖了人生各个方面的情感体验。通过阅读这些作品，学生不仅可以感同身受地体验作者的情感，也能够体会到自己内心深处的情感共鸣，从而提升了对情感的识别能力和理解力。学生在创作诗歌或表达情感时，可以借鉴经典作品中的语言、意象和表达方式，从而提升自己的情感表达能力。诗歌和文学作品往往以独特的语言和深刻的意象展现情感，通过模仿和学习这些表达方式，学生可以丰富自己的表达技巧，使自己的情感表达更加生动、深刻。最重要的是，诗歌和文学作品为学生提供了一个情感沟通的平台，通过与同学分享自己的作品或讨论经典作品，学生可以借此机会

表达自己的情感，理解他人的情感，从而促进情感交流和沟通能力的提升。这种情感沟通不仅有助于学生更好地理解自己和他人的情感，也能够增进彼此的情感联系和互动，促进人际关系的发展。因此诗歌和文学作品对学生情感识别、表达和沟通能力的提升起着重要的作用，它们不仅丰富了学生的情感体验和认知，也为他们的情感表达和人际交往提供了宝贵的资源和平台。诗意表达对情感释放、情感调节和情感体验具有积极的作用。它是一种情感的释放和调节方式，能够帮助学生通过文字来表达内心的情感和体验。

（二）运用诗歌、故事情节等形式进行德育情感表达的新思路

运用诗歌、故事情节等形式进行德育情感表达是一种新颖而富有创意的方式，它融合了文学艺术与道德教育的理念，为学生提供了更加丰富多彩的情感表达和道德思考平台。通过诗歌表达情感可以让学生更加直观地感受到情感的力量和美好，诗歌是情感的精华，它以简练而富有意境的语言，表达了人们内心深处的情感和思想。通过诗歌的创作和欣赏，学生不仅能够表达自己的情感和体验，还能够感受到情感的深刻与美好，激发他们对美、善、爱的向往和追求。故事情节的引入可以让德育内容更加生动有趣，吸引学生的注意力并深入他们的心灵。故事是人类传承的文化财富，它能够生动地展现人物形象、情节发展，以及道德冲突与解决过程。通过编排一些富有情感色彩的寓言故事或生动的案例，可以使学生在情感的共鸣中深入思考道德问题，领悟到其中蕴含的人生哲理和价值取向。举例来说，可以设计一些诗歌创作活动，让学生通过诗歌表达自己的情感和体验。同时结合故事情节，编排一些精彩的德育故事，让学生在故事中感受美、善、爱的力量，领悟道德的价值。这样的新思路不仅能够提升德育的趣味性和实效性，还能够培养学生的情感表达能力和创造力，促进他们的综合素养和品格发展。因此运用诗歌、故事情节等形式进行德育情感表达，是一种富有活力和创造性的教育方法，能够为学生提供更加丰富、深刻的情感体验和道德启迪，促进其全面发展和成长。

（三）利用艺术创作与表演艺术提升德育质量的创新方式

利用艺术创作与表演艺术是一种富有活力和创造性的方式，可显著提升德育质量。通过艺术创作，学生可以在自由的创作环境中表达内心情感与思想，这种

自我表达不仅促进了情感的释放，也激发了对道德和人生的思考。例如学生可以通过绘画、音乐、写作等形式表达对于善恶、正义等道德观念的理解，从而深化对德育内容的认识。通过表演艺术，学生可以扮演不同角色，体验不同生活场景，这有助于他们理解和体验他人的感受，培养同理心和责任感。例如通过参与话剧表演或舞台剧演出，学生能够在模拟情境中思考人生的选择和道德的抉择，从而增强他们的道德意识和判断能力。因此组织文学创作比赛或话剧表演比赛等活动，不仅能够提升学生的艺术修养和审美能力，也能够促进其德育素养的全面发展。这种创新方式既符合学生的兴趣和特点，又能够达到德育的教育目标，是一种有效而富有活力的德育方式。

（四）结合科技手段进行德育与诗意教育融合的新途径与方法

结合科技手段进行德育与诗意教育融合，可以开辟出全新的教育领域和学习方式。利用互联网和智能手机等技术手段，可以提供丰富多样的学习资源，包括诗歌、文学作品、音频、视频等，让学生在任何时候、任何地点都能够接触到优质的诗意教育内容。通过手机应用程序，学生可以参与诗歌创作、文学阅读、讨论交流等活动，培养他们的审美能力、文学修养和创造力。这种随时随地的学习模式，打破了传统教育的时空限制，为学生提供了更加便捷、自主的学习方式。利用虚拟现实技术可以打造沉浸式的德育体验场景，让学生在虚拟世界中感受道德情感的力量和美好。例如通过虚拟现实技术，可以创造出模拟的道德困境和情境，让学生在其中扮演角色，面对各种道德抉择和挑战，从而培养他们的道德判断力和情感认知能力。还可以利用虚拟现实技术，重现历史事件和文学经典，让学生身临其境地感受历史的沧桑和文学作品的情感张力，激发他们对于诗意教育的兴趣和热情。

通过采用诗意语言与文学作品进行德育，运用诗歌、故事情节等形式进行情感表达，利用艺术创作与表演艺术提升德育质量，以及结合科技手段进行德育与诗意教育融合等创新方式，可以有效提高诗意教育的质量，激发学生的创造力和情感表达能力，培养学生良好的道德情操和审美情趣，为学生全面发展奠定坚实基础。

三、构建全方位的德育评价体系

构建全方位的德育评价体系是教育发展的重要任务之一，德育与诗意教育的评价不应仅仅局限于学业成绩，而应该综合考量学生的品德、情感态度和审美素养等方面。下面将探讨德育与诗意教育综合评价的指标体系与评价方法，分析定性与定量相结合的策略，并提出多维度评价体系及多方参与的评价机制。

（一）探讨德育与诗意教育综合评价的指标体系与评价方法

德育与诗意教育综合评价的指标体系应该涵盖学生的品德、情感态度、审美素养等多个方面，首先品德方面可以包括学生的诚信、责任感、团队合作精神等评价指标；情感态度方面可以评价学生的情感表达能力、同理心、情感稳定性等；审美素养方面可以评价学生对文学、艺术作品的欣赏和理解能力。评价方法可以采用问卷调查、观察记录、学生作品展示等多种方式，结合定性和定量相结合的策略，综合评价学生的德育与诗意教育水平。例如在品德方面可以通过学生自评、班主任评价、同学评价等多方面收集数据，然后按照一定的评价标准进行综合评定，在情感态度方面可以通过观察学生在课堂上的表现、参与情感诗歌创作的活动等方式收集数据，并结合心理学测评工具进行评价。在审美素养方面，可以组织学生参加文学作品鉴赏、艺术作品欣赏等活动，并根据学生的作品、表现进行评价。

（二）分析德育与诗意教育评价中的定性与定量相结合的策略

德育与诗意教育评价中，定性与定量相结合的策略能够更全面地反映学生的学习情况和成长发展。定性评价注重对学生品德、情感态度、审美素养等方面进行描述和分析，通过观察、访谈、学生作品等方式收集信息。而定量评价则以量化的指标和数据来衡量学生的表现，如通过问卷调查、成绩记录等方式获取数据。举例来说，在德育方面，定性评价可以通过班主任观察学生的行为举止、参与课堂讨论的态度、与同学之间的互动等来评价学生的品德表现。而定量评价则可以采用学生自评、同学评价、班主任评价等方式，通过评分或评级来量化学生的品德水平。在诗意教育方面，定性评价可以通过学生的情感表达作品、文学作品阅读心得等方式收集信息，评价学生的情感态度和审美素养。而定量评价则可以通

过测评工具对学生的审美水平进行量化评估，如针对文学理解能力、艺术作品欣赏能力等进行测试，并得出分数或等级。

（三）提出多维度评价体系

构建多维度评价体系是评价德育与诗意教育的重要举措。除了传统的学业成绩外，还应包括学生的品德表现和审美素养等方面的评价指标，以全面了解学生的发展状况。举例来说，在品德表现方面，评价指标可以包括学生的诚信、责任感、团队合作精神等。可以通过观察学生在校园生活中的表现、参与社会实践活动的态度和行为等进行评价。在审美素养方面，评价指标可以包括学生对文学、艺术作品的欣赏能力、创作能力等。可以通过学生的作品展示、参与艺术活动的表现等进行评价。综合学业成绩、品德表现、审美素养等多个方面的评价指标，可以更全面地了解学生的综合素质和发展状况，为学校和班主任提供更有效的教学和管理策略。

（四）探索多方参与的评价机制

学生自评、班主任评价、家长评价等多方参与的评价机制能够更加客观全面地评价学生的德育与诗意教育水平，促进学生的全面发展。举例来说，在学生自评方面，学生可以通过填写评价表、撰写自我评价报告等方式，自我审视品德表现和审美素养，反思自己的成长过程。在班主任评价方面，班主任可以根据自己对学生的观察和了解，通过评价表、口头评价等方式，评价学生的德育与诗意教育水平，同时提出具体的改进建议。在家长评价方面，家长可以通过家长会、家长问卷调查等方式，表达对学生在家庭中的表现和成长情况的评价，同时与学校和班主任共同关注学生的德育与诗意教育。综合学生自评、班主任评价、家长评价等多方面的评价意见，可以更全面地了解学生的实际情况，为学校和班主任提供更有效的教学和辅导方案。

在教育评价中的德育与诗意教育的综合评价需要建立全面的指标体系和多元化的评价方法，本节讨论了涵盖品德、情感态度、审美素养等方面的评价指标，并介绍了采用问卷调查、观察记录、学生作品展示等多种方式进行评价的方法。同时强调了定性与定量相结合的策略在评价中的重要性，并提出了学生自评、班主任评价、家长评价等多方参与的评价机制。这些探索将有助于更准确地评价学

生的德育与诗意教育水平，为教育教学提供更有效的指导和支持。

四、培养学生对传统文化的热爱与传承意识

当今社会传统文化的传承与发展是至关重要的，尤其是对于学校教育而言。通过德育和诗意教育的引导，培养学生对传统文化的热爱与传承意识，已成为教育工作者的重要任务之一。同时利用传统文化资源，如诗歌、经典文学等，开展各种活动，激发学生对传统文化的兴趣和热爱，更是推动校园文化建设的关键一环。下面将探讨德育和诗意教育在传统文化传承中的作用与意义，以及如何通过传统文化资源和活动来培养学生的文化自信与传承意识，最终营造浓厚的传统文化氛围。

（一）德育与诗意教育在传统文化传承中的作用与意义

在传统文化传承中，德育和诗意教育扮演着关键角色。传统文化是民族精神的根基，它包含了丰富的历史、智慧和价值观念。德育强调品德修养和社会责任感，有助于学生建立正确的文化认同和传承观念。通过德育，学生能够理解并践行传统文化中的价值观，例如孝道、礼仪等，从而在日常生活中传承这些优秀传统。而诗意教育则通过文学艺术的熏陶，激发学生对传统文化的情感共鸣和理解。通过欣赏古诗词、名著等经典文学作品，学生能够领略到传统文化的美学价值和智慧，培养出对传统文化的热爱和传承意识。综合德育和诗意教育的引导，学生可以更深刻地理解和珍视传统文化，从而传承和弘扬民族文化的优秀传统，塑造具有文化自信和传承意识的一代人才。

（二）诗歌、经典文学等传统文化资源培养学生的文化自信与传承意识

传统文化资源，如诗歌和经典文学作品，在培养学生文化自信和传承意识方面具有重要作用。通过学习和欣赏古代诗词、名著等经典文学作品，学生可以深刻领会中华传统文化的深邃内涵，感悟其中蕴含的传统智慧和美学价值。例如通过研读李白、杜甫等诗人的作品，学生可以感受到古代诗人对人生、自然的独特领悟，从而培养出对文学艺术的热爱和传承意识。这些传统文化资源不仅是课本上的文字，更是承载着民族精神和智慧的珍贵财富。通过学习和理解这些作品，

学生可以建立起对自己民族文化的自信心，坚定自己文化身份的认同。同时通过感悟其中蕴含的价值观念和人生哲理，学生可以从中汲取力量，塑造自己的品格和人生态度。传统文化资源还能激发学生对中华优秀传统文化的热爱和传承意愿，通过深入学习和体验，学生能够认识到传统文化的宝贵性，意识到传承文化的责任和使命。他们会意识到，作为新时代的年轻人，他们有责任将这份宝贵的文化传承下去，让其在当代焕发出新的活力。

（三）开展活动激发学生对传统文化的热爱

激发学生对传统文化的热爱是培养文化自信和传承意识的关键步骤之一，学校可以通过多种方式实现这一目标。举办传统文化体验活动是一个生动的方式，学校可以组织学生参加传统手工艺制作、传统节日庆祝活动、传统音乐舞蹈表演等，让学生亲身体验传统文化的魅力和乐趣。通过实际参与，学生能够更深入地了解传统文化，并培养对传统文化的情感认同。经典文学阅读与解读也是激发学生对传统文化热爱的有效途径，学校可以鼓励学生阅读经典文学作品，如《红楼梦》《西游记》等，并组织相关的讨论和解读活动。通过深入阅读和分析经典文学作品，学生可以领略其中蕴含的智慧和情感，进而建立起对传统文学的热爱和传承意识。组织经典文学朗诵比赛、古诗词创作比赛等活动也是激发学生兴趣的好方法。通过参与比赛，学生可以展示自己的才华和理解，同时也能够从比赛中获得成就感和自豪感，进而更加热爱传统文化。

（四）推动校园文化建设，营造浓厚的传统文化氛围

在校园文化建设中，营造浓厚的传统文化氛围至关重要。学校可以采取一系列措施来实现这一目标，设立传统文化展览馆是一个有效的方法，在展览馆里展示传统文化的历史、文物、艺术品等，让学生和教职员工能够身临其境地感受传统文化的魅力，增强对传统文化的认同感和热爱。举办传统节日庆祝活动也是必不可少的，学校可以组织各种传统节日的庆祝活动，如春节晚会、端午龙舟赛等，让学生亲身参与其中体验传统文化的欢乐和乐趣。组织传统文化成果展示活动也能够有效地营造传统文化氛围，学校可以鼓励学生参与传统文化传承项目，如书法比赛、中国画展等，展示他们的传统文化技艺和成果，激励更多的学生投身传统文化的传承中。鼓励学生参与文化艺术交流活动也是非常重要的，学校可以组

织学生参观传统文化相关的展览、演出，或者邀请传统文化艺术家来校园举办讲座和表演，让学生与传统文化接触更加密切，激发他们对传统文化的兴趣和热爱。

　　传承传统文化是一项重要的使命，而德育和诗意教育则为此提供了重要的支持和引导。通过德育的塑造和诗意教育的启迪，学生能够更好地理解、热爱并传承传统文化。同时利用传统文化资源和丰富多样的活动，学校能够在校园中营造出浓厚的传统文化氛围，激发学生对传统文化的热爱与传承意识，从而培养出具有文化自信和传统文化传承意识的新一代人才。

第五章　诗意教育中的心理健康教育

第一节　心理健康教育在诗意教育中的重要性

一、心理健康教育对学生全面发展的意义

当今社会，心理健康教育已成为学生全面发展不可或缺的一环，培养学生情绪管理、人际关系等方面的能力离不开心理健康教育。下面将探讨心理健康教育在学生全面发展中的意义，从身心健康、学业成就、人际关系、自我认知、情绪管理、压力应对、性格塑造、人格发展、自我成长，以及生活质量、幸福感、社会适应能力等方面进行阐述。

（一）心理健康教育对学生身心健康、学业成就和人际关系的积极影响

心理健康教育对学生的身心健康、学业成就和人际关系都具有积极影响，心理健康教育提供了学生认识和应对心理问题的有效途径，通过心理健康教育，学生能够学习到情绪管理、压力释放等技能，从而有助于缓解焦虑、抑郁等心理问题，保持良好的心理状态。这不仅有助于提高学生的学习效率和生活质量，还能够预防心理问题的发生，为他们的身心健康提供保障。心理健康良好的学生更容易集中注意力、保持学习动力，从而取得更好的学业成绩。通过心理健康教育，学生能够学会有效的学习方法和应对挑战的态度，增强自信心和自我管理能力，提升学业表现。同时心理健康教育还能够帮助学生建立积极的学习态度和习惯，培养持之以恒的学习精神，从而在学业上取得更大的成就。心理健康教育也对学生的人际关系产生积极影响，通过学习沟通技巧、解决冲突方法等，学生能够建立良好的人际关系，增进与同学、老师之间的互信与合作。这不仅有助于改善学习环境，促进团队合作，还能够提升学生的人际交往能力和情商，为他们未来的

社交生活打下良好的基础。心理健康教育对学生的身心健康、学业成就和人际关系都具有积极的影响，它不仅有助于学生解决心理问题，提高学业成绩，还能够促进人际关系的发展，为他们的全面发展和未来的成就打下坚实的基础。

（二）心理健康教育对学生自我认知、情绪管理和压力应对能力的重要性

心理健康教育在学生自我认知、情绪管理和压力应对能力方面具有不可替代的重要性。自我认知是学生发展的基石之一。通过心理健康教育，学生能够深入了解自己的优点、缺点、兴趣和价值观，形成积极的自我认知。这种认知不仅有助于建立健康的自尊心和自信心，还能指导学生在学业和人生中做出更加明智的选择。情绪管理是培养学生心理健康的重要环节。在面对挫折和困难时，学生通过心理健康教育学习到调整自己情绪的技巧，能够更好地控制情绪，保持积极乐观的心态，从而更有效地应对生活中的各种挑战。压力应对能力是学生成长过程中必不可少的技能。通过心理健康教育，学生学习到有效的压力管理方法，如放松技巧和时间管理，能够更加从容地面对学习和生活中的压力，避免压力对身心健康造成的负面影响。因此心理健康教育对学生的自我认知、情绪管理和压力应对能力的培养具有重要意义，有助于他们在学校和生活中更加健康、积极地发展。

（三）心理健康教育对学生性格塑造、人格发展和自我成长的深远意义

心理健康教育在学生性格、人格和自我成长方面的作用是深远而持久的，首先它有助于塑造学生积极向上的性格。通过教育课程和活动，学生学会了解自己的情绪、价值观和态度，从而培养出乐观、进取的性格特点。这种积极的性格有助于他们更好地应对挑战，培养坚韧不拔的品质，使其在面对困难时能够持之以恒，勇往直前。心理健康教育有助于学生的人格发展。通过了解心理健康知识，学生能够审视自己的行为和思维模式，逐步培养出健康成熟的人格结构。他们能够树立正确的人生观和价值观，形成积极的人际关系模式，建立起良好的人格特质，如诚实、正直、宽容等，从而成为社会中的有益成员。心理健康教育对学生的自我成长具有重要意义。通过自我认知和自我管理的培养，学生能够更好地认识自己的优势和劣势，进而找到适合自己的成长路径。他们会不断探索和发展自

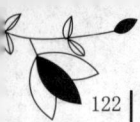

己的潜能，实现个人的价值，从而在人生道路上走得更远、更稳健。因此心理健康教育对学生性格塑造、人格发展和自我成长有着不可忽视的深远意义，是他们全面发展的重要保障。

（四）心理健康教育对学生生活质量、幸福感和社会适应能力的促进作用

心理健康教育在提高学生生活质量、幸福感和社会适应能力方面发挥着重要的作用，首先心理健康的学生能够更好地享受生活。他们通过心理健康教育学习到有效地应对压力和负面情绪的方法，更容易保持情绪稳定和积极乐观的态度，从而更能够体验到生活的美好与快乐，提高幸福感和满足感。心理健康教育有助于提升学生的社会适应能力。学生通过学习心理健康知识和技能，能够更好地理解自己和他人，增强自我认知和情商，从而更容易与他人建立良好的人际关系，有效解决人际冲突，提高社会交往的能力。心理健康教育还能够帮助学生积极应对社会生活中的各种挑战和变化。他们学会舒解和管理自己的情绪，更能够适应学习、工作和生活中的压力，从而更加自信、坚强地面对各种困难和挑战，更好地融入社会，实现个人和社会的双重发展。因此心理健康教育对学生的生活质量、幸福感和社会适应能力的提升具有重要的促进作用，对学生的全面发展和成长至关重要。

心理健康教育对学生全面发展具有重要意义，它不仅有助于学生建立健康的身心状态，提升学业成就和改善人际关系，还促进了学生的自我认知、情绪管理和压力应对能力的培养。心理健康教育还塑造了学生积极向上的性格，促进了其人格发展和自我成长，提升了生活质量、幸福感和社会适应能力。因此加强心理健康教育，培养学生全面发展，对于构建和谐、健康的社会具有重要意义。

二、诗意教育为心理健康教育提供契机

诗意教育作为心理健康教育的一部分，不仅是学术知识的传递，更是一种情感的宣泄、调节和内心成长的重要途径。通过诗歌和文学作品的欣赏与创作，学生可以深入探索自己的情感世界，找到情感的出口和理解，从而获得心灵上的慰藉和支持。

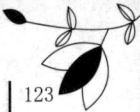

（一）诗意表达对情感释放、情感调节和情感体验的积极作用

诗意表达对情感释放、情感调节和情感体验具有积极的作用，它是一种情感的释放和调节方式，能够帮助学生通过文字来表达内心的情感和体验。诗歌和文学作品常常充满了深刻的情感和意境，读者在阅读时可以与其中的情感共鸣，找到情感的出口。例如当学生遭遇挫折、困惑或忧虑时，通过创作诗歌或阅读感人的文学作品，可以将内心的情感释放出来，从而减轻压力和负面情绪。诗意的文字能够帮助他们表达那些难以言喻的情感，找到情感宣泄的途径，使内心的情绪得到释放和舒缓。

诗意表达也是一种情感的调节和体验方式，在阅读或创作诗歌时，学生不仅能够体验到文字所传递的情感，还可以通过与作品中的人物经历共鸣，进一步理解和调节自己的情感状态。通过沉浸在诗意的世界中，学生可以与作品中的情感相互交织，体验到不同情感之间的转换和变化，从而更好地认识和理解自己的情感世界，调节自己的情绪和情感。因此诗意表达为学生提供了一个积极的情感表达平台，有助于他们更好地释放情感、调节情绪，体验内心的情感世界。通过诗歌和文学作品的阅读和创作，学生可以找到情感的出口，理解自己的情感状态，从而更好地应对生活中的各种情感挑战，促进自身的情感成长和心理健康。

（二）诗歌、文学作品对学生情感识别、表达和沟通能力的提升

诗歌和文学作品是情感的精华，它们对学生情感识别、表达和沟通能力的提升起着至关重要的作用。通过阅读经典诗歌或文学作品，学生能够深入感受作者的情感体验，并能从中领悟到情感的多样性和复杂性。经典作品中蕴含着丰富的情感，从爱、悲伤到喜悦、希望，涵盖了人生各个方面的情感体验。通过阅读这些作品，学生不仅可以感同身受地体验作者的情感，也能够体会到自己内心深处的情感共鸣，从而提升了对情感的识别能力和理解力。

学生在创作诗歌或表达情感时，可以借鉴经典作品中的语言、意象和表达方式，从而提升自己的情感表达能力。诗歌和文学作品往往以独特的语言和深刻的意象展现情感，通过模仿和学习这些表达方式，学生可以丰富自己的表达技巧，使自己的情感表达更加生动、深刻。最重要的是诗歌和文学作品为学生提供了一个情感沟通的平台，通过与同学分享自己的作品或讨论经典作品，学生可以借此

机会表达自己的情感，理解他人的情感，从而促进情感交流和沟通能力的提升。这种情感沟通不仅有助于学生更好地理解自己和他人的情感，也能够增进彼此的情感联系和互动，促进人际关系的发展。因此，诗歌和文学作品对学生情感识别、表达和沟通能力的提升起着重要的作用，它们不仅丰富了学生的情感体验和认知，也为他们的情感表达和人际交往提供了宝贵的资源和平台。

（三）诗意教育对学生内心世界、情感表达和心理成长的促进

诗意教育在学生内心世界、情感表达和心理成长方面扮演着重要的促进角色，首先诗歌和文学作品能够引导学生深入思考内心世界。通过欣赏和创作诗歌，学生不仅可以表达自己的情感，还能够反思生活、探索人生的意义，从而拓展他们的思维深度和广度。诗意教育有助于提升学生的情感表达能力，诗歌常常运用丰富的意象和抒情的语言，激发学生对情感的敏感性和表达欲望。通过学习诗歌的写作技巧和欣赏优秀作品，学生逐渐培养了自己的文学审美和情感表达能力，使其表达更加准确、生动、深刻。最重要的是诗意教育可以促进学生的心理成长，通过审视自我、感悟生活，学生可以更好地认识自己的情感需求和内心世界。诗歌中的情感体验常常触动学生内心的共鸣，激发出他们对生活的独特体验和感悟。通过诗意的表达方式，学生逐渐培养了积极的心态和情感调节能力，增强了心理韧性和自我认知。这种心理成长不仅有助于学生更好地应对挑战和压力，还为他们的人格发展奠定了坚实的基础。因此诗意教育不仅是一种教学方法，更是一种心灵的滋养和成长的力量。通过培养学生对诗歌的欣赏和创作，可以在情感、审美和思维上丰富他们的内心世界，促进他们的全面发展和成长。这种教育方式对学生的情感表达、心理健康和人格塑造都具有积极的意义，值得在教育实践中进一步推广和深化。

（四）诗意教育为学生提供情感抚慰、心灵慰藉和心理支持的途径

诗意教育以其独特的方式为学生提供情感抚慰、心灵慰藉和心理支持，诗歌和文学作品常常反映着人类共同的情感和生活体验，通过与这些作品的互动，学生能够感受到自己并非孤独，而是与他人分享着相似的情感和经历。这种共鸣能够给予他们一种情感上的支持和安慰，让他们感到自己被理解和接纳。诗意教育通过诗歌的语言和意象，引导学生深入思考自己的情感和内心世界。在面对挫折

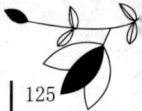

和困惑时，学生可以通过诗歌的表达方式找到情感的出口，释放内心的压力和情绪。同时创作诗歌也为学生提供了一个自我表达的平台，让他们能够将内心的感受和想法转化为文字，从而获得情感上的宣泄和满足。诗意教育还可以启发学生对生活的深刻思考和感悟，通过欣赏和探索诗歌中的意义和价值，学生可以从更高层次的角度去审视自己的生活和成长，理解生活中的挑战和困境，并学会积极应对和面对这些挑战。这种对生活的深刻思考和理解能够为学生提供心理上的支持和鼓励，增强他们面对困难时的勇气和信心。

诗意教育为学生提供了多重层面的心理健康支持，从情感的释放和调节到情感识别和表达能力的提升，再到对内心世界和人生意义的深刻思考和理解。诗歌与文学作品不仅在学术上丰富了学生的文化修养，更重要的是，它们为学生提供了一种情感上的抚慰和心理上的支持，培养了他们面对挑战时的内在坚韧与勇气。因此诗意教育在促进学生全面发展和健康成长中具有独特而不可或缺的作用。

三、心理健康教育与诗意教育的融合点

心理健康教育与诗意教育在当代教育中扮演着重要角色，它们不仅关注学生的学业成绩，更着眼于学生的心理健康和情感发展。这两种教育方式虽然各具特色，但在许多方面存在契合和交融之处。下面将探讨心理健康教育与诗意教育的融合点，从情感抒发、自我探索、情感体验及建立积极心态等方面进行分析，以展现它们如何共同促进学生的综合发展和心理健康。

（一）心理健康教育与诗意教育在情感抒发、情感认知和情感管理方面的共同点

心理健康教育和诗意教育都强调情感的重要性，并提供了不同但互补的方式来处理情感。在情感抒发方面，心理健康教育强调识别和表达情感的重要性，而诗意教育则通过文学作品和诗歌鼓励学生用文字表达内心情感。例如一个学生通过心理健康课程学会了识别自己的焦虑情绪，而通过诗意教育，他可以用诗歌表达出这种焦虑的感受。在情感认知和管理方面，两者也相辅相成。心理健康教育通过认知行为技术和情绪管理策略来帮助学生处理情感，而诗意教育则通过文学作品的欣赏和创作来提升学生对情感的认知和理解。因此两者的共同点在于都致力于促进学生情感抒发、认知和管理能力的发展，从而提升其心理健康水平。

（二）心理健康教育与诗意教育在自我探索、自我认知和自我提升上的契合点

心理健康教育和诗意教育在自我探索、自我认知和自我提升上有着密切的契合点，它们共同鼓励学生深入了解自己的内心世界，并通过不同的方式促进个体的成长与发展。在自我探索方面，心理健康教育引导学生探索内在的情感、信念和价值观，帮助他们了解自己的需求和愿望。与此同时，诗意教育通过文学作品和诗歌的欣赏与创作，激发学生对人生意义和存在的深刻思考。这种双重引导促使学生从不同的角度审视自己，拓展了他们的自我认知，加深了对内心世界的理解。在自我认知和提升方面，心理健康教育通过心理测量工具和反思练习等方式，帮助学生更清晰地认识自己的情感状态、思维模式和行为习惯。而诗意教育则通过文学作品的欣赏和创作，提升学生的情感智慧和文学素养，使他们更加敏感地感知和理解自己与他人之间的情感交流与互动。

这种综合性的认知和提升让学生在心理健康的基础上，更好地发掘和展现自己的潜能，实现自我价值的提升。因此心理健康教育和诗意教育在引导学生进行自我探索、自我认知和自我提升方面相辅相成，它们共同构建了一个有利于学生心理健康和全面发展的教育环境，为个体的成长与成才提供了有益的支持和引导。

（三）心理健康教育与诗意教育在情感体验、情感表达和情感理解上的交会处

心理健康教育和诗意教育都关注情感的重要性，鼓励学生在情感层面进行体验、表达和理解。在情感体验方面，心理健康教育通过情感识别练习帮助学生认识到自己的情感反应，例如通过情感日记或情感反应练习，学生可以更深入地了解自己的情绪变化和反应模式。而诗意教育则通过文学作品的阅读和创作让学生感受到多样化的情感体验，从而拓展了他们的情感世界。在情感表达和理解方面，心理健康教育强调有效的情感表达和沟通技巧，帮助学生学会用适当的方式表达内心的情感，并与他人进行有效的情感交流。而诗意教育则通过文学作品的欣赏和创作来拓展学生的情感表达方式和理解能力，例如通过创作诗歌或散文，学生可以将复杂的情感转化为文字，进而更深刻地理解自己和他人的情感体验。因此

心理健康教育和诗意教育在促进学生情感体验、表达和理解方面有着共同的关注和目标，都致力于丰富学生的内心世界，提升其情感智慧和情感表达能力。

（四）心理健康教育与诗意教育在建立积极心态、培养健康心灵和提升生活质量方面的交融之处

心理健康教育和诗意教育都致力于帮助学生建立积极的心态、培养健康的心灵和提升生活质量，在建立积极心态方面，心理健康教育通过正面心理学和认知重建技术来培养学生的乐观态度和应对压力的能力，而诗意教育则通过文学作品和诗歌来激发学生对生活的热爱和希望。在培养健康心灵方面，两者都强调情感的健康和平衡。心理健康教育通过情感管理技巧和自我疗愈练习来培养学生的情感健康，而诗意教育则通过文学作品和诗歌来抚慰和治愈学生的心灵创伤。在提升生活质量方面，两者都为学生提供了积极的心理支持和情感滋养。因此，心理健康教育和诗意教育在建立积极心态、培养健康心灵和提升生活质量方面具有交融之处。

心理健康教育和诗意教育在情感抒发、自我探索、情感体验及建立积极心态等方面展现了融合与交融之处，它们共同关注学生的情感发展和心理健康，提供了丰富多样的方式来处理情感、促进自我认知和提升生活质量。通过综合运用心理健康教育和诗意教育的理念和方法，可以更全面地满足学生的成长需求，助力其实现全面发展和健康成长。

四、预防与干预心理问题的诗意途径

当今社会的心理问题的发生日益引起人们的关注，面对这一挑战寻求创新的预防与干预手段至关重要。在这个背景下，诗意表达作为一种个性化、情感化的表达方式，展现了潜在的预防与干预心理问题的作用。通过诗歌、文学作品等形式，个体得以深入探索内心世界，早期发现心理问题的苗头，有效干预并长期预防心理问题的发生。下面将探讨诗意表达对心理问题的作用，探讨诗歌、文学作品对心理问题的正向影响，以及诗意教育在心理健康教育中的融入与应用，为构建更健康的心理环境提供新的思路和途径。

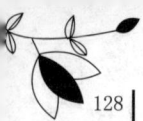

（一）诗意表达对心理问题的早期发现、有效干预和长期预防的潜在作用

诗意表达作为一种非常个性化和情感化的表达方式，具有潜在的早期发现、有效干预和长期预防心理问题的作用。通过诗歌、文学作品等形式，个体可以表达内心的情感、矛盾和困惑，从而在早期阶段发现心理问题的苗头。

诗意表达也可以作为一种有效的干预手段，帮助个体理解和应对心理问题。比如通过参与诗歌创作工作坊或文学阅读小组，个体可以接触到各种情感和心理状态的表达方式，从而学会更健康地处理自己的情感和压力。长期来看，诗意表达可以成为个体的情感疏导和心理调节的工具，帮助其保持心理健康并预防心理问题的发生。

（二）诗歌、文学作品对心理问题的正向影响、积极调节和情感疏导的途径

诗歌和文学作品对心理问题的正向影响是显著的，它们可以成为一种积极调节和情感疏导的途径。通过欣赏优秀的诗歌和文学作品，个体可以感受到其中蕴含的情感力量和生命智慧，从而激发内心的积极情绪和信念。诗歌和文学作品往往以鲜明的情感表达和深刻的思想内涵触动人心，当个体阅读到一首描述希望与坚强的诗歌或一部展现人性与勇气的文学作品时，他们可能会在内心重新审视生活，并找到积极的生活态度。这些作品所蕴含的智慧和力量，可以帮助个体战胜内心的消极情绪，激发出对生活的信心和勇气。诗歌和文学作品也可以成为情感疏导的途径，帮助个体释放内心的情感压力和困扰。在面对挫折、失落或困境时，个体常常会感到情感上的困扰和压力。而通过阅读与自己经历相关的文学作品，个体可以找到共鸣和安慰，从而缓解情感的负面影响，重新获得内心的平静与坚强。

诗歌和文学作品所具有的情感表达和生命智慧，对于个体的心理健康具有重要的积极影响。它们不仅可以激发个体内心的积极情绪和信念，也可以成为个体情感疏导的有效途径，帮助个体释放内心的情感压力和困扰。因此教育者和心理健康专家可以通过推广和引导个体欣赏优秀的诗歌和文学作品，为个体提供一种积极的心理调适和情感疏导方式，促进他们的心理健康和成长。

（三）诗意教育在心理问题预防与干预中的具体策略、方法和实践经验

诗意教育在心理问题预防与干预中的策略和方法应该紧密结合个体的情感表达和心理成长需求，首先开设诗歌创作课程或文学阅读小组是一个有效的途径。在这些课程或小组中，学生可以通过诗歌创作或文学作品阅读，借助艺术的方式来探索和表达内心的情感体验。这种过程不仅有助于个体更深入地认识自己的情感状态，还能够促进情感的释放和情绪的调节。

结合心理健康教育课程是另一个重要的策略，通过将诗歌和文学作品纳入心理健康教育的内容中，学生可以从中学习情感管理、压力应对、自我认知等心理调节的技能。例如分析文学作品中的角色情感变化或解读诗歌中的心理内涵，可以帮助学生更好地理解和应对自己的情绪波动，提升心理韧性和情感智慧。组织文学艺术活动也是一种具体的实践经验，举办朗诵会、创作比赛或文学分享会等活动，为学生提供了展示和分享情感的平台，同时也促进了情感交流和共鸣。在这些活动中，学生可以通过表演或创作，将自己的情感与他人分享，感受到支持和理解，从而增强心理健康和社会情感能力。

（四）诗意教育在学校心理健康教育课程中的融入与应用

在学校心理健康教育课程中融入诗意教育是一种有效的方式，可以帮助学生更好地理解和表达情感，促进心理健康的发展。通过设计情感诗歌创作任务，学生可以通过写作来表达内心的感受和情感体验。这种创作过程不仅可以让学生深入思考自己的情感状态，还可以培养他们的创造力和表达能力。同时结合文学作品阅读分析，可以引导学生从文学作品中寻找情感共鸣，理解不同情感状态下人物的行为和心理动机，提升他们的情感智慧和情商。利用诗歌朗诵、文学分享会等形式丰富学校的心理健康教育活动也是一种有效的途径，通过这些活动使学生有机会将自己的情感通过朗诵或分享的方式展示出来，同时也能够聆听他人的故事和情感表达，增强情感交流和共鸣。这样的活动不仅可以为学生提供一个情感表达的平台，还可以促进他们的情感认知和情感表达能力的培养，从而增强心理健康和预防心理问题的发生。

诗意表达作为一种情感化的表达方式，在预防与干预心理问题中发挥着重要

作用。通过诗歌、文学作品等形式，个体能够深入探索内心世界，早期发现心理问题的苗头，有效干预并长期预防心理问题的发生。诗歌、文学作品也能够带来积极的正向影响，成为个体积极调节和情感疏导的途径。将诗意教育融入心理健康教育课程中，通过诗歌创作、文学作品阅读等方式，可以帮助学生更好地理解和表达情感，促进心理健康的发展。因此诗意表达不仅是一种艺术形式，更是预防与干预心理问题的重要策略之一，为个体的心理健康保驾护航。

第二节　诗意教育中的心理健康教育策略

一、运用诗意语言，舒缓学生压力与焦虑

现代社会的学生面临着各种各样的压力与焦虑，而有效的心理健康教育显得尤为重要。诗意语言作为一种特殊的表达方式，不仅可以舒缓学生的压力与焦虑，更能够激发他们的情感智慧，促进心灵的成长与发展。下面将探讨如何通过创设诗意氛围、利用诗意语言进行情感宣泄、教导学生欣赏优美诗句及引导学生通过诗意表达重新审视问题等途径来帮助学生建立积极健康的心理状态，实现全面发展。

（一）创设诗意氛围

创设诗意氛围是班主任在教育中的重要任务之一。班主任既是知识的传授者，也是情感引导者和创造力的激发者。通过课堂上的交流与互动，班主任可以引导学生感受和表达内心情感，让诗意成为他们心灵的一种寄托。班主任可以通过诗意的语言描述自然风光或生活中的小细节来营造诗意氛围，例如通过描述春天的花开、秋天的落叶、冬天的雪景，班主任可以让学生感受到自然之美，激发他们对生命的热爱和对美好生活的向往。这样的描述不仅可以丰富学生的想象力，还可以启发他们对美的感知和表达能力。班主任可以鼓励学生通过诗歌、散文或日记等形式来表达内心的情感和感受，通过这些表达方式，学生可以借助文字来抒发情感，释放内心的压力，找到心灵的寄托。班主任可以提供一些启发性的话题

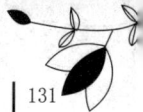

或写作指导，引导学生深入思考和表达自己的情感体验，从而提升他们的情感表达能力和创造力。

在这样的诗意氛围中，学生不仅能够在知识上获得滋养，更能够在心灵上得到抚慰和滋润。他们可以通过诗意的表达方式，感受到生活的美好和意义，培养积极向上的心态，从而更好地实现自我价值和人生目标。因此班主任应该通过多种方式，如语言、文学作品的欣赏和创作等，创设诗意氛围，让学生在温馨的学习氛围中感受到诗意的魅力，从而促进他们的全面发展和心灵成长。

（二）利用诗意语言进行情感宣泄

利用诗意语言进行情感宣泄是一种非常有效的方式，尤其在心理健康教育中。学生在成长过程中往往承受来自各个方面的压力和焦虑，而诗意语言的独特表达方式为他们提供了一种情感释放的途径。通过诗意语言，学生可以一种更为抽象和隐喻的方式来表达内心的情感体验。他们可以通过比喻、意象和符号来描述自己的感受，将内心的压力、不满和焦虑转化为文字，用诗句来传递自己的情感，从而获得一种情感上的解脱和宣泄。举例来说，一个学生可能会写下类似于"心如飞鸟，被束缚在牢笼中，渴望自由的天空；思绪如潮水，被无尽的任务淹没，无法逃离焦虑的泥沼"这样的诗句。这种表达方式不仅可以帮助学生释放内心的情感，还能够让他们感受到自己并非孤独，他人也有可能理解和支持他们所经历的情绪。

在心理健康教育中鼓励学生利用诗意语言进行情感宣泄，不仅可以提升他们的情感表达能力，还可以促进情感沟通和理解。同时这也是一种积极的心理调适方式，有助于缓解学生的压力和焦虑情绪，提升他们的心理健康水平。因此教育者可以通过诗意语言的引导和鼓励，为学生提供一个情感宣泄和表达的平台，让他们在这里释放内心的情感，获得情感上的满足和舒缓，从而更好地应对生活中的各种挑战。

（三）教导学生欣赏优美诗句

通过教导学生欣赏优美诗句，班主任不仅开启了通往文学世界的大门，也为学生提供了一次深入探索内心世界的机会。经典诗歌作品承载着丰富的情感和深刻的思想，在欣赏这些诗句的过程中，学生可以沉浸于不同的文化氛围和情感体

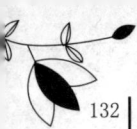

验中，从而拓宽自己的情感视野和认知能力。例如当学生读到"人生自古谁无死，留取丹心照汗青"这样的名句时，或许会被其中的豪情壮志所感染，激发出对人生意义的思考和对卓越追求的信念。班主任可以引导学生深入解读诗句中蕴含的情感和哲理，帮助他们领悟诗歌背后的深层意义，从而丰富他们的思维和情感世界。这种欣赏优美诗句的活动不仅有助于提升学生的审美情感，更能够激发他们的情感智慧。

通过与班主任共同探索诗歌世界，学生可以培养对生活的独特感悟，使他们在成长的道路上更加充实和坚定。班主任在这个过程中扮演着引路人的角色，他们不仅要传授诗歌知识，更要引导学生领略诗歌之美，激发他们对文学的热爱和探索的欲望。通过这样的教学活动，班主任可以为学生打开一扇通向文学世界的窗户，让他们在诗意的海洋中自由畅游，收获无穷的情感和智慧。

（四）引导学生通过诗意表达，重新审视问题

通过诗意表达，学生得以以一种独特的方式重新审视问题。诗歌的自由和抒情性质，使其成为探索情感和思想的理想媒介。当学生在诗歌中表达自己对友情、家庭关系或人生困境的独特感悟时，他们往往会深入思考问题的本质和根源。例如一个学生通过诗歌表达对友情的迷茫和矛盾，而在创作的过程中，他们不仅能够审视自己的情感和立场，还会反思友情的真谛与重要性。这种审视过程不仅有助于学生更加清晰地认识问题，也能够促使他们从不同的角度去思考，寻找到更积极、更有效的解决方案。因此引导学生通过诗意表达重新审视问题，不仅能够促进他们的情感表达和思维发展，还可以提升他们的心理健康水平，使其更加坚韧、成熟和自信。

通过创设诗意氛围，利用诗意语言进行情感宣泄，教导学生欣赏优美诗句，以及引导学生通过诗意表达重新审视问题等方式，可以有效舒缓学生的压力与焦虑，促进他们的心理健康发展。这些方法不仅在教育实践中具有重要意义，也为学生提供了一种独特的情感表达方式，丰富了他们的心灵世界，使他们更加坚韧、成熟和自信。

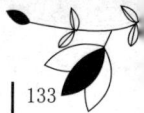

二、通过文学作品，引导学生正确面对挫折与困难

在学生的成长过程中遇到挫折与困难是不可避免的，而文学作品则成为一面镜子，反映了人生的各种挑战与抉择，同时也为学生提供了应对困难的智慧与启示。通过分析文学作品中的人物命运、导读作品中的情节，以及反思自身经历，学生可以更好地理解困难的本质，勇敢面对挑战，并从中汲取成长的营养。

（一）文学作品中的人物命运与情感历程，启发学生正面思考

文学作品中的人物命运和情感历程往往反映了现实生活中的各种挑战与困难，通过对这些人物的分析，可以启发学生正面思考，并从中汲取经验教训。例如莎士比亚的悲剧《哈姆雷特》中的主人公哈姆雷特，在面对家族复仇和个人挣扎时，经历了种种困难与挫折。然而正是通过对自身处境的深刻反思和内心的挣扎，哈姆雷特最终实现了自我成长与超越。通过分析哈姆雷特的命运和情感历程，学生可以体会到面对困难时的积极态度和应对策略，从而在自身成长过程中更加坚韧与勇敢。

（二）导读文学作品，让学生感悟到挫折与困难的正常性与可克服性

导读文学作品是培养学生正确面对挫折与困难的有效途径之一。马克·吐温的《汤姆·索亚历险记》是一部富有启发性的作品，通过主人公汤姆·索亚的经历，展现了生活中各种困难和挑战。汤姆·索亚在小说中经历了许多险阻，但他总是以乐观、勇敢的态度去面对，从未被困难击倒。例如在面对做错事而受到惩罚时，他没有沮丧，而是积极应对，尝试着弥补错误。通过与汤姆·索亚的故事相似的情节，学生可以深刻感悟到生活中挫折与困难的普遍性，以及它们并非不可逾越；他们会从中领悟到，只要保持乐观、勇敢，不断努力，就能够克服生活中的一切困难，实现自己的目标和理想。因此导读《汤姆·索亚历险记》可以让学生深刻认识到挫折与困难的正常性与可克服性，从而更加坚定地面对生活中的挑战。

（三）文学作品中的情节展开引导学生探索应对困难的方法与策略

文学作品中的情节常常包含应对困难的方法与策略，可以通过这些情节展开引导学生的探索。例如查尔斯·狄更斯的小说《雾都孤儿》是一部描写在贫困与逆境中成长的经典之作。主人公奥利弗·特威斯在小说中经历了种种艰辛与挑战，但他始终坚守善良和正直的品质。这部作品可以为学生提供探索应对困难的方法与策略的范本。首先通过奥利弗·特威斯的故事，学生可以学到保持乐观态度的重要性。尽管面对贫困和逆境，奥利弗从未失去对美好未来的向往，总是以积极的心态去面对生活中的种种挑战。这启示学生在面对困难时，应该保持乐观，相信自己有能力克服困难。奥利弗·特威斯展现了坚强与勇敢的品质，他在困境中不轻言放弃，而是通过不懈的努力和坚定的信念，逐渐改变了自己的命运。学生可以从中领悟到，面对困难时要坚持不懈，勇敢地面对挑战，才能够找到解决问题的有效途径。奥利弗·特威斯的善良与正直也给学生以启示，尽管周围环境险恶，但他始终保持了自己的原则和底线，不受外界诱惑和腐蚀。这告诉学生，在困难面前要保持良好的品质，坚守内心的正直和善良，这样才能在逆境中保持清醒、勇敢，并最终战胜困难。

（四）鼓励学生通过文学作品反思自身经历

通过文学作品反思自身经历是培养学生成长与自我认知的重要途径之一，奥斯卡·王尔德的《忠实朋友》是一部充满启示的作品，其中描绘了友情与背叛的复杂关系，为学生提供了深刻的思考。当学生阅读《忠实朋友》时，他们可以通过小说中的角色和情节来反思自己的人际关系。他们会思考自己身边的朋友是否真诚可靠，是否能够在困难时给予支持和帮助。通过比较小说中的友情与自己的友情，可以更清晰地认识到自己人际关系中的优势和不足，进而找到改进和提升的方向。学生还可以从小说中的背叛情节中汲取经验教训，他们可以思考自己是否曾经背叛过朋友，或者是否曾经受到过朋友的背叛。通过对背叛行为的反思，学生可以更加深入地理解背叛的伤害和后果，进而更加珍惜与朋友之间的真诚和信任。最重要的是学生需要将从文学作品中获得的智慧应用到实际生活中，例如他们可以尝试与朋友建立更加真诚和稳固的友谊，同时也可以学会如何正确处理

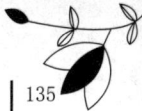

人际关系中的矛盾和挑战。通过将小说中的教训与实际经历结合起来，学生可以不断成长和进步，成为更加成熟和理性的个体。

通过文学作品的引导，学生不仅可以感悟到挫折与困难的正常性与可克服性，还能够从中学习到应对困难的方法与策略。同时通过反思自身的人际关系和经历，他们能够更加深入地认识自己，找到成长的方向和目标。因此文学作品在引导学生正确面对挫折与困难方面发挥着重要的作用，助力他们成长为坚韧、勇敢、有智慧的个体。

三、创设诗意情境，帮助学生建立积极心态

在教育中培养学生积极的心态是至关重要的，因为它直接关系到他们的学习成就和未来的发展。而创设诗意情境则是一种深刻而有效的方法，可以帮助学生建立起积极的心态。通过诗意图景、情境体验活动、诗意故事及诗意写作或创作活动，可以激发学生的想象力、感悟力和创造力，让他们更加深刻地理解生活的美好，从而更加积极地面对挑战和困难。

（一）诗意图景或场景引导学生进行想象与感悟

在教学中可以利用诗意的图景或场景来引导学生进行想象与感悟，从而帮助他们建立积极的心态。例如在课堂上播放一段美丽的自然风景视频，如蓝天白云、青山绿水，让学生闭上眼睛，沉浸其中，感受大自然的美好与宁静。然后引导学生用文字描述他们在想象中所看到的景象，表达自己内心的感受与情感。通过这样的活动，学生不仅能够体验到诗意图景带来的美好感受，还能够培养对生活的热爱与感恩之情。

（二）诗意情境体验活动，激发学生对生活的热爱与感恩

为了激发学生对生活的热爱与感恩，班主任可以设计一些诗意情境体验活动。例如组织学生前往郊外或公园，让他们在大自然中感受清新的空气、鸟语花香，与身边的自然环境亲密接触。在活动中，可以引导学生观察周围的一草一木，倾听大自然的声音，感受生命的美好与奇迹。通过这样的体验，学生会慢慢培养起对生活的热爱与感恩之情，从而更加积极地面对生活中的挑战与困难。

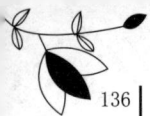

(三) 诗意故事或情景启发学生对人生意义与价值的思考

利用诗意故事或情景来启发学生对人生意义与价值的思考，是一种深刻而有效的教育方法。通过精心挑选的故事，班主任可以引导学生探索关于友情、奉献、勇气等主题的深刻含义，从而帮助他们建立起对生活更深层次的理解和反思。举例来说，可以选择安徒生的《卖火柴的小女孩》这个经典故事。故事中的小女孩在寒冷的冬夜中卖火柴，为了取暖自己点燃最后一根火柴时，她幻想出了温暖的火炉和美好的家庭。尽管最终小女孩离开了，但她通过自己的幻想达到了内心的安宁并与自己和解。通过讲述这个故事，学生可以从中感悟到生命的短暂和珍惜每一个时刻的生命观。通过对小女孩生活中的挑战和她内心世界的探索，学生能够更好地理解到人生的真谛，进而思考自己的生活目标和追求。

另一个例子是《小王子》，通过主人公小王子的冒险和他与狐狸之间的友情故事，学生可以深入探讨友谊和真正的奉献。小王子在旅行中遇到了各种人物，每一个人物都教会他一个关于人类本质和社会的新的道理。尤其是，他与狐狸的友谊让学生学会了友谊的价值和建立深厚关系的重要性。通过对小王子的冒险和他的成长经历的分析，学生可以理解人生的意义，找到自己的目标和追求。

(四) 开展诗意写作或创作活动，培养学生的创造力与积极心态

诗意写作和创作活动是激发学生创造力和积极心态的极好方式，通过这些活动，学生有机会将内心的想法、情感和想象力转化为文字或图像，从而深入思考并表达自己对生活的独特见解。诗意写作可以让学生在自由的创作环境中尽情发挥想象力，他们可以借助诗歌的形式，通过抒发情感、描绘景物或探索抽象主题来表达自己的内心世界。这种自由表达的过程不仅能够培养学生的创造力，还能够提升他们的情感认知和表达能力。创作活动也可以帮助学生培养积极的心态，通过创作使学生将自己的梦想、希望和愿景具体化，并设想出实现这些目标的方式。这个过程有助于他们树立积极的人生态度，坚定前行的信念，并为实现自己的梦想制订具体的计划。例如可以组织学生写一篇关于自己理想生活的散文或绘制一幅表达对未来的向往的画作，在这个过程中的学生可以思考自己对生活的期待和渴望，以及如何通过努力和坚持实现这些目标。这不仅有助于激发学生的创造力，还能够激发他们对生活的热爱和对未来的信心。

创设诗意情境不仅可以帮助学生欣赏生活中的美好，还可以激发他们对生活的热爱与感恩。通过体验大自然、沉浸于诗意故事中，以及通过创作表达内心世界，学生能够建立起积极的心态，并为未来的成长和发展奠定坚实的基础。因此教育工作者可以充分利用这些方法，为学生的全面发展和成长创造更加丰富的教育环境。

四、开展心理健康教育主题活动，增强学生心理素质

当今社会的心理健康教育已经成为教育领域中备受重视的一项工作，随着社会压力的增加和心理健康问题的日益突出，学校作为学生成长的重要场所，肩负着培养学生健康心理素质的重任。因此开展心理健康教育主题活动成为学校教育的重要一环。通过丰富多样的活动形式，学校能够提供给学生必要的心理知识、技能和支持，帮助他们更好地理解自己、管理情绪、建立积极的人际关系，从而增强心理素质，提升生活幸福感和适应能力。

（一）组织心理健康讲座或工作坊，提供心理知识与技能培训

心理健康讲座或工作坊是提升学生心理素质的重要途径之一，在这些活动中，专业心理学家可以向学生介绍各种心理知识和技能，如情绪管理、压力调适、人际沟通等，以帮助他们更好地应对生活中的挑战和压力。例如可以邀请专业心理咨询师来进行一场关于情绪管理的讲座。在这个讲座中，学生可以学习到如何识别自己的情绪、如何有效地应对负面情绪，以及如何保持心理健康等知识和技能。通过实际案例分析和互动讨论，学生不仅可以增加对情绪管理的理解，还能够学会运用这些技能来改善自己的心理状态。

（二）开展情感诗歌分享会或文学沙龙

情感诗歌分享会或文学沙龙是提升学生情感表达能力和情感认知的有效方式，在这样的活动中，学生可以通过朗诵或分享自己的诗歌作品，表达内心的情感和体验，与他人交流、分享、倾听，从而增强情感交流和理解能力。例如班主任可以组织一场情感诗歌分享会，邀请学生带着自己创作的诗歌来分享。在这个分享会上，学生可以表达自己的喜怒哀乐、内心的独白和情感体验，借此机会感受情感的真挚和力量。通过与他人的交流和分享，学生不仅可以增强自己的情感

表达能力，还能够获得他人的支持和理解，从而促进心理健康发展。

（三）设计心理健康主题游戏或活动

设计心理健康主题游戏或活动是提升学生心理素质的有趣而有效的方法，这些游戏或活动可以通过趣味性和互动性，引导学生学习并应用心理健康知识和技能，同时培养他们的团队合作和解决问题的能力。例如班主任可以设计一款名为"情绪大作战"的游戏，在这个游戏中的学生被分成小组，每个小组代表一种不同的情绪。他们需要通过模拟情境和角色扮演，学会认识并应对各种情绪，同时通过团队合作来解决情绪问题。通过这样的游戏，学生不仅能够增加对情绪管理的认识，还能够培养团队合作和沟通技能，从而提升心理健康水平。

（四）结合心理测试与评估帮助学生了解自己的心理特点与需求

结合心理测试与评估是帮助学生了解自己的心理特点和需求的重要手段，通过心理测试和评估，学生可以了解自己的性格特点、情绪状态、应对压力的方式等，从而更好地认识和理解自己，在日常生活中更加有效地应对各种挑战和困难。例如班主任可以组织学生进行一次性格测评活动，在这个活动中，学生可以通过填写心理测评问卷来了解自己的性格特点和行为习惯。随后，可以根据测试结果为学生提供个性化的心理咨询和指导，帮助他们更好地发展自己的优势，克服自己的缺点，从而提升心理素质和适应能力。

开展心理健康教育主题活动对于增强学生心理素质具有重要意义，通过组织心理健康讲座或工作坊、开展情感诗歌分享会或文学沙龙、设计心理健康主题游戏或活动及结合心理测试与评估等方式，学校能够为学生提供多元化的心理健康教育资源和支持，帮助他们建立健康的心理观念，培养积极的心理品质，提升生活质量和学业成就。因此学校应该不断创新教育方式，深入开展心理健康教育工作，为学生的全面发展和健康成长提供更加有力的保障。

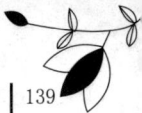

第三节　心理健康教育实践案例

一、成功运用诗意教育进行心理辅导的案例

心理健康问题日益受到关注，尤其是在学生群体中，焦虑、压力等心理问题日益突出。面对这一挑战，诗意教育作为一种新颖而有效的心理辅导方式逐渐受到重视。通过诗歌的表达与欣赏，学生得以借助诗意的语言表达内心情感，缓解焦虑与压力，建立积极的心态与情感支撑。以下将通过四个案例，展示成功运用诗意教育进行心理辅导的方式和效果。

（一）利用诗意语言进行情感宣泄，帮助学生缓解焦虑与压力

在一所中学，一位班主任运用了诗意语言的方式，帮助学生缓解焦虑与压力。她邀请学生闭上眼睛，想象自己置身于一片安静的森林中，感受着清晨微风的拂过，聆听着鸟儿优美的歌声。班主任以诗意的方式引导着学生，让他们用心灵的笔触，描述出内心深处的感受与想法。在这个安静而温暖的环境中，学生逐渐放下内心的紧张与焦虑，将情感化为文字，将压力化为诗句。他们的诗篇或许流淌着对自然的赞美，或者抒发着对生活的感悟，但无论如何，这些文字都是他们内心的真实写照。通过这种情感宣泄的方式，学生不仅得以释放内心的负面情绪，也在诗意的世界里找到了一片属于自己的宁静角落。这样的体验不仅帮助他们减轻了焦虑与压力，更让他们学会用美好的语言去面对生活中的挑战，从而更加积极地面对未来的种种困难。

（二）通过诗歌创作与欣赏，引导学生表达内心情感与体验

在一所小学里，一场别开生面的诗歌创作与欣赏活动在班主任的组织下展开。学生聚集在一起，开始了一段诗意之旅。他们沉浸在一系列优秀诗歌的欣赏中。这些诗篇或是关于大自然的赞美，又或是表达对生活的感悟，无论是哪一种，都

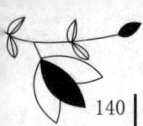

在学生们心中激荡出涟漪。接下来，是他们自己动手创作的时刻。在班主任的引导下，学生探索着自己内心的情感与体验，将它们用简洁而富有表现力的语言编织成了诗篇。

在这个过程中，他们学会了如何用文字来表达内心的情感，如何用诗歌的形式来传递自己的体验。这不仅是一堂课，更是一次心灵的洗礼，一次对诗意世界的探索。通过这样的活动，学生不仅增强了对诗歌的理解与欣赏能力，更重要的是，他们学会了用美妙的语言去表达自己，用诗意的笔触书写自己的心情，这将成为他们人生中宝贵的财富，陪伴他们走过人生的每一个阶段。

（三）创设诗意情境或场景，帮助学生建立积极心态与情感支撑

在一所高中里，一位班主任以独特的方式为学生打造了一场别开生面的心理成长之旅。她精心设计了一系列情境游戏，通过创设诗意的情境或场景，引导学生探索内心世界，建立积极心态与情感支撑。在游戏中，学生扮演着不同的角色，置身于各种生动的情景之中。或是在一片花海中漫步，或是站在巍峨的山巅俯瞰大地，又或是漫步在静谧的星空下。在这些诗意的情境中，学生不仅可以感受到自然之美，还能够体验到内心情感的涌动。他们学会了用心去感受生活的美好，用诗意的眼光去审视世界的多彩。同时在游戏的过程中，他们也学会了与他人分享自己的感受，学会了用语言去表达内心的情感。这种情境游戏不仅培养了学生的情感理解能力和情感表达能力，更重要的是，帮助他们建立起了积极的心态与情感支撑。通过这样的活动，学生不仅能够更好地理解自己，更能够以积极的心态去面对生活中的各种挑战和困难，为自己的心理成长奠定坚实的基础。

（四）开展诗意教育主题活动给学生提供情感交流的空间

在一所小学里，一场充满温情与诗意的教育主题活动点燃了学生内心的火焰。在这个特别的日子里，学校为他们搭建了一个情感交流与共鸣的舞台。学生轮流登台，朗诵着自己创作的诗歌作品，分享着内心的感受和体验。有的诗篇或许流露着对家乡的眷恋，有的诗句或许述说着对友谊的珍惜，有的则表达着对未来的憧憬。在每一个诗人的朗诵中，学生不仅感受到了自己内心情感的释放，更体会到了彼此的共鸣与支持。他们用真挚的言语、深情的朗诵，让情感在空气中流淌，让共鸣在心灵中荡漾。在这个活动中，学生不再孤单，因为他们发现了彼此的情

感共通，懂得了彼此的情感共鸣。通过这样的活动，学生不仅得以表达自己，还能够倾听他人，学会理解和尊重他人的感受。这不仅是一场诗意的教育活动，更是一次心灵的盛宴，一次共鸣的契机。这样的活动不仅丰富了学生的课余生活，更促进了校园情感交流与友谊的建立，为他们的成长之路增添了一份温暖与美好。

诗意教育不仅是一种教学方法，更是一种心理疏导的艺术。通过诗意语言的运用，学生能够找到情感宣泄的出口，表达内心的情感与体验，从而缓解焦虑与压力。诗歌创作与欣赏活动激发了学生的创造力和想象力，培养了他们对诗歌的欣赏能力，同时也帮助他们用美妙的语言去表达自己。创设诗意情境或场景的心理成长活动则在情境中引导学生建立积极心态与情感支撑，使他们更加积极地面对生活中的挑战。而诗意教育主题活动则提供了学生情感交流与共鸣的空间，促进了校园情感交流与友谊的建立，诗意教育为学生心理健康的成长提供了一种新颖而有益的途径。

二、学生心理健康状况的改善与提升

学生心理健康状态的改善与提升是教育工作中一项至关重要的任务，在日益繁重的学业压力和社会竞争下，学生的心理健康问题备受关注。为此学校和班主任积极采取措施，通过观察学生情绪变化、提升学生自我认知与情绪管理能力、开展诗意教育等活动，全方位地促进学生心理健康的发展，为他们的成长和未来奠定坚实基础。

（一）观察学生情绪变化，发现心理问题并及时干预与辅导

在学生情绪变化的观察和心理问题的及时干预与辅导方面，班主任的作用至关重要。通过仔细观察和与学生的交流互动，班主任能够敏锐地察觉到学生的情绪波动，及时发现并解决潜在的心理问题。例如班主任可能会在一堂课上注意到一个学生表现得异常沉默和消极，对于这种情况，班主任会采取主动措施，与学生进行谈话，了解他们的内心感受。在这个过程中，班主任可能会发现这名学生最近遭遇了家庭变故，心理受到了严重的影响。针对这一发现，班主任采取一系列的干预措施。班主任会给学生提供支持。这种支持并不只是言语上的安慰，还包括给予学生情感上的理解和关怀，让他们感受到在困难时刻并不孤单。班主任会安排学生接受专业的心理辅导。通过与学校心理辅导师的合作，学生可以得到

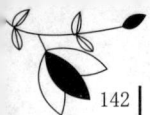

更系统和专业的心理援助，帮助他们理解和应对自己的情绪问题。班主任可能会与学生的家长进行沟通，共同商讨更全面的解决方案。

这种家校合作可以让学生在学校和家庭两个重要环境中都得到支持和关注，增强他们应对心理困境的能力。通过班主任和学校心理辅导师的共同努力，学生能够逐渐走出情绪困境，重拾对学习的兴趣和积极性。这种及时的干预不仅有助于学生的心理健康，还为他们的学业和未来的发展创造了更有利的环境。因此班主任在学生情绪管理和心理健康方面的作用至关重要，他们的关怀和支持对学生的成长起着至关重要的作用。

（二）学生自我认知与情绪管理能力提升

学生的自我认知和情绪管理能力对于学生的心理健康和全面发展至关重要。在现代教育实践中，通过心理辅导和情感教育课程的开展，学生能够更深入地了解自己的情绪状态，并学会有效地管理这些情绪。情感教育课程为学生提供了学习情绪管理技能的平台，这些技能不仅帮助他们在面对挫折和压力时保持冷静，还教授了他们一系列有效的应对方法。例如学生学会通过深呼吸来缓解负面情绪，通过积极的思考方式来改变负面情绪，并学习寻求社会支持的重要性。这些方法不仅能够帮助他们在学业和生活中更好地应对挑战，还有助于提升他们的心理韧性和适应能力。情感教育课程还鼓励学生接受并理解自己的情感，学生通过学习如何接纳自己的情感状态，以及如何找到解决问题的有效途径，逐渐形成了积极的情感管理策略。这不仅有助于他们更好地理解自己，还能够帮助他们在人际关系中更加成熟和理解他人。

通过心理辅导和情感教育课程的开展，学校为学生提供了一个全面发展的平台，不仅有助于他们在学术上取得进步，更能够促进他们的情感和心理健康。这些课程不仅在学校教育中起到了重要作用，还能够影响学生的日常生活和未来发展，为他们的人生奠定坚实的基础。因此学校应该继续加强这些课程的开展，确保每个学生都能够从中受益，建立起健康、积极的生活态度和情感管理能力。

（三）学生学习兴趣增加，人际关系改善

通过诗意教育等形式的开展，学生的学习兴趣得到了显著提升，诗歌、文学作品等艺术形式为他们提供了一个表达情感和体验的媒介，激发了他们对学习的

兴趣和热情。例如学生通过欣赏优秀的诗歌作品，感受到其中蕴含的情感和美好，激发了他们对诗歌创作的兴趣。在课堂上，他们积极参与诗歌创作的活动，将自己的情感和思想融入其中，创作出富有个性和创意的诗篇。这种自我表达的过程不仅使他们更加深入地理解和欣赏诗歌，还促进了他们之间的情感交流与共鸣。这种情感交流不仅在学术上，也在人际关系中产生了积极影响。学生在分享自己的诗歌作品时，不仅展现了自己的才华和个性，也展现了自己的内心世界。其他同学通过欣赏和评论，更加深入地了解了他们的同学，增进了彼此的了解和信任。这种情感的交流不仅加深了彼此的友谊，还加强了学生对学校的归属感和参与感，使整个校园充满了温暖和包容的氛围。因此诗意教育等形式的开展不仅提升了学生的学习兴趣，也改善了他们之间的人际关系，为学校营造了更加和谐与融洽的氛围。

（四）学生在学业、社交、情感等方面取得进步

通过诗意教育、情感教育等活动的推动，学生在多个方面都取得了显著的进步。在学业上，这些活动为学生提供了更加开放和自由的表达空间，激发了他们的创造力和思维深度。例如在诗歌创作的过程中，学生不仅锻炼了文字表达能力，还培养了对于语言艺术的鉴赏能力，这些都为他们的语文学习提供了极大的帮助。同时通过情感教育的引导，学生更加深入地了解了自己的情感和内心世界，学会了更加健康和积极地应对情绪。在社交方面，这些活动也起到了积极的促进作用。学生通过诗歌朗诵、情感分享等活动，增强了彼此的交流和沟通。他们学会了倾听和理解他人，同时也学会了表达自己的情感和观点。这样的互动不仅促进了学生间的友谊和团结，也培养了他们的团队合作意识和社交技能。最重要的是在情感方面，学生通过这些活动得到了更加全面的提升。他们学会了接纳自己的情感，学会了正确地处理情绪和压力，从而拥有了更加健康和稳定的心理状态。这种情感的成长不仅有助于他们在学业上取得更好的成绩，也为他们未来的人生道路奠定了坚实的基础。因此诗意教育、情感教育等活动的开展对学生的全面发展起到了重要的推动作用。

在教育实践中观察学生情绪变化、提升学生自我认知与情绪管理能力、开展诗意教育等活动，对学生心理健康的改善与提升起到了积极的作用。这些措施不仅有助于发现和解决学生心理问题，还培养了学生的情感表达能力，让他们学会

了处理的人际关系，为其全面发展提供了有力支撑。通过班主任与学生、家长的共同努力，学校为学生创造了一个健康、积极的学习与成长环境。

三、班主任对心理健康教育实践的反思与总结

心理健康教育实践在教育领域扮演着日益重要的角色，特别是对于班主任而言，其参与心理健康教育实践对于促进学生的全面发展至关重要。通过成功案例与反思不足，班主任能够深刻领悟心理健康教育的重要性，进而影响自身专业发展与教学效果。

（一）总结成功案例与经验

在心理健康教育实践中，我们总结了一些成功案例并取得了宝贵经验。例如我们开展了一次针对学生情绪管理的讲座，在讲座中，我们介绍了一些有效的情绪调节方法，如深呼吸、积极思考等。通过实践演练和小组讨论，学生掌握了这些方法，并在日常生活中应用，取得了显著的效果。其中一个叫小明的学生在学习压力较大时，采用了深呼吸和积极思考的方法，成功缓解了焦虑情绪，提高了学习效率。这样的成功案例激励着我们继续推进心理健康教育，为学生提供更多帮助和支持。

（二）反思心理健康教育中存在的不足与问题

心理健康教育在实践中暴露出一些不足与问题，尽管我们进行了多场活动，但依然发现部分学生对心理健康的认知不足，缺乏有效的情绪管理方法，是因为我们的教育方式尚不够全面和系统，未能满足不同学生的需求。有些学生在遇到心理问题时不愿主动求助，心理健康观念存在偏差。这或许意味着我们的教育内容未能深入学生内心，激发其对心理健康的重视。因此需要改进教育内容与方法，更有针对性地强化学生的心理健康意识与自我管理能力。

（三）分享心理健康教育实践中的感悟与体会

在心理健康教育实践中深刻领悟到教育的重要性和影响力，通过关注学生的情绪变化和心理需求能够及时发现问题并给予适当的帮助，从而帮助他们更好地

成长和发展。学生的心理健康不仅关乎其个人的成长，也直接影响着整个班级和学校的氛围与效果。因此心理健康教育不仅是一项任务，更是一种责任和使命。只有将心理健康教育贯穿学校教育的方方面面，才能真正促进学生的全面发展。我深信，通过不断地实践和探索，我们能够为学生的心理健康提供更好的支持与指导，为他们的未来铺平道路。

（四）探讨心理健康教育实践对班主任专业发展与教学效果的影响与启示

心理健康教育实践对班主任的专业发展和教学效果具有重要的影响和启示，通过参与心理健康教育实践，班主任能够不断提升自己的专业素养和教育水平。这种实践不仅要求班主任具备辨别学生心理问题的能力，还需要能有效地应对和解决这些问题。在这个过程中，班主任需要学习心理学知识和沟通技巧，以更好地理解和支持学生的心理健康。心理健康教育实践也有助于提高班主任的教学效果，关注学生的心理健康不仅能够改善他们的学习氛围，还能提高他们的学习动力和学习效率。通过建立良好的师生关系，班主任能够更好地发现学生的问题，并帮助他们克服困难，提升他们的学习成绩。

在心理健康教育实践中的班主任总结一些成功案例并取得了宝贵经验，如学生通过学习情绪管理方法取得的显著进步。然而也暴露出了一些不足与问题，例如部分学生对心理健康的认知不足，以及在面对心理问题时不愿主动求助的情况。在此过程中，班主任深刻领悟到了教育的重要性，认识到心理健康教育不仅是一项任务，更是一种责任和使命。因此班主任应加强心理健康教育的专业学习和实践，不断完善自己的教育方法和技能，为学生的健康成长贡献力量。

四、家长对心理健康教育效果的反馈与评价

在当今社会，心理健康教育已成为教育工作中不可或缺的一部分。在这个过程中，家长的反馈和参与至关重要。定期收集家长的反馈意见和评价，分析他们对学生心理健康状况的感受，倾听他们的建议与期待，以及收集具体的反馈，是确保心理健康教育工作有效性的关键步骤，在以下内容中将探讨这些方面的重要性及它们对教育工作的积极影响。

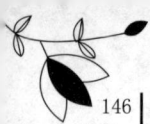

（一）定期收集家长的反馈意见与评价

在我们的心理健康教育实践中，我们视家长的反馈意见和评价为极其重要的反馈机制之一。因此我们定期组织家长会、发送问卷调查等方式，积极收集家长的反馈意见和看法。这些反馈不仅让我们了解到家长对于我们教育工作的感受，也帮助我们评估教育效果。举例来说，一些家长在反馈中提到，他们的孩子在参与了心理健康教育后，表现出更加稳定的情绪，并且在学习上也有所提升。这样的正面反馈让我们深感欣慰，也验证了我们的教育工作取得了一定成效。这些收集到的反馈意见不仅为我们的教育实践提供了指导，也激励我们继续努力，为学生的心理健康和全面发展做出更大的贡献。

（二）分析家长对学生心理健康状况的感受与评价

通过分析家长对学生心理健康状况的感受与评价，我们能够更深入地了解教育工作的实际效果。家长对孩子心理健康的关注程度和对学校心理健康教育工作的认可度，反映了他们对教育的期待和信任程度。例如一位家长提到，他的孩子在参与了心理健康教育后，表现出更愿意与家人沟通，情绪表达也更加开放。这样的评价不仅显示了学生在心理健康方面的积极变化，也说明了我们教育工作的成效。家长对学生心理健康状况的积极评价，是我们继续推进心理健康教育工作的动力来源，也是我们深化家校合作、共同促进学生心理健康成长的基础。

（三）倾听家长对心理健康教育实践的建议与期待

家长的建议与期待对于我们改进心理健康教育工作至关重要，他们作为学生的监护人，对孩子的情况了解更为深入，因此他们的建议和期待能够为我们提供宝贵的参考和指导。例如一些家长希望学校能够加强心理健康教育的宣传力度，提供更多的心理健康资源和服务，以满足学生的需求。这些建议和期待都非常中肯和合理，能够帮助我们更好地了解家长的期待，并指导我们进一步改进教育工作。因此我们将认真倾听家长的声音，结合实际情况，积极采纳和落实家长的建议，努力为学生提供更全面、更有效的心理健康教育服务，促进他们健康、快乐地成长。

（四）家长对心理健康教育效果的具体反馈

我们重视家长对心理健康教育效果的反馈，并通过多种形式积极收集他们的意见。组织家长会和发送问卷调查是我们收集反馈的主要方式之一。在家长会上，我们提供了一个开放的平台，让家长可以直接表达他们的看法和建议。同时通过发送问卷调查，我们能够更广泛地收集家长的反馈意见，包括对教育内容、方法和效果的评价，以及对未来教育工作的期望和建议。这些反馈对我们改进教育工作至关重要，能够帮助我们更全面地了解家长的需求和期待，进而提供更加符合实际情况和家长期望的教育服务。通过不断地收集和分析家长的反馈意见，我们能够不断改进和提升我们的心理健康教育工作，为学生的健康成长提供更好的支持和帮助。

家长的参与和反馈在心理健康教育中扮演着不可替代的角色，定期收集他们的反馈意见和评价有助于评估教育效果，了解学生的心理健康状况，并提供更好的教育服务。倾听家长的建议与期待，以及收集具体的反馈，为改进教育工作提供了重要的指导和动力。因此建立起家校合作的良好机制，积极倾听家长的声音，是促进学生心理健康成长的重要举措之一。

第四节　心理健康教育的持续发展与改进

一、建立长效心理健康教育机制

建立长效心理健康教育机制是学校促进学生全面发展和健康成长的重要举措之一。在当今社会，心理健康问题已经成为影响学生学习和生活的重要因素之一。为了更好地关注和维护学生的心理健康，学校需要采取一系列措施，建立起完善的心理健康教育体系。其中设立专职心理健康教育工作岗位、制定健全的管理制度与规章、建立健全心理健康档案管理系统、开展常态化的心理健康教育活动与课程，以及加强与相关部门的合作与沟通等都是至关重要的步骤。下面将就这些方面逐一进行探讨和分析，以期为学校提升心理健康教育水平提供参考和指导。

（一）设立专职心理健康教育工作岗位

设立专职心理健康教育工作岗位是提升学校心理健康教育水平的关键举措，这一岗位应由具备心理学专业背景或相关资质的专业人士担任，其主要职责包括制订和实施心理健康教育计划、开展心理辅导等工作。例如这位专职人员可以组织心理健康教育课程，培训班主任和学生掌握心理健康知识和技能，提供心理辅导服务，解决学生心理问题。通过专职人员的管理和指导，学校能够更加系统地开展心理健康教育工作，为师生提供更加专业化、个性化的服务，提升心理健康教育的效果和影响力。

（二）制定健全的心理健康教育管理制度与规章

制定健全的心理健康教育管理制度与规章对于确保教育工作的有序开展至关重要，这些制度和规章应当涵盖诸多方面，包括心理健康教育的课程设置、班主任培训、学生评估等。例如学校可以规定每学年开设一定数量的心理健康教育课程，并明确课程内容和教学目标，以确保全面覆盖学生的心理健康需求。同时学校还可以建立班主任培训计划，定期组织班主任参加心理健康教育培训，提升他们的专业水平和教学能力。学校还应建立完善的学生心理评估机制，及时了解学生的心理健康状况，并有针对性地开展干预和辅导工作。通过制定健全的管理制度和规章，可以提高教育工作的规范性和效率，为学生的心理健康提供更加有力的保障。

（三）建立健全心理健康档案管理系统

建立健全心理健康档案管理系统是保障学校心理健康教育工作有效开展的重要举措，这一系统可以全面记录学生的心理健康信息，包括心理评估结果、心理咨询记录等。通过建立学生的心理健康档案，学校能够及时了解学生的心理健康状况，为个性化的心理健康教育提供有力依据。例如学校可以根据学生的心理档案，制订有针对性的心理健康教育计划，针对不同学生的心理特点和需求，有针对性地开展心理健康教育和辅导工作。心理健康档案还可以帮助学校及时发现和干预学生的心理健康问题，防止问题进一步恶化。因此建立健全心理健康档案管理系统对于促进学生心理健康成长具有重要意义。

（四）开展常态化的心理健康教育活动与课程

开展常态化的心理健康教育活动与课程是学校促进学生心理健康的重要手段，除了课堂教育外，学校还可以组织各种形式的心理健康教育活动，如心理健康讲座、心理健康周活动和专题研讨会等。这些活动旨在通过生动有趣的方式，向学生传递心理健康知识，引导他们正确对待自己的情绪和压力，培养积极的心态和健康的心理素养。例如学校可以邀请心理专家或心理医生来进行心理健康讲座，向学生介绍心理健康知识和应对压力的方法；组织心理健康周活动，包括举办健康公益演讲、心理健康知识竞赛、心理测试等，吸引学生的参与和关注。通过这些常态化的活动，学校能够全面提升学生的心理健康意识和素养，为他们的健康成长提供坚实的支持和保障。

（五）加强与相关部门的合作与沟通

加强与相关部门的合作与沟通是推动心理健康教育工作的重要举措，学校可以与卫生健康部门、心理健康机构等建立密切的合作关系，共同开展心理健康教育活动，为学生的心理健康提供更全面的保障。学校可以邀请相关部门的专家或医生来进行心理健康讲座或培训，向师生介绍心理健康知识和应对压力的方法。学校还可以与心理健康机构合作，共同开展心理健康服务，为有需要的学生提供心理咨询和辅导等服务。学校还可以与卫生健康部门合作，共同制定心理健康政策和规划，推动心理健康教育工作的开展。通过加强与相关部门的合作与沟通，学校能够充分利用外部资源，提升心理健康教育工作的效果和影响力，为学生的健康成长提供更加全面的支持和保障。

建立长效的心理健康教育机制需要学校全面而系统地努力，通过设立专职心理健康教育工作岗位，制定健全的管理制度与规章，建立健全心理健康档案管理系统，开展常态化的心理健康教育活动与课程，以及加强与相关部门的合作与沟通，学校能够更好地关注和维护学生的心理健康，为他们的全面发展和健康成长提供坚实的保障和支持。这些举措不仅有助于学生树立正确的心理健康观念，提升心理健康水平，也有利于学校营造良好的教育环境，促进教育事业的可持续发展。因此，建立长效的心理健康教育机制应成为学校工作的重要任务之一，得到全体师生及社会各界的共同关注和支持。

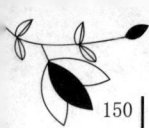

二、加强师资培训，提高心理健康教育质量

提高心理健康教育的质量是学校教育工作中的一项重要任务，而加强师资培训是实现这一目标的关键举措之一。通过为班主任提供相关知识与技能培训、组织经验交流与分享、鼓励班主任参与实践与研究、引进外部专家或心理咨询师及建立师德师风建设机制等措施，学校可以有效提升班主任的心理健康教育水平，为学生的全面成长和健康发展提供更为有力的支持。

（一）开展心理健康教育相关知识与技能培训

心理健康教育对学生的成长至关重要，而班主任的专业水平直接影响教育质量。因此学校定期组织心理健康教育相关的知识与技能培训至关重要。这样的培训旨在让班主任全面了解心理健康领域的最新进展，并提供实用的干预和辅导技巧。例如在培训中，专家可以介绍不同年龄段学生常见的心理问题，如焦虑、抑郁等，以及针对这些问题的有效干预方法。通过结合案例分析和角色扮演等形式，班主任可以更深入地理解理论知识，并将其运用到实际教育中。这样的培训不仅提高了班主任的专业素养，也为学校的心理健康教育工作注入了更多的活力和创新。

（二）组织心理健康教育经验交流与分享

定期组织心理健康教育经验交流与分享会是学校促进班主任专业成长和提高心理健康教育水平的有效途径，在这样的会议中，班主任可以分享他们在心理健康教育方面的实践经验、成功案例，以及遇到的挑战和解决方案。通过这种分享，班主任可以从彼此的经验中汲取灵感和启示，发现新的教学方法和策略。在这些交流与分享的会议中，班主任可以分享不同年龄段学生的心理健康需求，探讨有针对性的干预方法和心理支持技巧。例如一位班主任可以分享他们在帮助学生应对考试焦虑方面的经验，另一位班主任则可以分享如何引导学生建立积极的自我形象和情绪调节能力等。这样的交流有助于拓宽班主任的教学视野，提升他们在实际工作中应对复杂情况的能力。通过这种经验交流与分享，班主任也可以建立起相互支持和合作的网络。他们可以相互鼓励、共同解决问题，形成良好的工作氛围和团队合作精神。同时这种经验交流也有助于促进学校内部的信息共

享和教学资源共享，为心理健康教育提供更丰富的教学内容和方法。定期组织心理健康教育经验交流与分享会对提高班主任的专业水平、增强团队凝聚力和提升学校心理健康教育工作的效果具有重要意义。

（三）鼓励班主任参与心理健康教育实践与研究

鼓励班主任积极参与心理健康教育实践与研究是提升学校心理健康教育水平的重要举措。班主任作为学生日常管理和辅导的重要角色，直接面对学生的情绪变化和心理需求，他们的专业能力和实践经验对学生的心理健康具有直接影响。学校可以通过组织心理健康教育的培训和讲座来提升班主任的专业水平，这些培训可以涵盖心理健康教育的理论知识、心理问题的识别与干预技巧、心理健康教育活动的设计与实施等内容，帮助班主任建立起系统的心理健康教育观念和应对策略。学校应该鼓励班主任在日常工作中积极开展心理健康教育活动，例如可以让班主任组织心理健康教育主题班会、开展心理健康知识宣传、组织心理健康教育活动等，引导学生认识自己的情绪和需求，并提供相应的支持和帮助。同时学校还可以鼓励班主任参与心理健康教育领域的实践研究，班主任可以结合自己的实践经验，选择一个或多个心理健康教育问题进行深入研究，探索有效的解决方案，并将研究成果分享给其他班主任和学校管理者，促进心理健康教育工作的不断改进和提高。

（四）引进外部专家或心理咨询师

引进外部专家或心理咨询师是提升学校心理健康教育质量的重要举措，这些专家通常具有丰富的专业知识和经验，在心理健康领域拥有权威性和可信度，能够为学校提供更专业的支持和指导。学校可以邀请心理学领域的专家来进行心理健康讲座或培训活动，这些讲座可以涵盖心理健康知识、心理问题的识别与干预技巧、心理调适方法等内容，为师生提供系统的心理健康教育。专家可以结合实际案例进行讲解，使学生更加深入地理解心理健康问题，并学会有效的应对方法。学校可以邀请临床心理医生或心理咨询师来进行个别或集体的心理咨询服务，这些专业人士能够根据学生的实际情况，提供有针对性的心理支持和辅导，帮助他们解决心理困扰，提升心理健康水平。同时他们还可以为班主任提供心理辅导和支持，帮助他们更好地应对工作中的心理压力和挑战。

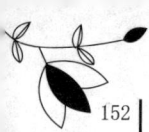

（五）建立持续的师德师风建设机制

建立持续的师德师风建设机制对于学校促进班主任专业成长、提高教育质量至关重要。在心理健康教育方面，班主任的师德师风直接影响学生的心理健康水平和成长环境。学校可以通过制定相关的师德师风规范和标准来明确班主任的职业责任和行为准则，这些规范可以包括班主任应该具备的道德品质、专业精神和行为规范，引导班主任树立正确的教育理念和职业道德。学校可以建立健全考核评价体系，对班主任的师德师风进行全面评估。这个评估体系可以包括教学质量评价、学生评价、同行评价等多方位的评价方式，全面了解班主任在心理健康教育中的表现和影响，及时发现和纠正存在的问题。学校还可以开展师德师风教育和培训活动，提高班主任的师德师风意识和水平。这些活动可以包括师德师风讲座、案例分析、心得交流等形式，引导班主任思考自身的教育行为和影响，不断提升教育教学的专业水平和影响力。

加强师资培训是提高心理健康教育质量的重要途径之一，学校可以通过多种方式来实现这一目标，包括开展相关知识与技能培训、组织经验交流与分享、鼓励班主任参与实践与研究、引进外部专家或心理咨询师以及建立持续的师德师风建设机制等。这些举措不仅有助于提升班主任的专业水平和教育质量，也为学生的心理健康和全面发展提供了更为坚实的保障和支持。

三、整合校内外资源，共同推进心理健康教育

心理健康教育已经成为学校教育的重要组成部分，为了有效推进心理健康教育，学校需要整合校内外资源，共同努力。下面将探讨如何建立校园心理健康服务中心，开展家长教育活动，吸引社会资源和校企合作，以及引导学生参与志愿服务与社会实践，共同推进心理健康教育事业的发展。

（一）建立校园心理健康服务中心，整合学校内部心理健康资源

学校可以建立校园心理健康服务中心，作为学生心理健康服务的核心机构。该中心可以整合学校内部的心理健康资源，包括心理咨询师、专业心理教育师和校医等。这些资源可以为学生提供心理咨询、心理测试、心理辅导等服务，帮助他们解决心理问题和情绪困扰。例如学校可以安排心理咨询师定期到校园心理健

康服务中心提供咨询服务，同时还可以组织心理教育师开展心理健康教育课程，提升学生的心理健康意识和应对能力。中心还可以成为学生自我管理和发展的重要平台，为他们提供一个安全、开放的交流空间，促进心理健康教育工作的深入开展。

（二）开展与心理健康相关的家长教育活动与课程

除了学生，家长也是心理健康教育的重要对象。学校可以开展与心理健康相关的家长教育活动与课程，帮助他们更好地理解和关注孩子的心理健康问题。例如可以邀请心理专家为家长讲解青少年心理发展特点、常见心理问题及应对方法等内容。同时学校还可以组织家长参与心理健康教育课程，让他们了解如何在家庭环境中促进孩子的心理健康成长。通过这样的活动，可以增强家长的心理健康意识，提升他们在孩子心理健康问题上的应对能力，形成学校、家庭、社会共同关注心理健康的良好氛围。

（三）吸引社会资源参与心理健康教育

社会资源是推进心理健康教育的重要支持力量，学校可以积极吸引社会资源参与心理健康教育，包括心理健康组织、志愿者团体、公益机构等。例如学校可以与心理健康组织合作举办心理健康讲座、义诊活动等，向学生和家长提供更为专业的心理健康服务和支持。同时学校还可以邀请心理健康领域的专业人士担任讲师，为学生和班主任提供心理健康知识和技能培训。通过与社会资源的合作，学校可以丰富心理健康教育的内容和形式，提升教育效果。

（四）建立校企合作项目

校企合作是推进心理健康教育的另一重要途径，学校可以与企业合作，共同开展心理健康教育项目，为学生提供更广泛的资源支持和实践机会。例如可以邀请企业的心理健康专家为学生进行职业生涯规划和心理素质培养等方面的指导，帮助他们更好地适应社会生活和职业发展。同时学校还可以与企业合作开展心理健康促进活动，如举办心理健康主题的文化节、演讲比赛等，增强学生的心理健康意识和自我管理能力。通过校企合作项目，学校可以拓展心理健康教育的渠道和资源，为学生提供更全面的成长支持。

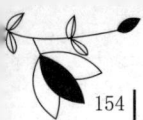

（五）引导学生参与志愿服务与社会实践

志愿服务和社会实践是学生发展成长的重要途径之一，也是促进心理健康教育的有效方式。通过参与志愿服务，学生能够深入社区、了解社会需求，从而培养同情心和责任感。学生可以参与社区义工活动，如清洁环境、陪伴孤寡老人、帮助贫困家庭等，这些活动不仅能够促进学生与社会的联系，还能够让他们感受到自己的价值和意义，从而提升自信心和幸福感。同时参与社会实践也是学生提升社会适应能力和解决问题能力的重要途径。在实践中，学生需要面对各种挑战和困难，通过不断思考和尝试解决问题，不仅能够提高他们的实践能力，还能够培养他们的创新精神和团队合作意识。因此学校应该鼓励和引导学生积极参与志愿服务和社会实践活动，为他们提供更广阔的成长空间和发展平台。

建立校园心理健康服务中心、开展家长教育、吸引社会资源、校企合作，以及引导学生参与志愿服务与社会实践是整合校内外资源，共同推进心理健康教育的重要举措。通过这些努力，可以为学生提供全方位的心理健康服务和支持，促进他们健康成长，建设更加和谐健康的校园环境。

四、探索更多元化的心理健康教育方法与途径

心理健康教育的重要性日益凸显，传统的心理健康教育往往以理论知识为主，但随着社会的发展和学生的多元化需求，需要探索更多元化的教育方法与途径。下面将探讨创新课程设计、线上资源推广、科技手段应用及多种形式的实践活动等方式，以及个性化、差异化的教育方案来提升心理健康教育的效果和深度。

（一）创新心理健康教育课程设计

创新的心理健康教育课程设计是提高学生心理健康水平的关键之一，传统课程往往以理论知识为主，缺乏实践性和趣味性，难以引起学生的兴趣和参与度。因此我们可以通过创新设计课程内容和形式，使其更具吸引力和实用性。举例来说，可以开设针对不同年龄段和特点的心理健康教育课程。对小学生，可以设计富有趣味性的游戏和故事，通过角色扮演和小组活动培养他们的情商和人际交往能力；对中学生，则可以设置更加深入的主题讨论和案例分析，引导他们理解和应对青春期常见的心理问题；对大学生，可以开设心理健康管理和自我调适的课

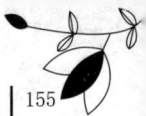

程，帮助他们建立积极心态和健康生活方式。课程形式也可以多样化，如结合实地考察、社区服务、互动讨论等，使学生能够在实践中感受和应用所学知识，增强学习效果和参与感。通过创新的课程设计，可以更好地激发学生的学习兴趣和积极性，提升他们的心理健康水平。

（二）推广线上心理健康教育资源

随着互联网技术的发展，线上心理健康教育资源的推广成为一种重要趋势。线上资源可以突破时间和空间的限制，为广大学生和家长提供便捷的心理健康教育服务。例如可以开发线上心理健康教育平台，提供丰富的在线课程、心理测评工具、专家咨询等服务。学生和家长可以通过网络随时随地获取相关知识和帮助，提高心理健康意识和应对能力。同时线上资源还可以与传统教育形式相结合，形成多层次、全方位的心理健康教育体系。借助社交媒体平台和移动应用，也可以推广心理健康教育内容，通过短视频、图文等形式传递知识和技能，吸引更多人参与到心理健康教育中来。通过推广线上心理健康教育资源，可以扩大教育覆盖面，提高教育的普及性和实用性。

（三）借助科技手段开展心理健康教育

科技手段在心理健康教育中的应用，可以有效提升教育效果和体验。例如可以利用虚拟现实技术，为学生创造各种情境和场景，让他们在虚拟环境中进行情绪调节和应对训练；利用人工智能技术，开发智能化的心理辅助工具，为学生提供个性化的心理支持和建议；利用大数据分析技术，对学生心理健康数据进行监测和分析，及时发现问题并进行干预。借助科技手段开展心理健康教育，不仅可以提高教育的科学性和有效性，还可以激发学生对新技术的兴趣和探索欲望，促进他们全面发展和成长。

（四）引入艺术、体育、社会实践等多种形式

心理健康教育并非仅限于课堂内的理论学习，而是可以通过多种形式和场景进行引导和实践。引入艺术、体育、社会实践等多种形式，能够更好地激发学生的兴趣和参与度，提高心理健康教育的效果和深度。举例来说，可以通过艺术形式如音乐、绘画、舞蹈等，让学生表达内心情感，释放压力，培养情绪管理能力。

例如组织学生参与音乐疗法活动，让他们通过音乐的节奏和旋律，找到心灵的平静和安宁；或者开展绘画工作坊，让学生用画笔记录内心世界，表达情感和情绪。体育运动也是促进心理健康的重要途径之一，通过参与团队运动或个人锻炼，学生可以释放压力，强健体魄，提高自信心和抗挫折能力。例如组织学生参加集体运动，如篮球、足球等，培养团队合作精神和领导能力；或者开展户外拓展活动，让学生挑战自我，克服恐惧，增强适应能力。

（五）设计个性化、差异化的心理健康教育方案

每个学生的心理特点和需求都不同，因此设计个性化、差异化的心理健康教育方案至关重要。这种方案能够更好地满足学生的实际需求，提高教育的针对性和有效性。举例来说，可以根据学生的年龄、性别、性格特点等因素，设计不同类型的心理健康教育方案。对小学生，可以注重情商教育和人际交往能力的培养，通过游戏和故事等形式引导他们建立健康的心理模式；对中学生，可以注重自我认知和自我管理能力的培养，通过案例分析和角色扮演等形式引导他们解决青春期的心理问题；对大学生，可以注重职业规划和生涯发展能力的培养，通过实践和实习等形式引导他们树立正确的人生观和价值观。还可以根据学生的实际情况和需求，设计个性化的心理辅导方案。通过心理测评和个别辅导，帮助学生了解自己的心理特点和问题，并提供有针对性的解决方案和建议。例如针对焦虑症患者可以提供放松训练和认知重建等技巧，针对抑郁症患者可以提供情绪调节和心理支持等措施。

探索更多元化的心理健康教育方法与途径是当今教育领域的重要课题。创新课程设计、线上资源推广、科技手段应用、多种形式的实践活动等方式，以及个性化、差异化的教育方案，都为提升心理健康教育的质量和效果提供了新思路和新方法。

第六章　诗意教育与学科教学的融合

第一节　诗意教育与语文学科教学的结合

一、诗意语文课堂的构建与实施

构建一个诗意的语文课堂，不仅是在传授语言知识，更是在培养学生的情感表达能力、审美情趣和创造力。设计富有诗意的课堂氛围，创设诗意活动与互动环节，引导学生体验诗意的美妙，以及结合多样化的教学方法与形式，都是为了让学生在语文学科中更深刻地感受到诗意的魅力，从而激发他们对学习的热情和兴趣。

（一）设计富有诗意的课堂氛围

在构建诗意语文课堂时，设计富有诗意的课堂氛围是至关重要的，它能够激发学生的情感共鸣，增强他们对语文学科的兴趣和热爱。课堂布置方面可以采取柔和的灯光和轻柔的音乐，营造出安静、舒适的学习氛围。柔和的灯光可以让学生感到放松和安心，有利于集中注意力。而轻柔的音乐则可以增添诗意的氛围，让学生在愉悦的氛围中学习。可以在教室墙壁上挂上一些优美的诗词或学生的诗意作品，这些诗词或作品可以是经典名句，也可以是学生的创作，让学生在欣赏的同时感受到诗意的魅力，激发他们的创作灵感。同时班主任在教学过程中的语调、表情和姿势也可以融入诗意元素，例如用柔和的声音朗诵诗歌，或者采用优美的手势来讲解文字的含义，让学生在课堂中沉浸于诗意的世界中。通过语言的柔美和表情的抒情，可以更好地传达出诗意的情感和意境，引发学生的共鸣和思考。设计富有诗意的课堂氛围不仅可以提升学生的学习效果，更能够培养他们的情感和审美情趣，让他们在语文学科中体验到诗意的美妙，从而更加热爱并深入地理解语文。

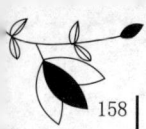

（二）创设诗意活动与互动环节激发学生的情感共鸣与思维启发

为了激发学生对语文的情感共鸣与思维启发，创设诗意活动与互动环节至关重要。可以组织学生参与诗意散文写作比赛。通过此类比赛，学生将被鼓励从生活中汲取灵感，用诗意的语言展现内心情感，促进他们的情感表达能力与写作水平的提升。设计诗意阅读分享环节也是有效的方法。学生可以自由选择自己喜欢的诗歌或散文，并分享自己的体验与感悟，这不仅有助于加深对文本的理解，还能促进情感交流与思想碰撞，培养学生的表达能力和沟通技巧。开展诗意词语接龙游戏也是一种生动有趣的方式。通过这个游戏，学生可以通过联想与想象，从一个词语延伸到另一个词语，激发他们的创造力和想象力，同时培养他们的语感和审美能力。这些丰富多彩的活动与互动环节，将有助于学生更深入地理解和体验语文中的诗意之美，同时也将激发他们的学习兴趣，提升他们的情感认知和思维能力。

（三）采用诗意教材或文本引导学生在语文学科中体验诗意的美妙

在语文学科中引导学生体验诗意的美妙是培养他们审美情趣和语文素养的重要途径。班主任可以选择使用富有诗意的教材或文本进行教学，其中经典的唐诗宋词是学习诗意的绝佳材料之一。通过朗诵与赏析经典诗歌，学生不仅能够感受到中国古代诗人的卓越才华，还能深入领略他们丰富的情感表达。比如通过欣赏李白的《静夜思》，学生可以体味到诗人在静谧夜晚中的孤寂与思念；通过赏析苏轼的《水调歌头》，学生能够感受到诗人对家国沉浮的感伤与思考。这些经典诗歌不仅给学生带来美的享受，更能够激发他们对文学艺术的热爱与探索欲望。同时引导学生阅读现代诗人的作品也是很有意义的，现代诗歌语言多样，充满想象力与创造力，通过这些作品，学生可以体验到诗歌语言的多样性与丰富性。例如通过阅读北岛的《波光粼粼的日子》，学生可以感受到现代诗歌对日常生活的诗意赞美与抒发。这种多样性的诗歌作品不仅能够满足学生的审美需求，更能够拓展他们的思维和想象力。教学中的班主任可以通过分析诗歌的语言特点、意象与情感表达，引导学生深入理解诗意的内涵与魅力。通过与学生共同探讨诗歌的意义与情感，激发他们对语文学科的兴趣与热爱，提升他们的审美情趣和语文素

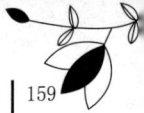

养。这种诗意教学不仅能够增强学生对语文学科的兴趣和理解，更能够培养他们的文学情操和审美情趣，使其终身受益。

（四）结合诗意教育理念设计多样化的课堂教学方法与形式

在贯彻诗意教育理念时设计多样化的课堂教学方法与形式至关重要，除了传统的讲授和讨论，引入诗意表演、诗意游戏和诗意展示等形式能够让学生在参与中深刻感受诗意的美妙。举例而言，组织学生进行诗歌朗诵比赛是一个很好的方式。通过朗诵诗歌，学生不仅能够展现自己的表达能力，还能够通过声音和语调传递诗歌所表达的情感和情绪。组织诗歌创作工作坊也是一种有效的教学形式。在这样的工作坊中，学生有机会动手尝试写诗，从而培养他们的创造力和表达能力，同时也能更深入地理解诗歌的魅力。诗意教育理念还可以通过诗意游戏来实现，例如可以设计一些以诗歌为主题的游戏，让学生在游戏中体验诗意的乐趣。这种形式不仅可以增加课堂的趣味性，还能够激发学生对诗歌的兴趣和好奇心。通过诗意展示，可以让学生将自己对诗意的理解和感受以多种形式呈现出来，例如绘画、手工制作、音乐表演等，从而促进他们的创造力和想象力的发展。

在诗意语文课堂的构建与实施中，设计富有诗意的课堂氛围可以通过温馨浪漫的环境营造情感共鸣；创设诗意活动与互动环节可以激发学生的情感表达与思维启发；采用诗意教材或文本可以通过经典和现代诗歌的赏析引导学生体验诗意的美妙；结合诗意教育理念设计多样化的教学方法与形式可以通过诗歌朗诵、创作工作坊、诗意游戏等让学生更深入地理解和体验语文中的诗意之美。这一系列的举措将有助于培养学生的语文素养、审美情趣和情感体验，进而提升他们的学习兴趣和自我表达能力。

二、通过诗意解读，深化文本理解

在诗意语文课堂中通过深入的文本解读不仅是对学生文学素养的培养，更是一次对内心情感和人生意义的探索。引导学生通过诗意的视角来解读文学作品，分析其中的意象、隐喻等文学元素，培养学生对文本情感与意义的敏感度，并引导他们从诗意角度思考人生、价值等重要问题，将会开启一次心灵的探索之旅，拓展学生的思维边界，丰富其人生体验。

（一）引导学生通过诗意的视角来解读文学作品

在诗意语文课堂中引导学生通过诗意的视角来解读文学作品是非常重要的，诗意的视角突出了对文本中情感、意境和美感的感悟与理解，这种方式不仅是对文字的表面理解，更是对其中深层含义的探索。学生在阅读文学作品时应该注重情感抒发，诗意的视角强调情感的共鸣和体验，在阅读过程中的学生可以通过细细品味文字中的情感色彩，感受诗人或者作者所表达的情感。比如在读一首描写大自然的诗歌时，学生可以体味诗人对自然的赞美之情，感受到其中蕴含的对生命的热爱和敬畏。意象的构建也是诗意视角中重要的一环，学生可以通过分析作品中的意象，探究其中的象征意义和隐喻。例如一首描写爱情的诗歌中，诗人可能用花朵、月亮等意象来隐喻爱情的美好和纯洁，通过这些意象的构建，学生能够更深入地理解诗歌所传达的情感和主题。语言的表达也是诗意视角中需要关注的部分，学生可以通过分析诗歌或文学作品中的语言运用，包括修辞手法、音韵节奏等来感受作者所展现的美感和艺术魅力。通过体味文字的音韵和节奏，学生可以更加深入地理解作品的美学意义和情感内涵。

（二）诗歌中的意象、隐喻等文学元素

诗歌中的意象和隐喻是诗人表达情感和思想的重要手段，举例来说，一首描写爱情的诗歌中，常常会使用花朵作为意象。花朵通常象征着美好、纯洁和生命的短暂。诗人通过描述花朵的盛开和凋谢来抒发对爱情的理解和感悟，表达爱情的美好和脆弱。当诗人用花朵的盛开来比喻爱情的美好时，读者可以感受到爱情的鲜艳与生机；而当诗人描述花朵凋谢时，读者则能够体会到爱情的短暂与无常。月亮在诗歌中常常被用作爱情的隐喻，月亮象征着浪漫、神秘和永恒。诗人通过描绘月亮的明亮和阴暗来暗示爱情中的起伏和挑战，表达对爱情的思考和反思。当诗人将月亮比喻为爱情中的导航灯时，读者可以感受到爱情的引导与指引；而当诗人将月亮比喻为爱情中的困惑和挑战时，读者则能够体会到爱情的复杂与难以捉摸。通过对这些意象和隐喻的分析，学生可以更深入地理解诗歌所传达的情感和主题。他们能够从诗歌中感受到作者的内心世界，理解诗人所表达的情感和思想。这种分析不仅可以培养学生的文学鉴赏能力，更能够启发他们对爱情、生命等主题的思考和感悟，促进其情感和心灵的成长。

（三）培养学生对文本情感与意义的敏感度

培养学生对文本情感与意义的敏感度是培养其文学素养和审美能力的重要一环，在诗意语文课堂中，班主任可以采取多种方式来实现这一目标。班主任可以引导学生通过阅读和分析文本中的情节、人物、环境描写等来感受其中蕴含的情感。通过细致的观察和体验，学生能够更好地理解作者所表达的情感，从而增强对文本情感的敏感度。班主任可以引导学生深入挖掘文本的意义和主题。通过分析文本中的隐喻、象征和比喻等修辞手法，学生可以更深入地理解作者所要传达的思想和主题，从而提升对文本意义的敏感度。班主任还可以通过情感共鸣和情感交流的方式，激发学生对文本情感的共鸣和理解。通过与同学分享自己的感受和观点，学生可以从不同的角度去理解和解读文本，从而更全面地把握其情感与意义。培养学生对文本情感与意义的敏感度是诗意语文课堂中的重要任务，只有通过多方面的教学方法和活动，才能更好地实现这一目标。

（四）引导学生从诗意角度思考人生、价值等重要问题

在诗意语文课堂中引导学生从诗意角度思考人生、价值等重要问题是培养其综合素养和思维能力的关键环节，通过诗意的解读使学生可以理解文学作品，更能通过作品中的情感、意境和价值观念，引发对人生、价值等问题的深入思考和探索。举例而言，在阅读一首反思生命意义的诗歌时，学生可以通过诗人对生命的感悟和表达，反思自己对生命意义的理解和价值追求。诗中描绘了生命的短暂与宝贵，以及人类对生存和意义的不断探索。学生可以通过诗歌中的情感共鸣，思考自己对于生命、幸福、人生意义等问题的看法和态度。这样的思考过程不仅能够增强学生的情感体验和自我认知，还能够培养其价值观念和人生态度，使其更加深刻地理解和欣赏诗意语文的内涵与魅力。

通过诗意解读，学生不仅能够深化对文本的理解，更能够提升对情感与意义的感知能力。诗意的视角不仅局限于文字的表面，更在于挖掘其中的情感和思想。分析诗歌中的意象和隐喻，培养学生的文学鉴赏能力，使其能够更深入地理解诗歌的内涵。同时通过诗意的思考，学生可以对人生、价值等重要问题有更深刻的理解和认识，培养其综合素养和思维能力。因此诗意解读在课堂教学中扮演着重要的角色，为学生的成长与发展提供了广阔的空间。

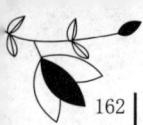

三、以诗意写作为抓手，提升学生表达能力

培养学生的表达能力已经成为一项重要任务，而诗意写作作为一种独特而深刻的表达方式，不仅可以锻炼学生的语言技能，更能够促进其情感与思想的自由流露。通过鼓励学生进行诗意写作、提供指导与范例、设计个性化任务，以及展示分享成果，班主任可以有效地提升学生的表达能力，让他们在写作中发现自己的声音，培养自信心与创造力。

（一）鼓励学生进行诗意写作，培养其对情感、思想的自由表达能力

在诗意语文课堂中鼓励学生进行诗意写作是培养其表达能力和情感认知的有效途径，通过写作使学生可以自由表达内心的情感与思想，释放情感，理清思绪。例如学生可以写一首描绘自然景物的诗，通过对自然的观察和感悟，表达自己对大自然的赞美之情，同时也可以反映出自己对生活的感悟和态度。这样的写作过程不仅能够提升学生的表达能力，还能够促进其情感和思想的成熟与发展。

（二）提供诗意写作指导与范例，帮助学生掌握写作技巧与表达方法

为了帮助学生进行诗意写作，班主任可以提供相应的写作指导和范例。班主任可以向学生介绍一些经典的诗歌作品，如李白的《静夜思》、杜甫的《登高》等，并分析其中的写作技巧和表达方法。通过解读诗歌的结构、意象和语言运用，学生可以更深入地理解诗歌的内涵和特点。班主任可以针对不同类型的诗歌，向学生传授相应的写作技巧。例如对于写景诗，班主任可以引导学生观察周围的自然景物，用生动的语言描绘景物的形态、色彩和气息，让读者仿佛置身其中；对于抒情诗，班主任可以鼓励学生表达内心的情感和情绪，借助比喻、拟人等修辞手法，让情感更加深入人心；对于议论诗，班主任可以指导学生从多角度思考和分析一个话题，运用逻辑思维和辩证方法进行表达。班主任还可以向学生介绍诗歌中常用的修辞手法，如比喻、拟人、排比等。通过分析这些修辞手法在诗歌中的运用，学生可以丰富自己的写作技巧，提升诗意写作的表达效果。

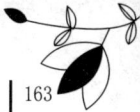

（三）结合学生个体特点与情感体验，设计个性化的诗意写作任务

为了激发学生的写作兴趣和创作潜力，班主任可以设计个性化的诗意写作任务，结合学生的个体特点和情感体验。例如针对那些热爱大自然的学生，班主任可以提出写一首描写家乡风景的诗的任务，让学生通过自己对家乡的熟悉和感悟，表达对家乡的热爱与眷恋。而对于那些对友谊充满感激与思考的学生，班主任可以要求他们写一首表达对友情的珍视和理解的诗，让学生通过自己的亲身经历和感受，表达对友情的深情厚谊。除了这些特定主题的写作任务外，班主任还可以鼓励学生进行自由创作，让他们自由发挥想象力，表达内心的情感和思想。这种自由创作的方式可以激发学生的创造力，让他们在写作过程中感受到无限的乐趣和成就感。例如班主任可以给学生一些启发性的词语或图片，让他们基于这些素材进行联想和想象，创作出具有个性化和独特性的诗歌作品。

（四）通过诗意写作作品展示与分享，激发学生的创作热情与自信心

班主任可以组织诗意写作作品的展示与分享活动，让学生有机会展示自己的创作成果，并与同学分享自己的感悟和体会。通过这样的活动，不仅可以激发学生的创作热情，增强其对写作的自信心，还可以促进学生之间的交流与合作，丰富课堂教学的形式和内容。在这样的活动中，学生可以倾听来自同龄人的声音，了解到他人的观点和感受，从而拓宽自己的视野和思维。同时学生也可以从他人的作品中获得启发和借鉴，发现自己在写作方面的不足之处，并努力改进，提升自己的写作水平和表达能力。通过这样的展示与分享活动，学生可以更加深入地感受到写作的乐趣和意义，增强对写作的兴趣和热情。同时他们也能够在展示自己作品的过程中，提升自己的自信心和自我认知，坚信自己的想法和观点同样具有价值和意义。这样的积极体验不仅能够促进学生的综合素养和情感认知的全面发展，还能够为他们今后的学习和生活奠定良好的基础。

通过诗意写作使学生得以自由表达内心情感与思想，释放情感，理清思路。提供指导与范例帮助学生掌握写作技巧与表达方法，同时个性化任务设计激发了他们的写作兴趣与潜力。通过展示与分享，学生不仅能够提升自信心与表达能力，还能够从他人作品中获得启发与借鉴，进一步提升自己的写作水平与思维深度。

这样的教学模式不仅丰富了课堂形式与内容，更为学生的综合素养和情感认知的全面发展奠定了坚实基础。

四、语文学科中诗意教育的评价体系

语文学科中诗意教育的评价体系是确保学生全面发展的重要组成部分。通过制定多维度的评价标准，结合形成性和综合性评价方式，以及培养学生的自我评价与反思能力，学校可以更有效地促进学生的诗意表达能力和创造力。建立与家长、社会的沟通渠道也至关重要，可以增强家校社合力，共同关心学生的成长。以下是关于语文学科中诗意教育评价体系的一些重要方面：

（一）制定多维度的诗意教育评价标准

诗意教育评价标准应当涵盖多个方面，包括学生的情感表达能力、创造力、语言表达能力等。例如评价学生的情感表达能力可以考查其诗作中是否能够真实地表达内心情感，并通过诗歌的意象和语言传达出来。评价学生的创造力可以考查其诗作中是否具有独特的视角和想法，是否能够突破常规，展现出独特的创造性思维。评价学生的语言表达能力可以考查其诗作中语言运用的准确性、生动性和表现力，是否能够通过精准的词语和生动的形象表达出自己的情感和思想。

（二）结合学生的诗意表现，设计形成性、综合性评价方式

形成性评价是在学生进行诗意写作过程中持续进行的评价形式，班主任可以通过及时的反馈和指导，引导学生在写作中有更好的诗意表现。例如班主任可以定期组织写作讨论会，让学生分享彼此的作品，并提供建设性的意见和建议。同时班主任还可以通过个别指导或小组讨论的方式，帮助学生克服写作中遇到的困难，提升诗意表达的水平。综合性评价则是针对学生诗作的成果进行的评价，在这种评价方式下的班主任可以从诗作的内容、结构、语言表达等多个方面进行综合考量。例如评价诗歌的主题是否鲜明，是否能够引发读者共鸣；情感是否真挚，是否能够打动人心；语言是否生动，是否运用了丰富的修辞手法；等等。通过这样全面的评价方式，可以更准确地反映学生的诗意表现水平。以学生的诗作集合进行评价可以更加客观和全面，班主任可以从中挑选出几篇代表性的诗作进行评分，并根据事先制定的评价标准进行打分和评价。这些评价标准可以包括但不限

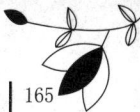

于诗歌的创意性、表达性、技巧性等方面，以确保评价的公正性和客观性。通过这样的评价方式，可以促使学生更加积极地参与诗意写作，提升其诗意表现能力。

（三）培养学生对诗意教育的自我评价与反思能力

培养学生对诗意教育的自我评价与反思能力是诗意教育中的重要环节，通过鼓励学生对自己的诗作进行反思和评价，他们可以更清晰地认识到自己的写作优势和不足，从而有针对性地进行改进和提升。课堂上的班主任可以引导学生在完成诗意写作后进行自我评价，学生可以思考自己的诗作在情感表达、语言运用、创意构思等方面的表现，并自我检讨其中存在的问题和不足之处。例如他们可以思考自己的诗作是否能够准确地表达内心情感，语言是否生动地描绘了所描述的场景，创意是否新颖独特，等等。通过这样的自我评价，学生可以更清晰地认识到自己写作中的优势和不足，从而为下一次的写作提供有益的借鉴和指导。班主任还可以组织学生之间的相互评价和讨论，在课堂上的学生可以互相交流自己的诗作，彼此提出建设性的意见和建议。通过听取他人的评价，学生可以发现自己在写作中存在的盲点和不足之处，从而更加全面地认识到自己的写作水平，并有针对性地进行改进。

（四）建立与家长、社会的沟通渠道

建立与家长和社会的良好沟通渠道对于学生诗意教育至关重要，通过定期举办诗歌朗诵会、诗歌创作展览等活动，学校可以邀请家长和社会人士前来观摩学生的诗作，让他们更加了解学生的创作成果，并为学生提供鼓励和支持。同时学校还可以通过家长会、校园活动等方式与家长和社会进行沟通，让他们了解学生的诗意教育情况，共同关心学生的成长。学校还可以定期组织家长参观课堂，让家长了解学生的诗意写作教学内容和方法。通过参观课堂，家长可以更加直观地了解学生在诗意教育中所学到的知识和技能，从而更好地支持学生的学习。同时家长还可以与班主任进行面对面的交流，共同探讨如何更好地促进学生的诗意写作能力的提升。

语文学科中的诗意教育评价体系应该是全面、多维度的，通过多样化的评价标准，形成性和综合性的评价方式，以及培养学生的自我评价与反思能力，学校可以更好地激发学生的创作潜能，促进其全面发展。同时建立与家长、社会的良

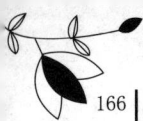

好沟通渠道也是不可或缺的，可以形成家校社合力，共同关心学生的成长。这样的评价体系将有助于推动语文学科中诗意教育的发展，培养更多具有创造力和情感表达能力的优秀学生。

第二节 诗意教育在其他学科中的渗透

一、跨学科融合诗意教育的理念

跨学科融合诗意教育的理念在当今教育领域备受关注，通过将诗意元素融入不同学科的教学中，不仅可以拓宽学生的学习视野，还能够促进他们的创造性思维和综合素养的提升。下面将探讨诗意教育与其他学科教育的共通之处，以及如何通过跨学科合作和建立相应的课程设计与实施机制来有效地推进跨学科融合的诗意教育。

（一）探讨诗意教育与其他学科教育的共通之处

诗意教育与其他学科教育之间存在许多共通之处，这种共通性为跨学科融合提供了契机和可能性。以科学学科为例，培养学生的观察力和创新能力是其核心目标之一。这与诗意教育中培养学生想象力和创造力的目标有着相似之处。在科学实验报告中，引导学生融入诗意表达，不仅可以让他们更加深入地理解科学知识，而且可以激发他们的创作潜能。例如通过在实验报告中运用生动的比喻、丰富的形象描绘，学生不仅可以准确地描述实验过程和结果，还可以展现出他们的创造性思维和表达能力。这种跨学科的融合不仅丰富了学生的学习体验，还有助于培养其全面发展的能力。

（二）培养学生跨学科思维能力

学校教育的目标之一是培养学生的跨学科思维能力，这意味着学生不仅能够在各自的学科中获得知识，还能够将不同学科之间的知识联系起来，应用于解决跨学科问题。诗意教育在这方面发挥着重要作用。通过诗意教育培养的表达能力

和创造力，学生可以在历史学科中展现出色的跨学科思维能力。例如学生可以利用诗意教育中培养的表达能力，在历史学科中撰写历史人物的传记或者描述历史事件。通过诗意的表达方式，他们可以更加生动地展现历史中的人物形象和事件场景，使历史故事更具有感染力和吸引力。这样的跨学科应用不仅丰富了历史学科的教学内容，也提升了学生对历史的理解和感受，同时锻炼了他们的创造性思维和表达能力。

（三）引导班主任跨学科合作

班主任在学生的全面发展中扮演着关键的角色，他们可以通过促进跨学科合作来增进学生的综合素养。与此同时，班主任与其他学科的班主任合作，能够为学生提供更加丰富和多样化的学习体验。举例来说，班主任可以与语文老师合作，共同组织学生开展跨学科主题研究活动。比如他们可以设计"诗意中的数学"或"历史中的诗歌"等主题，通过这些活动，学生可以从不同学科的角度来探索诗意的魅力。在这样的跨学科学习过程中，学生不仅可以加深对诗歌的理解，还能够扩展对其他学科的认识，拓宽知识视野。通过跨学科的学习方式，学生不仅能够提升学科知识水平，还能够培养创新思维和解决问题的能力，从而全面促进其综合素养的提升。

（四）建立跨学科课程设计与实施机制

为了有效地实施跨学科融合的诗意教育，学校需要建立一套完善的课程设计与实施机制。这一机制包括多个关键步骤，学校应该制定跨学科课程设计的指导方针和标准。这些指导方针和标准应该明确课程的目标、内容和评估标准，以确保跨学科课程的设计符合教育教学的要求，并能够有效地达到预期的教育效果。学校需要明确跨学科课程的目标和内容，课程设计应该围绕着培养学生的综合素养和跨学科思维能力展开，同时结合诗意教育的理念，设计具有启发性和创造性的课程内容，以激发学生的学习兴趣和动力。学校需要配备相应的师资力量进行课程的实施，这包括培训班主任跨学科教学的能力和技能，提供必要的教学资源和支持，以及建立班主任之间的合作机制，共同推动跨学科课程的实施。学校可以考虑成立跨学科教研组，由不同学科的班主任共同参与课程设计和实施。通过跨学科教研组的合作，可以充分利用各个学科的专业知识和经验，确保跨学科课

程的质量和效果，同时促进班主任之间的交流和合作。

跨学科融合诗意教育旨在培养学生的综合素养和跨学科思维能力，为其未来的学习和发展打下坚实的基础。以上探讨了诗意教育与其他学科教育的共通之处，以及如何通过培养学生的跨学科思维能力和引导班主任的跨学科合作来促进跨学科融合的实施。同时还提出了建立跨学科课程设计与实施机制的重要性，并就此提出了一系列建议，以期为学校实施跨学科融合的诗意教育提供参考和借鉴。

二、数学、科学等学科中的诗意元素挖掘

数学与科学的世界并不仅是冰冷的理性与逻辑，其中蕴含着丰富的美学与情感元素。从黄金分割到自然界的壮丽景观，从数学规律的对称与和谐到科学探索的奥秘与感动，这些元素激发着人们对于数学与科学之美的追求与探索。在教学中，挖掘并引导学生感受这些美学与情感元素，将激发他们对学科的兴趣与热情，为跨学科探究与创作活动奠定基础。

（一）挖掘数学与科学中的美学与情感元素

在数学与科学领域，虽然常被视为理性与逻辑的象征，但其中同样蕴含着丰富的美学与情感元素。比如在数学中，黄金分割、斐波那契数列等美妙的数学规律展现出一种美的对称与和谐，激发人们对数学之美的探索与追求。在科学中，自然界的奥秘与壮丽景观也是一种情感的表达，比如日出时分的霞光、星空下的宇宙奥秘，都是科学之美的体现。因此班主任可以通过引导学生观察、感受这些数学与科学中的美学与情感元素，从而激发学生对学科的兴趣与热情。

（二）引导学生通过数学、科学实验等方式体验诗意

数学与科学实验是学生体验诗意的绝佳途径之一，通过实验，学生可以亲身感受到数学与科学规律的奥妙与美妙，体验到科学探索的乐趣与成就感。例如进行数学建模实验时，学生可以通过观察数据变化、分析结果趋势，感受到数学模型揭示的规律之美；在进行科学实验时，学生可以通过操作仪器、观察现象，体验到科学探索的刺激与兴奋。通过这样的实践活动，学生不仅能够加深对数学与科学的理解，还能够感受到其中蕴含的诗意与情感。

（三）利用数学、科学故事等方式激发学生对数学、科学的兴趣与情感投入

数学与科学并非枯燥的理论堆积，而是充满了令人惊叹的故事和情感。通过这些故事，学生可以看到数学家和科学家是如何在挑战中坚持不懈、如何在困境中找到解决问题的方法的。举例来说，费马大定理的故事传达了费马不懈的追求和智慧，他为了解决这个问题付出了数年时间。这样的故事能激发学生对于解决问题的兴趣，同时也让他们明白科学探索的过程是充满挑战和乐趣的。通过这些故事的分享，学生能够更深入地理解数学和科学的真谛，也能够从中学习坚持不懈、勇于挑战的精神。这些情感和价值的传递，将激发学生对于数学和科学的兴趣和投入，使他们更加热爱这两门学科。

（四）结合数学、科学与文学、艺术等学科，开展跨学科探究与创作活动

跨学科探究与创作活动为学生提供了探索不同领域之间联系的机会，培养他们的跨学科思维和创造性思维。班主任可以设计多元化的活动，将数学、科学、文学和艺术融合在一起，激发学生的兴趣和创造力。班主任可以组织学生参观数学与科学相关的艺术展览，在这样的展览中的学生可以欣赏到数学和科学在艺术作品中的应用与表现，例如几何形状的艺术作品或以自然规律为灵感的艺术创作。通过观察和思考，学生可以加深对数学和科学概念的理解，并将其与艺术表达相结合，拓宽了他们的审美视野和创造力。班主任还可以组织数学与科学主题的文学创作活动，学生可以通过写作表达对数学和科学的理解、感悟和想象，创作科幻故事、数学诗歌或是科学童话等作品。这样的活动不仅能够培养学生的文学素养，还能够促进他们对数学和科学的思考和探索，激发创造性思维和想象力。

通过挖掘数学与科学中的美学与情感元素，引导学生通过实验、故事等方式体验诗意，以及结合文学、艺术等学科进行跨学科探究与创作活动，班主任可以激发学生对数学与科学的兴趣与情感投入。这种综合性的教学方法不仅丰富了学生的学习体验，更培养了他们的跨学科思维和创造性思维，为其综合素养的提升奠定了坚实基础。

三、艺术教育与诗意教育的相互促进

艺术教育与诗意教育的相互促进已经成为一种受到广泛关注的趋势，通过借鉴艺术教育的教学方法与手段，结合诗意表达与艺术创作，以及利用绘画、音乐等艺术形式，教育者可以丰富诗意教育的形式与内容，从而更好地培养学生对美的感知与表达能力。其中通过艺术作品的鉴赏与创作，更是一种深化学生对诗意文学作品理解与欣赏的有效途径。下面将探讨如何借鉴艺术教育的方法与手段，结合诗意表达与艺术创作，以及利用艺术形式深化学生对诗意文学作品的理解与欣赏。

（一）借鉴艺术教育的教学方法与手段，丰富诗意教育的形式与内容

艺术教育的教学方法与手段为丰富诗意教育提供了丰富的灵感和资源，互动式学习是其中之一，学生可以通过参与诗歌朗诵、戏剧表演等方式，深入体验诗意的内涵，从而加深对诗意的理解与感知。例如通过戏剧表演，学生可以扮演诗歌中的角色，感受到其中情感的流动与想象的空间，从而更加深入地理解诗歌的意境和内涵。创造性任务也是丰富诗意教育形式与内容的重要手段。通过让学生创作诗歌、写作诗意散文，以及通过绘画或摄影展现对诗意的理解和表达，可以激发他们的创造力和想象力，培养其对美的感知与表达能力。因此，借鉴艺术教育的教学方法与手段，可以丰富诗意教育的形式与内容，为学生提供更加丰富多彩的学习体验。

（二）结合诗意表达与艺术创作，培养学生对美的感知与表达能力

结合诗意表达与艺术创作是培养学生对美的感知与表达能力的一种有效途径，诗意表达与艺术创作都是情感与想象的载体，它们能够引导学生深入感受到生活中的美与诗意。通过观察自然景观、聆听音乐或是阅读诗歌，学生可以从中汲取灵感，体会到其中所蕴含的情感和意境。随后，通过绘画、摄影或音乐创作等方式，学生可以将自己对美的理解和感悟进行表达。例如通过绘画表现大自然的美丽景色，通过音乐传达内心的情感，或通过摄影捕捉生活中的瞬间美好。这样的活动不仅可以提升学生的审美水平，还可以激发他们的创造力和想象力。通

过结合诗意表达与艺术创作，学生不仅能够更深刻地感知美的存在，还能够通过自己的作品将美传递给他人，展现自己独特的美学观和情感世界。

（三）利用绘画、音乐等艺术形式，呈现诗意教育所倡导的情感与想象

利用绘画、音乐等艺术形式是将诗意教育的情感与想象生动呈现的重要途径，绘画作品可以展示学生对于诗意主题的情感体验和想象空间。通过绘画，学生可以表达内心深处的感受，描绘出诗意场景的绚丽画面，将自己的情感与想象转化为色彩和线条的抒发。例如一幅绘画作品展现出对自然景色的情感体验，或是对抽象概念的想象与表达。同样，音乐创作也是诗意教育中的重要方式之一。通过音乐，学生可以表达对于诗意世界的美好向往和内心梦想。音符的跳跃和旋律的起伏，传递着学生内心深处的情感和想象，让人沉浸在诗意的意境之中。例如一首优美的音乐作品唤起对自然风光的遐想，或是勾勒出内心世界的诗意画面。这样的活动不仅能够让学生更加深入地理解诗意教育的内涵，还能够培养他们的审美情感和创造性思维，丰富了他们的艺术体验和人文素养。

（四）通过艺术作品鉴赏与创作，深化学生对诗意文学作品的理解与欣赏

通过艺术作品的鉴赏与创作，学生可以更深入地理解和欣赏诗意文学作品。班主任可以组织学生参观艺术展览、音乐会等活动，让他们通过欣赏各种艺术作品，感受其中蕴含的诗意与情感。例如欣赏一幅优美的画作、聆听一首动人的音乐或是观赏一场戏剧表演，都能够激发学生的情感共鸣，使他们更加深入地体会到诗意的存在与表达。同时学生也可以通过自己的艺术作品创作来加深对诗意文学作品的理解与欣赏。通过创作，学生可以将自己对于诗意的理解与感悟融入作品中，用自己的方式去表达内心所感受到的美与想象。例如通过绘画、写作、音乐创作等方式，学生可以将诗意的情感与意境融入自己的作品中，展现出独特的审美视角和创作风格。这样的活动不仅能够丰富学生的艺术体验，还能够培养他们的审美情感和创造性思维，使他们更加敏感地感知和欣赏诗意文学作品的内涵与魅力。

综合艺术教育与诗意教育的相互促进，可以通过多种形式和途径，丰富学生

的学习体验，培养其审美情感和创造性思维。借鉴艺术教育的教学方法与手段，结合诗意表达与艺术创作，以及利用绘画、音乐等艺术形式，可以为诗意教育提供丰富的资源和灵感，使学生更深入地理解和欣赏诗意文学作品。通过艺术作品的鉴赏与创作，学生不仅能够感知和欣赏诗意的存在与表达，还能够通过自己的创作实践，将美与想象融入作品中，展现出独特的审美视角和创作风格。因此艺术教育与诗意教育的相互促进不仅丰富了教育内容与形式，还有助于培养学生的综合素养和人文情怀。

四、实践活动中诗意教育的应用

实践活动是落实理论教学的关键环节之一，通过实地考察、社区服务、戏剧表演等形式的实践，学生可以深入体验诗意的美妙与深刻，同时培养他们的创造力、想象力和社会责任感。下面将探讨实践活动在诗意教育中的应用，以及如何通过建立与社会资源、行业合作的平台来丰富学生的学习体验。

（一）实地考察、户外探索等形式开展诗意教育实践活动

诗意教育实践活动的开展不仅限于课堂，更应该走向实地、走向自然。通过实地考察、户外探索等形式，学生可以亲身感受大自然的美妙与诗意。例如组织学生前往山区、湖畔、花海等地进行实地考察，让他们在自然风光中感受到诗意的存在与表达。在这样的活动中，班主任可以引导学生用诗意的眼光去观察自然景观，用诗意的语言去描述所见所感，从而增强他们的情感体验与想象力。通过实地考察，学生不仅能够感受到诗意的美好，还能够培养他们对自然环境的保护意识和责任感。

（二）社区服务、志愿活动等实践项目引导学生体验诗意情怀与社会责任

结合社区服务与志愿活动可以有效地引导学生体验诗意情怀与社会责任。通过这些实践项目使学生不仅是在课堂上学习理论知识，更能在实际中感受到诗意教育的深刻内涵。社区清洁活动是一种常见的志愿服务形式，比如组织学生参与社区公园的清洁工作，他们不仅在实际行动中学习环境保护的重要性，还能通过清理环境的过程感受到自己的贡献，体验到美化社区带来的成就感与满足感。这

种参与不仅是对环境的改善，更是对个人情感的磨炼和培养，激发了学生内在的诗意情怀。老人陪伴活动也是培养学生社会责任感和诗意情怀的重要途径之一，学生通过陪伴老人聊天、散步、做手工等形式，不仅能够感受到尊老、爱老的传统美德，还能够从老人身上汲取生活智慧和情感养分。这种活动不仅在情感上拉近了不同年龄群体之间的距离，也让学生更加深刻地理解到社会责任的意义，从而形成积极的社会参与意识。环境保护项目是培养学生诗意情怀的重要组成部分，通过参与植树、节能减排等实际行动，学生能够亲身感受到保护环境的重要性和紧迫性。他们在活动中不仅学会如何保护自然资源，还能够从中体会到生态平衡对于人类生存的重要意义，从而激发起对自然美的更深刻的理解和敬畏之情。

（三）戏剧表演、手工制作等方式激发学生创造力与想象力

在诗意教育中利用戏剧表演和手工制作等方式是激发学生创造力与想象力的极好途径。通过戏剧表演使学生可以扮演不同角色，体验各种情感和场景，这种亲身经历会深刻影响他们对诗意的理解与感悟。例如学生可以根据一首诗歌的情感内涵创作剧本，并进行表演，这样他们不仅能够理解诗歌中的意境，还能够通过表演将其生动呈现出来。手工制作也是培养学生创造力与想象力的有效手段。学生可以根据诗歌的主题、意象或情感，利用各种材料进行手工制作，创作出独特的艺术作品。例如一首描绘大自然景色的诗歌可以激发学生利用纸张、颜料等材料进行绘画或拼贴，表达对自然美的理解与想象。这种手工制作不仅可以让学生发挥想象力，还可以培养其审美情趣和艺术修养。

（四）建立与社会资源、行业合作的平台

建立与社会资源和行业合作的平台对于诗意教育的丰富性和深度至关重要，通过与当地美术馆、文化机构和艺术团体等建立紧密的合作关系，学校可以为学生提供更加丰富多彩的学习机会和体验活动。与美术馆合作举办诗意主题的艺术展览是一种极具启发性的方式，学生可以参观展览，欣赏到不同艺术家对于诗意的诠释，同时也可以将自己的作品展示在这样的平台上，从而增强他们的创作动力和自信心。与文化机构合作举办诗歌朗诵会是培养学生语言表达能力和情感体验的重要途径，邀请专业诗人和学生一起分享诗意作品，不仅可以让学生感受到诗歌的魅力，还能够提升他们的朗诵技巧和表达能力。与艺术团体合作举办诗意

表演活动也是非常有益的，学生可以参与表演，通过身体语言和表情来传达诗意作品的情感和内涵，这不仅可以培养他们的表演技巧，还可以加深他们对诗意的理解和体验。

实践活动在诗意教育中具有重要的意义，它不仅可以让学生亲身感受诗意的存在与表达，还可以培养他们的情感体验、社会责任感和创造力。通过实地考察、社区服务、戏剧表演等形式的实践，学生能够在行动中感悟到诗意的美好，并将其内化为自己的情感体验和人生追求。同时建立与社会资源、行业合作的平台也能为学生提供更广阔的学习空间和发展机会，丰富他们的课外体验，促进其全面成长与发展。

第三节　学科教学案例分析与启示

一、成功融合诗意教育的学科教学

成功融合诗意教育与学科教学是教育领域的一项重要探索，以某中学语文班主任在教学《红楼梦》中的案例为例，案例通过引导学生感受小说中的诗意描写和意境表达，成功地将诗意教育与文学教学相结合，为学生提供了一次全新的学习体验。这一案例充分展示了融合诗意教育的教学模式对学生学习效果的积极影响，同时也为教育者提供了宝贵的经验和启示。

（一）成功融入诗意教育的学科教学案例

某中学语文班主任在教学《红楼梦》时，通过引导学生感受小说中的诗意描写和意境表达，成功融合了诗意教育和文学教学。通过组织学生朗读句子中的诗句，班主任让学生深刻体会小说中独特的情感和意境。这种方法不仅拓宽了学生的文学视野，还加深了他们对作品内涵的理解。学生在这样的教学氛围中，不仅是被动地学习文学知识，更是通过情感的共鸣和审美的体验，建立起对文学作品的深刻情感联系。这种融合诗意教育的教学方法，不仅提升了学生的语言艺术鉴赏能力，更培养了他们的情感表达能力和文学素养，为他们未来的学习和生活打

下了坚实的基础。

(二) 案例中采用的诗意教育方法与策略

案例中采用了多种诗意教育方法与策略，有效地融入了学科教学，提升了学生的学习效果和体验。通过朗读文学作品中的诗句，班主任让学生深入感受其中的诗意美。这种方法不仅可以让学生更直观地理解诗歌的意境和情感表达，还能够激发他们对文学的兴趣和理解。在朗读过程中，学生不仅是在传达文字的意义，更是在传达其中蕴含的情感和美感，从而提升了他们的语言表达能力和审美能力。组织学生进行情景模拟体验，让他们身临其境地感受文学作品中的情感和意境。这种体验式的学习能够让学生更深入地理解作品的内涵，同时也提升了他们的想象力和创造力。通过情景模拟，学生可以更加生动地感受到诗意教育的魅力，从而更好地吸收和理解所学知识。鼓励学生根据文学作品中的情感和意境创作诗歌或散文，培养其表达情感和想象力的能力。这种创造性的活动不仅可以让学生更深入地理解文学作品，还能够锻炼他们的写作能力和创造力，提升其整体的语言表达水平。

(三) 案例中学生在诗意教育融合学科教学中的学习效果与表现

在这个教学模式下，学生取得了显著的学习效果和出色的表现，首先加深了对《红楼梦》的理解和热爱。通过诗意教育的融入，学生不仅是被动地阅读和学习文学作品，更是在情感共鸣中理解其中的人生哲理和文化内涵，从而对作品产生了深刻的体验和热爱。学生在这种教学模式下培养了审美情趣和文学素养，通过感受诗意美使学生不仅是在学习文学知识，更是在培养对美的感知和欣赏能力。这种审美情趣的培养将对他们今后的学习和生活产生深远的影响，使他们成为具有高度文学素养的人才。学生的语言表达能力和情感表达能力也得到了提升，通过参与诗意教育的活动，学生得到了充分的表达机会，锻炼了自己的语言表达能力和情感表达能力，使他们能够更准确生动地表达自己的想法和感受。学生增强了对文学作品的欣赏能力和理解深度。通过诗意教育的融入，学生不仅是理解了作品的表面意义，更是深入挖掘了其中的文学价值和审美内涵，使他们对文学作品有了更深层次的理解和感悟。

（四）案例中所取得的成功经验与值得借鉴的教学模式

案例的成功经验为教育者提供了宝贵的启示，首先凸显了融合诗意教育和学科教学的重要性。通过将诗意教育与文学教学相结合，学生不仅能够理解文学作品的表面含义，更能够深刻感受其内在的情感和意境，从而提高了对作品的理解和欣赏能力。案例强调了情感体验和意境表达在教学中的重要性，班主任通过多种方式引导学生感受诗意美，例如朗读诗句、情景模拟体验、创作诗意作品等，从而激发了学生的情感共鸣，增强了他们对文学作品的情感投入和参与度。这种注重情感体验和意境表达的教学模式能够使学生更加深入地理解文学作品，培养其审美情趣和文学素养。

案例中的班主任采用了多种诗意教育方法与策略，包括朗读文学作品中的诗句、情景模拟体验，以及鼓励学生创作诗意作品等。这些方法不仅提升了学生的语言艺术鉴赏能力，还培养了他们的情感表达能力和文学素养。学生在这样的教学氛围中取得了显著的学习效果和出色的表现，加深了对《红楼梦》的理解和热爱，同时也增强了对文学作品的欣赏能力和理解深度。这一成功经验表明，融合诗意教育的教学模式能够提升学生的学习效果，培养其审美情趣和文学素养，为其未来的学习和生活奠定了坚实的基础。因此，这种注重情感体验和意境表达的教学模式值得教育者借鉴和推广。

二、案例中班主任角色与学生反应分析

班主任在教育中扮演着多重角色，特别是在诗意教育融合学科教学中，其作用更加显著。成功案例中，班主任通过积极的行为特点和引导，引领学生走向更深层次的学习与情感体验。同时，学生对诗意教育的态度和认知也发生了积极的转变，从传统的学习方式转变为更加综合和富有情感的学习方式。在这个过程中的班主任的引导和学生的认知变化相互作用，形成了良好的教育生态。

（一）班主任在成功案例中的角色定位与行为特点

成功案例中的班主任扮演着引领者和组织者的角色，他们不仅是教育者，更是学生情感世界的引导者和关怀者。班主任的行为特点包括关注学生的情感需求，积极参与诗意教育融合学科教学的组织和实施，以及与学科班主任密切合作，共

同营造良好的教学氛围。举例来说，班主任可以定期与学科班主任进行沟通和交流，了解学生在课堂上的学习情况和情感体验，及时发现问题并提供必要的帮助和支持。同时班主任还可以组织学生参加诗歌朗诵比赛、文学创作活动等，激发学生的学习兴趣和创造力，促进他们在诗意教育融合学科教学中的全面发展。通过这些行为特点，班主任在成功案例中扮演了积极而重要的角色，为学生的成长和发展提供了有力的支持和保障。

（二）学生对诗意教育融合学科教学的认知与态度变化

在诗意教育融合学科教学中，学生的认知与态度发生了积极的变化。起初一些学生对传统的学科教学持有较为传统的认知，认为文学作品只是需要被解读和背诵的内容，缺乏对其情感和意境的深入理解。然而随着诗意教育的融入，学生逐渐意识到文学作品背后的诗意美，开始主动去感受和探索作品中的情感表达和意境描绘。他们从被动的学习者转变为积极参与者，对文学作品产生了更深层次的理解和欣赏。他们的学习态度也发生了积极转变，更加乐于接受新的学习方式和方法，愿意通过情感的体验和审美的感悟来提升自己的学习效果。

（三）分析班主任如何引导学生积极参与诗意教育融合学科教学

班主任在引导学生积极参与诗意教育融合学科教学时发挥着关键作用。班主任可以通过组织诗歌朗诵比赛、文学作品分享会等活动，激发学生对诗意教育的兴趣和热情。他们可以邀请专业的诗人或文学爱好者来校园讲座或进行交流，为学生提供更广阔的学习平台和机会。班主任还可以定期组织班会或主题活动，以学生为主体，围绕诗意教育的主题展开讨论和分享，激发学生的创造力和想象力。最重要的是，班主任应该成为学生学习的引领者和指导者，关注学生的学习动态和情感变化，及时给予必要的帮助和支持，鼓励他们勇敢表达自己的想法和感受，建立起师生之间的信任和共鸣。

（四）总结班主任与学生之间的互动关系

班主任与学生之间的互动关系是诗意教育融合学科教学成功实施的重要保障。班主任在这个过程中既是学生的引领者和关怀者，又是学生的学习伙伴和指导者。他们通过开展各种诗意教育活动，如诗歌朗诵比赛、文学作品分享会等，

激发学生的学习兴趣和热情,引导他们深入感受文学作品的情感和意境。同时班主任还密切关注学生的学习状态和情感变化,及时给予必要的指导和帮助,为学生的成长和发展提供有力的支持。在互动中,班主任不仅传授知识,更是与学生建立起良好的情感连接,让学生感受到关爱和尊重。通过这种互动关系,班主任与学生之间建立起了良好的师生关系和信任基础,为诗意教育融合学科教学的顺利进行奠定了基础。这种互动关系不仅促进了学生的学业进步,更培养了他们的情感表达能力和团队合作精神,对学生的全面发展具有重要意义。

班主任在成功案例中扮演着引领者和组织者的角色,通过关注学生情感需求、积极参与诗意教育融合学科教学的组织和实施,并与学科班主任密切合作,促进学生全面发展。学生在这一过程中逐渐意识到文学作品背后的诗意美,学习态度也由被动到主动地变化。班主任通过组织各种活动和关怀学生的方式,激发了学生的学习兴趣和热情,建立了良好的师生关系和信任基础,为诗意教育融合学科教学的成功实施奠定了基础。

三、案例的启示与可推广性探讨

教育实践中常常会遇到一些充满启示的案例,它们不仅可以为我们提供宝贵的教学经验,还能够激发我们对教育的思考与探索。下面将分析教学案例中的教学经验与启示,探讨其可复制性与可推广性,以及成功的关键因素。

(一) 总结案例中的教学经验与启示

案例中的教学经验为我们提供了许多有益的启示,首先通过诗意教育融入学科教学,可以激发学生的学习兴趣和情感体验,促进他们对文学作品的深入理解和欣赏。班主任在教育过程中的关键作用不可忽视,他们不仅是学生的引领者和关怀者,更是课堂教学和学生发展的组织者和推动者。通过与学科班主任的密切合作和沟通,可以构建一个良好的教学氛围,为学生提供更广阔的学习平台和机会。总的来说,这个案例告诉我们,诗意教育融合学科教学不仅可以提高学生的学习效果,更能够促进他们的全面发展和成长。

(二) 分析案例中的可复制性与可推广性

案例中展示的教学模式具有广泛的可复制性和可推广性,诗意教育融合学科

教学方法是一种通用的教学方式，其核心理念是通过诗意表达激发学生的情感共鸣，从而提升他们的学习兴趣和理解深度。这种方法可以灵活应用于不同学科和年级的教学中，例如语文、历史，甚至科学课程，使教学内容更加生动有趣。案例中突出的班主任角色也是可以被其他教育者借鉴的关键因素。他们注重学生的情感需求，积极参与课堂活动，与学科班主任密切合作，共同营造良好的学习氛围。这种班主任的角色定位和行为特点对于塑造积极向上的学习环境至关重要，其他学校和教育机构可以借鉴这种合作模式。通过组织各种诗意教育活动，如诗歌朗诵比赛、诗意表达工作坊等，可以培养学生的情感表达能力和文学素养，提升他们的综合素质。因此这个案例中的教学模式具有一定的可复制性和可推广性，可以为其他教育者提供宝贵的经验和启示。

（三）案例中的成功要素与关键因素

案例中的成功要素与关键因素归纳为班主任的角色定位和行为特点、诗意教育融合学科教学的实施方式，以及与学科班主任的密切合作。班主任在案例中扮演着引领者和组织者的角色，他们关注学生的情感需求，积极参与课堂教学，为学生提供了全方位的支持与指导。诗意教育融合学科教学的实施方式是成功的关键之一。这种方法通过诗意表达激发学生的情感共鸣，提升他们的学习兴趣和理解深度，使教学更加生动有趣。与学科班主任的密切合作是实现成功的重要保障。通过与学科班主任的合作，班主任能够更好地融入诗意教育元素到学科教学中，构建良好的教学氛围，为学生提供更广阔的学习平台和机会。这些因素共同作用，促成了案例中成功的教学模式的建立与实施。

通过对案例的深入分析可以得出多个结论，诗意教育融合学科教学方法可以有效激发学生的学习兴趣和情感体验，促进他们对文学作品的深入理解和欣赏。班主任在教育过程中扮演着至关重要的角色，他们不仅是学生的引领者和关怀者，更是课堂教学和学生发展的组织者和推动者。与此同时，与学科班主任的密切合作也是实现成功的重要保障，共同构建良好的教学氛围，为学生提供更广阔的学习平台和机会。这个案例中的教学模式具有广泛的可复制性和可推广性，为其他教育者提供了宝贵的经验和启示，值得我们进一步深入研究和借鉴。

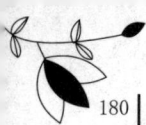

四、未来学科教学的发展趋势预测

未来学科教学的发展趋势之一是诗意教育的融合,这将在教学中赋予学生更丰富的体验和更深层次的学习。这一发展方向将注重情感体验和个性化学习,以培养学生的审美情趣和情感表达能力为重点,从而提升他们的学习动力和内在素养。

(一)未来学科教学中诗意教育融合的发展方向与重点

未来学科教学中,诗意教育融合将朝着更加突出情感体验和个性化学习的方向发展。班主任将不仅关注知识传递,更注重培养学生的审美情趣和情感表达能力。这意味着学科教学将更多地融入诗意元素,以激发学生的内在动力和学习兴趣。重点将放在丰富课堂内容和拓展学生思维上,使学生能够在学习中体验到美的享受和情感共鸣。例如在语文教学中,班主任可以引导学生通过诗歌鉴赏来理解语言的美感和表现力,从而提升他们的写作水平和文学素养。这样的发展方向将为学生提供更加丰富多彩的学习体验,促进其全面发展。

(二)未来学科教学中诗意教育融合的创新模式与方法

未来学科教学中,诗意教育融合将以更多样化和创新的模式与方法展现其魅力。班主任将积极探索数字技术和互联网资源,以丰富多彩的方式呈现诗意教育,例如利用在线诗歌创作平台或虚拟现实技术,让学生沉浸在诗意的世界中。这种创新模式不仅能够激发学生的学习兴趣,还能够提升他们的审美能力和创造力。同时跨学科融合也将成为未来的趋势,例如将诗歌与音乐、艺术等学科相结合,打破学科之间的界限,为学生提供更加综合丰富的学习体验。这种创新模式与方法将为学科教学注入新的活力和魅力,促进学生全面发展。

(三)未来学科教学中诗意教育融合的挑战与应对策略

未来学科教学中,诗意教育融合面临一系列挑战,其中包括班主任素养不足和课程设计不合理等问题。针对这些挑战,教育者可以采取一系列应对策略以确保诗意教育融合的有效实施。加强班主任培训和专业发展至关重要,教育机构可以提供针对诗意教育的培训课程和工作坊,帮助班主任提升诗意教育融合的能力

和水平。这包括提供诗歌鉴赏和创作的培训，以及教学方法和资源的分享与交流。优化课程设置是应对挑战的关键，课程设计应该合理安排诗意教育内容，确保其与学科教学紧密结合。这意味着班主任需要深入思考如何将诗意元素融入课程中，使之成为学生学习的一部分，而不是简单的附加内容。积极探索适合学生特点和发展需求的诗意教育方法也是至关重要的，个性化学习和情感化教学是应对挑战的有效途径之一。班主任可以根据学生的兴趣和能力水平，设计不同形式的诗意教育活动，从而满足学生的多样化学习需求，激发其学习兴趣和创造力。

未来学科教学中，诗意教育融合的发展将突出情感体验和个性化学习，采用多样化和创新的模式与方法，如利用数字技术和跨学科融合等手段。然而这一发展过程也面临一系列挑战，如班主任素养不足和课程设计不合理等。为应对这些挑战，教育者需要加强班主任培训、优化课程设置，并积极探索适合学生特点和发展需求的教学方法。通过这些努力，未来学科教学中诗意教育融合将得以有效实施，为学生提供更加丰富、深入的学习体验，促进其全面发展。

第四节　诗意教育与学科教学融合的意义

一、对学生全面发展的促进作用

诗意教育融合学科教学为学生的全面发展提供了独特而重要的促进作用，其结合了诗歌、文学作品等形式，不仅在知识传授方面起到作用，更在情感表达、思维拓展、情感智慧、文学鉴赏和自我认知等方面发挥了重要作用。下面将探讨诗意教育融合学科教学对学生全面发展的促进作用，并对其进行详细阐述。

（一）培养学生的情感表达能力与审美情趣

诗意教育与学科教学的融合不仅是知识传授的过程，更是情感表达的平台。通过诗歌、文学作品等形式，学生可以表达内心的情感和体验，培养情感表达能力。同时诗歌中蕴含的美感和文学作品的艺术性也能够激发学生的审美情趣，让他们在欣赏和创作中体会美的力量。例如通过学习一首优美的诗歌，学生不仅可

以感受到诗人的情感表达，还可以品味到其中蕴含的美感，从而提升自己的情感表达能力和审美水平。

（二）拓展学生的思维深度与广度

诗意教育融合学科教学在拓展学生思维深度与广度方面发挥着重要作用，诗歌所蕴含的含蓄与深刻，激发了学生对文字背后意义的探索欲望。学生需要通过深入地阅读、理解和解释来挖掘诗歌中的深层内涵，这促进了他们的逻辑思维和批判性思维的培养。通过分析诗歌的意义，学生不仅是在学习诗歌本身，更是在训练自己的推理和分析能力，这种能力在其他学科中同样具有重要价值。诗意教育也引导学生跨越学科界限，拓展思维广度。例如诗歌中常见的自然描写往往引发学生对科学知识的思考与探索。一首描写秋天的诗歌引发学生对季节变化、气候现象的探讨，从而涉及地理、气象等学科内容。这样的跨学科思维培养了学生对知识的整合能力，使他们能够更全面地理解和应用所学的知识，为未来的学习和工作打下坚实的基础。因此诗意教育融合学科教学不仅是在传授知识，更是在培养学生的思维能力和跨学科素养，为其全面发展提供了重要支持。

（三）培养学生的情感智慧与情商

诗意教育融合学科教学在培养学生的情感智慧与情商方面发挥着重要作用，通过诗歌、文学作品的欣赏和创作，学生可以更深入地了解人类情感世界的复杂性，提升自己的情感智慧。诗歌常常是诗人内心情感的抒发，通过欣赏和解读诗歌，学生可以感受到不同情感的表达方式，培养自己对情感的敏感度和理解力，从而更好地理解自己和他人的情感。诗意教育也能够促进学生的情绪管理和社交技能，培养其情商。在学习诗歌和文学作品的过程中，学生需要理解作品中人物的情感和情绪变化，这有助于他们更好地认识和管理自己的情绪。同时诗歌中常常涉及人际关系和社会问题，通过思考和讨论这些内容，学生可以提升自己的社交技能，学会更好地与他人沟通和相处，培养自己的人际交往能力。

（四）培养学生的文学鉴赏能力与人文素养

诗意教育融合学科教学在培养学生的文学鉴赏能力与人文素养方面具有重要

意义。通过学习和欣赏经典诗歌、文学作品，学生不仅是接触到了优秀的文学作品，更是在培养自己的文学鉴赏能力。他们通过品读作品，逐渐领悟其中蕴含的情感、思想和艺术表现形式，从而提升了对文学作品的理解和欣赏水平。这种培养不仅让学生在文学领域更具有深度，也让他们在审美上更加敏锐。同时诗意教育也有助于学生理解文学作品背后的文化、历史和社会背景，从而培养了学生的人文素养。经典诗歌和文学作品往往反映了当时社会的风貌、人们的生活状态以及历史背景，通过学习这些作品，学生可以更好地了解人类文明的发展过程和不同文化之间的联系与交融。这样的人文素养培养不仅有助于学生更好地融入社会，更能够让他们具备更广阔的视野和更深刻的思考能力，成为具有社会责任感和人文情怀的公民。

（五）培养学生的自我认知与情感管理能力

诗意教育融合学科教学在培养学生的自我认知与情感管理能力方面具有显著作用，通过诗歌、文学作品的探讨和创作，学生被鼓励深入探索自己内心的情感世界，从而提升了自我认知水平。在分析诗歌或文学作品时，学生常常需要反思作品中的情感表达与人物心理，这一过程中不可避免地会触及与自身情感相关的话题，从而促使学生更深层次地了解自己的情感状态、价值观和人生态度。同时诗意教育也为学生提供了处理情感的有效途径和策略，培养了他们的情感管理能力。通过创作诗歌或对诗歌的解读，学生可以在文字中表达并理解自己的情感，从而学会更有效地管理情绪。他们在这个过程中不仅学会了如何表达自己的情感，还能够通过理解诗歌中的情感转折和解决方式，获得应对生活挑战的启示，进而更好地适应学习和生活的压力。

诗意教育融合学科教学在培养学生的全面发展方面具有多方面的促进作用，它培养了学生的情感表达能力与审美情趣，让他们能够更好地表达内心情感，并欣赏美的艺术。通过拓展学生的思维深度与广度，促进了他们的逻辑思维和跨学科能力的发展。再者，诗意教育培养了学生的情感智慧与情商，使他们更加敏感和理解他人情感，同时提升了情绪管理和社交技能。诗意教育还加强了学生的文学鉴赏能力与人文素养，让他们在审美领域更具深度，同时增强了对文化、历史和社会的理解。诗意教育促进了学生的自我认知与情感管理能力，让他们更好地了解自己，并有效地处理情感，适应生活与学习的各种挑战。诗意教育融合学科

教学为学生的全面成长提供了坚实而丰富的支持。

二、对班主任专业素养提升的影响

班主任的专业素养提升是教育体系中至关重要的一环，在当今教育环境中，诗意教育融合学科教学成为一种新的趋势，为班主任的专业素养提升带来了深远的影响。下面将探讨诗意教育对班主任专业素养提升的影响，从拓展教学思路与方法、提升对诗意教育的认识与理解、激发教学热情与创造力、增强人文情怀与教育情感、培养跨学科教学与合作能力五个方面展开论述。

（一）拓展班主任的教学思路与方法

诗意教育融合学科教学为班主任拓展了教学思路与方法，使其不再局限于传统的教学方式，而是能够更灵活地运用诗歌、文学作品等形式进行教学。例如班主任可以通过诗歌朗诵、文学作品解读等活动，激发学生的兴趣和参与度，从而提高教学效果。诗意教育注重情感表达与审美情趣的培养，班主任可以结合学生的实际情况，设计一些情感表达的活动，如写诗、创作小说等，从而促进学生全面发展。

（二）提升班主任对诗意教育的认识与理解

诗意教育是一种综合性的教育理念，强调通过诗歌、文学等艺术形式培养学生的情感、想象力和审美能力，促进其全面发展。在融合到学科教学中的过程中，班主任扮演着重要角色。通过参与诗意教育实践，班主任不仅能够理解诗意教育的本质，还能深刻认识到其在学生成长中的价值。通过组织诗歌朗诵比赛、文学作品阅读分享会等活动，班主任能够直接感受到学生在诗意教育中展现出的情感表达和创造力，从而加深对诗意教育的认识和理解。这样的实践不仅使班主任更加重视诗意教育的重要性，也激发了他们探索更多教育方法的热情。因此提升班主任对诗意教育的认识与理解，不仅可以丰富教育教学内容，更能够推动学生全面发展。

（三）激发班主任的教学热情与创造力

融合诗意教育于学科教学中，不仅激发了学生的学习热情，也为班主任注入

了新的教学动力与创造力。通过引入诗歌、文学作品等形式，班主任可以设计各种富有创意和趣味性的教学活动。比如可以组织诗歌创作比赛，让学生在诗歌的魅力中发挥想象力与表达能力；或者安排文学作品解读讨论，激发学生对文本的深度思考与理解。这样的活动不仅能够吸引学生的注意力，也会让班主任充满了成就感与喜悦，从而更加投入教学中。班主任在融合诗意教育的过程中，会不断探索新的教学方法与策略，以适应学生的多样化需求。他们会尝试采用创新的教学技巧，例如利用多媒体资源来呈现诗歌作品，或者组织户外课堂活动以增强学生的感知与体验。这种不断探索与实践的过程，不仅让班主任感受到教学的乐趣与挑战，也促使他们不断提升自己的教学水平与能力。融合诗意教育的学科教学为班主任提供了更广阔的教育视野和发展空间，他们不再局限于传统的教学模式，而是更加注重培养学生的情感态度、审美情趣和创造力。在这个过程中，班主任会发现自己的教学观念得到了更新与拓展，教学工作也变得更加有意义和富有挑战性。

（四）增强班主任的人文情怀与教育情感

融合诗意教育于学科教学中，不仅是一种教学方法，更是一种人文情怀与教育情感的体现。在这个过程中的班主任不仅是知识的传授者，更是学生心灵的引领者和抚慰者。通过诗歌、文学作品等形式，班主任能够感受到人文精神的力量和教育情感的温暖。他们会被文学作品所展现的情感深深触动，被诗歌所传递的美好所感染，进而将这种情感融入日常的教育教学活动中。课堂上的班主任会更加注重学生的情感体验和成长，他们不仅关心学生的学业表现，更关注学生的内心世界和情感需求。通过组织文学欣赏活动或诗意教育主题班会，班主任为学生提供了表达情感的空间和机会。学生可以通过诗歌、文学作品等形式表达自己的内心感受和情感体验，增强情感的交流与共鸣，进而增强班级的凝聚力和情感联系。融合诗意教育的学科教学也使班主任更加关注学生的个性发展和全面成长，他们不再仅仅追求学生的知识储备和考试成绩，更注重培养学生的审美情趣、情感态度和人文素养。班主任会通过文学作品的解读和讨论，引导学生思考人生的意义和价值，培养他们对美、善、真的追求和向往。

（五）培养班主任跨学科教学与合作能力

诗意教育融合学科教学的实施不仅能够丰富学生的学习体验，也为班主任提供了发展跨学科教学与合作能力的机会。诗歌、文学作品往往涉及多个学科领域，如语文、艺术、历史等，班主任需要在跨学科的视野下进行教学设计和实施，以促进不同学科之间的融合与交叉。课堂教学中的班主任可以与语文老师、艺术老师等进行紧密合作，共同开展各种跨学科的课程设计和活动。例如他们可以联合开展诗歌创作与表演活动。语文老师负责引导学生学习诗歌的形式与技巧，艺术老师则指导学生如何通过表演和视觉艺术形式来诠释诗歌的意境与情感。通过这样的合作，不仅可以丰富学生的学习体验，还能够促进学科之间的交流与融合，提升学生的综合能力和创造力。诗意教育也需要班主任与其他班主任之间的密切协作，他们可以共同制订教学计划和评估标准，相互协调课程内容和学习目标，确保学生在不同学科领域的知识与技能得到全面发展。通过与其他班主任的合作，班主任能够更好地理解和应用跨学科教学的策略与方法，提升自己的教学水平和教育质量。

诗意教育的融合学科教学为班主任的专业素养提升带来了全新的机遇与挑战，通过拓展教学思路与方法，提升对诗意教育的认识与理解，激发教学热情与创造力，增强人文情怀与教育情感，以及培养跨学科教学与合作能力，班主任能够更加全面地促进学生的全面发展，创造更为丰富和有意义的教育环境。这种专业素养的提升不仅有助于班主任更好地适应当今教育的发展需求，也将为学生的成长和未来奠定坚实的基础。

三、对学校教育教学改革的推动作用

学校教育教学改革是推动教育事业发展的重要一环，在这个过程中诗意教育的融入为教学模式的创新、学校文化建设与人文关怀，以及学校与家庭、社会的合作与沟通提供了新的动力和可能性。下面将探讨诗意教育如何促进学校教育教学的改革，并对其作用进行总结。

（一）促进学校教育教学模式的创新与发展

学校教育教学改革中，诗意教育的融入为教学模式的创新与发展提供了新的

思路和可能性。传统的教学模式往往偏重知识的灌输和应试技巧的培养，而诗意教育强调情感体验和审美情趣的培养，注重学生的主体性和创造性。通过将诗意教育融入学校教学中，可以改变传统教学模式的单一性和呆板性，创造出更加活跃、多元的教学氛围。例如引入诗歌朗诵、文学作品解读等活动，让学生在参与中感受到学习的乐趣和意义，促进他们的全面发展。

（二）拓展学校教育教学内容与形式

诗意教育的融入为学校教育教学内容与形式的拓展带来了新的可能性，除了传统的课堂教学，学校可以开展诗歌朗诵比赛、文学作品阅读分享会等丰富多彩的活动。通过诗歌朗诵比赛，学生不仅可以锻炼表达能力和审美意识，还能深入理解诗歌的内涵，感受语言的魅力。而文学作品阅读分享会则提供了一个交流和探讨的平台，激发学生对文学的热爱和理解。这些形式多样的活动不仅丰富了学生的学习体验，还激发了他们的学习兴趣和创造力。通过这样的教育形式，学校教育教学内容得以拓展，学生的综合素养也得到了全面提升。

（三）提升学校教育教学质量与效果

诗意教育的融入不仅为学校教育带来新的创新机遇，也对提升教育教学质量和效果起到积极作用。通过引入诗歌、文学作品等形式，学校可以激发学生的学习兴趣和创造力。这种情感和情感投入的提升不仅能够增强学生对课程的吸收和理解，还能够促进他们的自主学习和思考能力的发展。学校可以组织各种相关的教育活动，如诗歌朗诵比赛、文学作品阅读分享会等，以丰富学生的学习体验。通过这些活动，学校能够更好地了解学生的学习情况和需求，及时调整教学策略和方法，以提升教育教学的质量和效果。诗意教育的融入对学校教育教学的提升具有积极意义，有助于培养学生的综合素养和创新精神，推动教育事业的可持续发展。

（四）推动学校文化建设与人文关怀

将诗意教育融入学校文化建设与人文关怀是一项重要而有意义的举措。通过举办诗歌朗诵比赛、文学作品阅读分享会等活动，学校可以营造出浓厚的文化氛

围,为师生们提供展示和分享才华的平台。这不仅可以激发学生的创造力和审美情趣,还有助于培养他们的人文情怀,使他们在文学艺术的熏陶中感受到生活的美好和深层的人文关怀。通过这些活动使学校不仅在形式上丰富了课外文化生活,更重要的是在精神上滋养了师生的心灵。学生在诗歌朗诵比赛中,可以通过朗诵、表演和欣赏,感受到语言的魅力和表达的力量;在文学作品阅读分享会上,他们可以与同学们一起探讨作品中的人生哲理和情感共鸣。这种亲身参与和交流不仅有助于培养学生的创造性思维和表达能力,还能够促进同学之间的交流与合作,增强集体凝聚力和文化认同感。同时学校也应该注重对学生的人文关怀,除了学术上的指导和教育外,学校还应该关心关爱学生的情感需求,倾听他们的心声,关注他们的成长过程,为他们提供良好的心理支持和情感引导。只有通过全方位的人文关怀,学校才能真正实现其教育使命,培养出身心健康、具有社会责任感和人文素养的优秀学生,为社会的发展和进步贡献力量。

(五)加强学校与家庭、社会的合作与沟通

学校与家庭、社会的合作与沟通对于诗意教育的融入至关重要。家庭是学生成长的第一课堂,而社会则是学生学习的广阔舞台。因此学校应积极与家长和社会资源进行合作,共同推动诗意教育的实施。学校可以邀请家长参与诗歌朗诵比赛、文学作品阅读分享会等活动,通过这样的参与,家长不仅可以更好地了解学校的教育教学理念和实践,还能够与孩子共同参与诗意教育活动,促进家校互动,增强家庭教育的力量。同时家长的参与也可以为学校提供更多的支持和资源,共同为学生的成长和发展助力。学校可以借助社会资源,举办诗歌讲座、文学沙龙等活动。通过邀请文学界专家、知名作家或艺术家来学校举办讲座和进行交流,学生可以接触到更广泛、更深入的文化和艺术知识,激发他们的学习兴趣和创造力。同时学校也可以与当地文化机构、艺术团体等合作,丰富学校教育教学内容,提升教育教学质量。

诗意教育的融入为学校教育教学带来了多方面的推动作用;首先,它促进了教学模式的创新与发展,使教学更加活跃、多元化;其次,它拓展了教育教学内容与形式,丰富了学生的学习体验;再次,它提升了教育教学质量与效果,激发了学生的学习兴趣和创造力,同时诗意教育的融入也推动了学校文化建设与人文关怀,营造了浓厚的文化氛围;最后,加强学校与家庭、社会的合作与沟通,

为诗意教育的实施提供了有力支持，诗意教育的融入对于推动学校教育教学改革
具有积极的意义和作用。

四、对教育生态平衡的贡献

教育的生态平衡是保障学生全面发展的重要保障，然而传统教育模式往往局
限于知识传授和应试技能培养，忽视了学生的情感表达与审美体验。在这一背景
下，诗意教育的融入为教育生态平衡的塑造与发展提供了新的动力与思路。通过
注重情感表达、审美体验等方面的培养，诗意教育丰富了教育的内涵，使得教育
更加多元化、全面化。下面将探讨诗意教育如何促进教育生态平衡的形成与发展，
引导教育资源的合理配置与有效利用，培育健康的教育生态环境，促进教育公平
与社会和谐发展，以及推动教育制度与政策的完善与创新。

（一）促进教育生态平衡的形成与发展

诗意教育的融入为教育生态平衡的形成与发展提供了新的动力，传统的教育
模式往往偏重知识的传授和应试技能的培养，容易忽视学生的情感体验和审美情
趣。而诗意教育注重情感的表达与体验，培养学生的审美情操和人文素养。通过
将诗意教育融入教育生态中，教育不再是单一的、功利性的知识传递，而是多元
化的、涵盖情感、审美、人文等多方面的全面发展。这种多元化的教育生态平衡，
能够滋养学生的心灵，促进他们全面成长。例如学校开展诗歌朗诵比赛、文学作
品阅读分享会等活动，为学生提供了表达情感、展示才华的舞台，使教育生态更
加丰富和平衡。

（二）引导教育资源的合理配置与有效利用

诗意教育的融入为教育资源的合理配置与有效利用提供了新的途径。传统上
的教育资源主要以教学设施、教材等物质形式存在，而诗意教育则注重情感体验
和文化熏陶。通过开展诗歌朗诵比赛、文学作品阅读分享会等活动，学校能够更
好地利用社会文化资源，吸引专家学者、艺术家等来校交流讲座，为学生提供了
与优秀文化资源接触的机会，从而丰富了他们的学习体验。这些活动不仅能够激
发学生的兴趣和创造力，也为班主任提供了展示才华和专业知识的平台，充分发
挥了人力资源的潜能。通过这种合理配置和有效利用教育资源的方式，不同类型

的资源可以相互补充，使得教育更加全面、丰富，为教育的均衡发展提供了新的动力。

（三）培育健康的教育生态环境

培育健康的教育生态环境是教育系统中至关重要的一环，诗意教育的融入在此方面发挥了显著作用。诗意教育强调情感交流和表达，使学生在情感上得到了更多的关注和培养。这种情感上的沟通和表达不仅让学生更好地理解自己的情感，还促进了师生之间的沟通与互动，构建了更加和谐的师生关系。这种良好的人际关系是培养健康教育生态环境的基础。诗意教育注重审美情趣的培养，通过诗歌、文学作品等艺术形式的学习和欣赏，学生的审美能力得到了锻炼和提升。这不仅让他们对美的感知更加敏感，也培养了他们对生活的热爱和对美好事物的追求，进而促进了心灵的健康成长。学校组织各种丰富多彩的诗意教育活动，如诗歌朗诵比赛、文学作品阅读分享会等，营造了积极向上、充满爱和关怀的教育氛围。这种积极向上的氛围激励着学生追求卓越，培养了他们的自信心和责任感；而充满爱和关怀的氛围则使每个学生感受到了学校的温暖与关怀，增强了他们对学校的归属感和认同感。

（四）促进教育公平与社会和谐发展

诗意教育的融入对于促进教育公平和社会和谐发展具有重要意义，传统教育体制中往往过分注重学生的学术成绩，导致对学生个性和情感表达的忽视，同时也放大了学习资源分配不均的问题。然而诗意教育的理念则注重每个学生的独特性和情感体验，不以成绩论英雄，而是关注每个学生的全面成长和发展。诗意教育通过诗歌、文学作品等艺术形式的学习，提供了多元化的学习途径和表达方式。这种教育方式能够激发学生的创造力和审美能力，使他们更加愿意表达自己的情感和想法，从而增强了学生的自信心和自我认同感。每个学生都有机会通过自己独特的方式展示才华和特长，不再被局限于传统教育对成绩的单一评判。诗意教育弥补了传统教育中的不足，使得教育更加人性化和关注个体需求。这种教育理念有助于减少因教育资源不均衡而造成的教育公平问题，使更多的学生能够获得平等的学习机会和发展空间。通过培养学生的审美情趣和情感表达能力，诗意教育促进了学生在学术和非学术领域的全面发展，为他们的未来生活和职业发展奠

定了更为坚实的基础。最重要的是诗意教育的融入有助于促进社会的和谐发展，通过培养学生的情感和审美能力，增强了他们的社会责任感和同理心，促进了学校和社会的和谐关系。学生在诗意教育的氛围中更容易建立起良好的人际关系，增强团队合作精神，为未来社会的和谐发展培养了积极的力量。

（五）推动教育制度与政策的完善与创新

诗意教育的融入为教育制度与政策的完善与创新提供了新的思路和动力，传统的教育制度往往偏向于标准化和功利性，忽视了个体学生的情感表达和审美体验。然而诗意教育的理念强调个性化、多元化的教育方式，使得人们开始反思和重新审视教育制度与政策。诗意教育的融入促使教育决策者重视个性化教育的重要性，倡导制定更加灵活、多样化的教育政策。这些政策不再以单一的学术成绩评价学生，而是更加注重学生的全面发展和个性特长的培养。例如可以制定有针对性的政策，支持学校举办诗歌朗诵比赛、文学艺术活动等，为学生提供展示才华的平台，从而促进教育的多元化和个性化发展。诗意教育的融入也催生了对教育资源的重新配置和利用，政府和学校应该加大对诗意教育的投入，提高艺术教育资源的供给，为学生提供更丰富的学习资源和更广阔的发展空间。同时也需要建立完善的评价体系，将学生的情感表达能力、审美素养等非学术指标纳入考核范围，从而促进教育资源的合理配置和有效利用。

诗意教育的融入为教育生态平衡带来了新的活力与可能性，通过强调情感表达、审美体验等方面的培养，诗意教育丰富了教育的内涵，使得教育更加多元化、全面化。在此过程中，诗意教育不仅促进了学生的全面发展，还引导了教育资源的合理配置与有效利用，培育了健康的教育生态环境，促进了教育公平与社会和谐发展，同时也推动了教育制度与政策的不断完善与创新。因此诗意教育的融入是推动教育生态平衡的重要力量，为教育事业的发展注入了新的活力与动力。

第七章　诗意教育的挑战与对策

第一节　诗意教育面临的挑战

一、教育资源分配不均的问题

教育资源的不均衡分配在许多地区是一个不容忽视的问题，尤其是在资源匮乏或贫困地区。这种不均衡不仅影响到学生的学习体验和教育质量，也制约了诗意教育的全面展开。下面将探讨资源匮乏地区和贫困地区在诗意教育方面所面临的挑战，以及诗意教育项目经费不足和学校设施落后等问题对诗意教育的影响。

（一）教育资源匮乏地区诗意教育资源也匮乏

在教育资源匮乏的地区，诗意教育面临诸多挑战。由于缺乏专业的诗意教育师资力量，学校无法提供高质量的诗意教育课程。这意味着学生无法系统地学习诗歌、文学作品等艺术形式，影响了其艺术素养的培养。缺乏相关的艺术文化资源和教育支持也是一个问题。学校很难开展丰富多彩的诗意教育活动，例如诗歌朗诵比赛、文学作品欣赏等，这使得学生的艺术体验和感受受到了限制。举例来说，某偏远地区的学校缺乏专门的诗意教育班主任，学生很少有机会接触到优秀的诗歌作品，无法享受到诗歌带来的美感和情感共鸣。因此教育资源匮乏地区的诗意教育资源匮乏问题亟待得到关注和改善，以促进学生全面发展和艺术情感的培养。

（二）贫困地区学生面临生活压力，诗意教育融入教学难度大

在贫困地区的学生生活压力通常是他们面临的首要问题，这导致他们无法全身心地专注于诗意教育。由于需要应对家庭经济困难，学生不得不花费更多的时间和精力来支持家庭或者寻找额外的收入来源，这使得他们的学习时间和精力受

到限制。在这种情况下，诗意教育往往被放在次要位置，因为学生需要优先考虑生活的实际需求。贫困地区的学生缺乏对艺术文化的基本了解和兴趣，由于他们没有接触过诗歌、文学作品等艺术形式，对于诗意教育的重要性和意义缺乏认识。相比之下，他们更关注能够直接帮助他们改善生活的技能和知识。因此班主任在贫困地区面临着将诗意教育融入教学中的挑战，需要寻找创新的方法来吸引学生的兴趣和注意力。尽管在贫困地区开展诗意教育面临诸多困难，但这也是一个至关重要的任务。通过诗意教育，学生可以培养审美情趣、情感表达能力和文学素养，这些都是他们全面发展所必需的。因此政府、学校和社会应该共同努力，为贫困地区的学生提供更多的诗意教育资源和支持，帮助他们克服生活压力，实现自身的潜力。

（三）部分学校诗意教育设施落后

学校诗意教育设施的滞后问题对学生的教育体验和学习效果造成了不可忽视的影响，学校图书馆的资源匮乏是一个重要问题，一个丰富多样的图书馆藏书是激发学生阅读兴趣和提升文学素养的关键。然而如果学校图书馆缺乏诗歌、文学作品等相关资源，学生就无法接触到足够多的文学作品，限制了他们对诗歌艺术的了解和欣赏。艺术教室设施的陈旧也是一个问题，艺术教室应该是学生发挥创造力、表达情感的重要场所，然而如果设施陈旧、设备不完善，就无法支持诗意教育活动的有效开展。例如缺乏音响设备、绘画工具或舞台表演设备会限制学生在艺术领域的实践和体验。这些问题的存在直接影响了诗意教育的质量和效果，学生在没有足够资源支持的情况下，很难真正体验到诗意教育所带来的乐趣和意义。

（四）诗意教育项目经费不足

诗意教育项目经费不足是制约其持续性发展的主要因素之一。在许多学校或地区由于财政限制或资源分配不足，诗意教育往往面临经费短缺的困境。这种情况下，学校无法购买足够数量和种类的诗歌、文学作品等相关教材，这直接影响了学生对诗歌艺术的学习和理解。缺乏足够的经费也意味着学校很难组织丰富多样的诗意教育活动，例如缺乏资金支持导致无法邀请专业的艺术家或文学家来校举办讲座、开设工作坊或指导学生的创作。这些活动对于学生深入了解诗意表达

方式、提升艺术文化素养至关重要，却因经费不足而难以实现。经费不足还影响诗意教育项目的持续性和稳定性，没有足够的经费支持，学校难以建立长期的诗意教育计划，无法确保每年都能提供稳定和连续的诗意教育课程和活动。这种不连续性不仅影响了学生的学习效果，也削弱了诗意教育在学校教育体系中的地位和影响力。

资源匮乏地区和贫困地区的诗意教育面临多重挑战，包括缺乏专业师资、艺术文化资源匮乏、学生生活压力大等。同时部分学校诗意教育设施滞后，诗意教育项目经费不足也制约了诗意教育的持续性发展。因此，政府、学校和社会应该共同努力，加大对这些地区诗意教育资源的投入和支持，以确保所有学生都能够享受到高质量的诗意教育，促进其全面发展和艺术情感的培养。

二、班主任诗意教育能力提升的困难

班主任作为学校教育中不可或缺的一环，其在诗意教育中的角色尤为重要。然而他们在提升诗意教育能力过程中面临诸多困难。缺乏培训资源、专业知识不足、教学压力重、评价反馈机制不完善等问题，限制了班主任在诗意教育领域的发展。下面将探讨这些困难，并提出相应的解决方案。

（一）班主任缺乏诗意教育理念与方法的培训机会与资源

在教育体系中的班主任扮演着重要的角色，他们不仅是学生学习生活的引导者，更是诗意教育的推动者。然而许多班主任缺乏诗意教育方面的理念与方法的培训机会与资源支持。他们受限于学校教育资源分配不均，无法获得系统的诗意教育培训，也缺乏相关的教材和教学资源。缺乏培训和资源支持使得班主任在诗意教育方面的能力提升受到了限制，难以有效地引导学生进行诗意创作和文学欣赏。举例来说，某些学校没有专门的诗意教育培训课程或工作坊，班主任只能依靠自己的经验和个人兴趣来进行诗意教育。而在其他一些学校，虽然有相关的培训课程，但是由于资源匮乏或者时间紧张，班主任无法充分参与。这样一来，即使班主任有意愿提升诗意教育能力，也很难找到合适的培训机会和资源支持。

（二）部分班主任对诗歌、文学等领域了解不深

在诗歌、文学等艺术领域，专业知识和深入理解是成功开展诗意教育的基础。

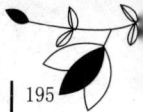

然而一些班主任基于教育背景、个人兴趣等原因，对这些领域的了解并不深入，缺乏相关的专业知识。这就导致了在进行诗意教育时，他们无法准确把握教学内容和方法，影响了诗意教育的质量和效果。例如一位班主任对古典诗歌或当代文学作品的理解较为浅显，无法深入解读其内涵和艺术价值。这样的情况下，即使班主任愿意进行诗意教育，也难以让学生真正领略诗歌的美妙和情感表达。缺乏专业知识也导致班主任无法解答学生提出的问题，无法引导他们深入思考和探索诗意作品。

（三）班主任教学压力大，课程负担重

班主任作为学校管理和教学工作的骨干力量，往往承担着巨大的教学压力和课程负担。除了管理学生日常生活和学习，他们还需要负责教学工作，包括课堂教学、学生辅导等。在如此繁重的工作任务下，班主任往往难以有足够的时间和精力来专注于诗意教育。举例来说，一位班主任每天需要承担多个班级的课程管理和教学工作，每个班级的学生数量都在 30 人以上。在这样的情况下，他们需要投入大量时间来备课、批改作业、与学生交流，已经没有多余的时间来深入开展诗意教育活动。

（四）缺乏有效的诗意教育评价与反馈机制

诗意教育的评价与反馈对于提升教学质量和改进教学方法至关重要，然而目前许多学校缺乏针对诗意教育的有效评价与反馈机制，导致班主任无法准确了解学生的学习情况和教学效果，也无法及时调整教学策略。举例来说，一些学校只采用传统的考试评价方式来衡量学生在诗意教育方面的学习成果，而忽视了诗歌创作、朗诵比赛等形式的评价。这样的评价方式无法全面反映学生的诗意教育水平，也无法有效激发学生的学习兴趣和动力。

班主任在提升诗意教育能力方面遇到的困难包括缺乏培训机会与资源、专业知识不足、教学压力过大、评价反馈机制不完善等，针对这些问题的学校需要加强培训资源的分配、提供专业知识的支持、减轻班主任的教学负担，并建立完善的评价反馈机制，从而全面提升班主任在诗意教育中的能力与水平。

三、学生个性化需求的满足问题

学生个性化需求的满足在当今教育中越发凸显其重要性，然而学生的学习兴趣、文化背景、认知水平等方面存在差异，这为诗意教育的实施带来了挑战。同时一些学生对诗意教育缺乏兴趣，学习压力大也使得诗意教育在学校教育中被边缘化。学校教育体制与课程设置缺乏灵活性也限制了诗意教育的发展，下面将就这些问题展开探讨。

（一）学生学习兴趣、文化背景、认知水平等存在差异

学生在学习诗意教育时，其学习兴趣、文化背景和认知水平的差异导致教学效果的不同。例如在一堂诗意教育课上，有些学生对古典诗歌产生浓厚兴趣，因为他们在家庭环境中接触到了相关文化，或者他们的认知水平使他们能够更深入地理解和欣赏古典诗歌的内涵。而另一些学生对现代诗歌更感兴趣，因为这与他们当下的生活经验更为契合。因此班主任在设计诗意教育课程时需要考虑到学生的个体差异，采用多样化的教学方法和资源，以满足不同学生的需求和兴趣。

（二）学生对诗意教育缺乏兴趣

部分学生对诗意教育缺乏兴趣主要是由其个人学习偏好和兴趣的差异所致。在教育环境中，有些学生更倾向于理科或技术类学科，对抽象的文学艺术缺乏深刻的兴趣。例如一个对数学和计算机编程充满热情的学生，更愿意投入时间学习与他们专业相关的知识，而对诗歌和文学作品则感到陌生或无法产生共鸣。这种情况下，这些学生对参与诗意教育课程缺乏动力，表现出冷漠或抵触的态度。学生的生活经历和文化背景也会影响他们对诗意教育的接受程度，比如成长在强调实用性教育的家庭或社会背景中的学生，更倾向于寻求直接实用价值的学习内容，而认为诗意教育缺乏现实意义。这种认知偏差进一步加剧他们对诗意教育的不感兴趣。

（三）学生学习压力大，诗意教育被边缘化或忽视

学生学习压力的增大和课业负担的加重确实导致诗意教育的边缘化或忽视。

在追求应试成绩和升学率的压力下,学校往往更加注重数理化等传统学科的教学,而将诗意教育视为次要的学科。这表现在多个方面:首先,一些地区的教育政策和评价体系往往更加关注学生在数学、语文、英语等科目的成绩,因为这些科目通常被认为是考试的主要内容,而诗意教育则被视为次要的、非必要的部分,这使得学校和班主任更倾向于将有限的时间和资源用于提高学生的应试能力,而将诗意教育放在次要位置;其次,由于学校课程时间有限,很多学校会将诗意教育的时间安排在课外活动或者临时课堂,而不是作为正式的学科纳入课程体系中,这使得学生对诗意教育的重视程度不高,因为他们更倾向于将时间和精力放在被视为更为重要的学科上;最后,社会普遍存在对学业成绩的高度重视和评价,这使得学生和家长更加关注学习成绩和升学前景,而忽视了诗意教育对于学生综合素养和人文修养的重要性。

(四) 学校教育体制与课程设置缺乏灵活性

学校教育体制与课程设置的缺乏灵活性是当前学生个性化需求难以得到满足的重要原因之一。许多学校中的教育体制往往固化成一种标准化的模式,课程设置也往往是按部就班地进行,缺乏对学生个性差异的考量。这种僵化的教育体制和课程设置导致了诗意教育在学校中的边缘化,无法有效地满足学生的个性化需求。举例来说,某些学校将诗意教育课程作为选修课或者课外活动,安排在学生的课余时间或者假期中。这样的安排虽然能够给学生提供一定的选择空间,但是却限制了诗意教育在学校正式课程中的地位和影响力。一些学校的课程设置过于密集和繁重,使得学生没有足够的时间和精力来专注于诗意教育。在这种情况下,学生往往会将诗意教育放在次要位置,而更倾向于投入应试科目的学习中。

学生个性化需求的满足面临多方面的挑战,包括学生差异化的兴趣和认知水平、对诗意教育的缺乏兴趣、学习压力大导致的边缘化现象,以及学校教育体制与课程设置的不灵活。针对这些问题,需要教育者和决策者共同努力,采取措施,从而更好地满足学生的个性化需求,促进诗意教育的发展。

四、社会期望与教育现实的冲突

教育的目标和社会期望之间存在明显的冲突,一方面,是社会普遍追求学术

成绩的提高，将学生的成功与其在应试考试中的表现挂钩；另一方面，是诗意教育作为培养学生情感、审美和人文素养的重要途径，却常常被忽视和边缘化。这种冲突导致了教育现实与社会期望之间的不协调，对学生的全面发展构成了挑战。

(一) 社会对学生学术成绩的追求忽视了诗意教育的重要性

社会普遍存在对学生学术成绩的高度追求，这种趋势往往忽视了诗意教育的重要性。学生的学术成绩往往被用作衡量其学习成就和未来发展的重要指标，而诗意教育则被认为是次要的、非必要的。例如一些学校将更多的时间和资源投入提高学生的数学、语文等应试科目的教学上，而将诗意教育的时间压缩到最低限度。这种现象在教育评价体系中也得到了体现，学校和班主任往往更加关注学生在数学、语文等科目的考试成绩，而对诗意教育的评价往往不够全面和客观。这种情况下，学生和家长更加关注学业成绩的提高，而忽视了诗意教育对于学生综合素养和人文修养的重要作用。举例来说，一些学校在课程设置上偏向于强化学生的应试能力，而将诗意教育放在次要位置。这样的做法虽然有助于提高学生在应试考试中的表现，却忽略了学生对于审美、情感和人文素养方面的培养。例如在高考备考中，一些学生会选择放弃诗歌、文学等课外学习，以便更多地投入应试科目的复习中，这就导致诗意教育的边缘化和忽视。这种现象不仅影响了学生对诗意教育的兴趣和理解，也制约了诗意教育的发展和推广。

(二) 教育改革中存在功利主义倾向，过度强调应试教育

在教育改革的过程中存在一定的功利主义倾向，过度强调了应试教育，而忽视了诗意教育的价值。教育改革往往以提高学生的应试成绩和升学率为目标，而忽视了学生全面发展和个性化需求的重要性。这种倾向导致诗意教育在教育体系中的边缘化和忽视，使得学校更倾向于将有限的资源用于提高学生的应试能力，而忽视了学生对于审美、情感和人文素养方面的培养。例如在一些教育改革方案中，政府会出台一系列政策措施，以提高学校在国内外排名中的竞争力。这些政策往往会强调学校的应试成绩和升学率，而忽视了学生对于诗意教育的需求和重要性。在这样的背景下，学校和班主任更加注重提高学生的应试能力，而将诗意教育放在次要位置。这种现象不仅影响了学生对诗意教育的兴趣和理解，也制约了诗意教育的发展和推广。

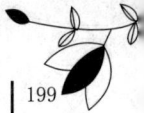

（三）家长对教育的期望与学校教育目标存在偏差

家长对教育的期望往往与学校教育目标存在偏差，这也导致诗意教育在教育体系中的边缘化。家长往往更关注学生的学业成绩和升学前景，而忽视了学生的个性发展和人文素养的培养。因此他们更倾向于选择那些注重应试教育的学校，而忽视了诗意教育在学生综合素养和人文修养方面的重要性。例如在选择学校时，一些家长会更加关注学校的师资力量、教学质量及应试成绩等方面，而忽视了学校对于诗意教育的重视程度。这样的做法不仅影响了学校对于诗意教育的投入和发展，也制约了学生对于诗意教育的接受和理解。

（四）社会对诗意教育的认知与理解不足

社会对诗意教育的认知与理解存在一定的不足，这导致了对诗意教育的误解与偏见的存在。诗意教育往往被视为一种抽象而难以理解的学科，因此在教育体系中常常受到边缘化和忽视。例如在一些地区，诗意教育被视为一种非实用的学科，被认为无法直接带来就业机会或实际收益，因而被忽视。这种偏见导致对诗意教育的投入不足，以及对其重要性的低估。实际上，诗意教育不仅能够丰富学生的情感世界和审美情趣，还能够培养其想象力、表达能力和创造力，对于学生的全面发展至关重要。因此有必要加强对诗意教育的宣传与推广，提高社会对其认知与理解的水平，消除对诗意教育的误解与偏见，从而更好地促进其在教育体系中的发展和地位。

社会对学术成绩的过度追求导致对诗意教育的忽视和边缘化，教育改革中的功利主义倾向过度强调了应试教育，而忽视了诗意教育的价值。家长对教育的期望与学校教育目标存在偏差，使得诗意教育在教育体系中难以获得应有的重视。同时社会对诗意教育的认知与理解不足也加剧了这一问题。因此需要加强对诗意教育的认知与推广，使其在教育体系中得到更加充分的发展和地位，以促进学生全面素养的提升。

第二节 应对挑战的策略与建议

一、优化教育资源分配，促进教育公平

教育公平是社会发展的基础，而诗意教育作为教育的重要组成部分，也需要得到充分的重视和支持。下面将从加大对资源匮乏地区的支持、建立跨区域、跨校资源共享机制、配置专职诗意教育班主任及加强政策制定等方面探讨如何优化教育资源分配，促进诗意教育的发展，并提出具体措施。

（一）加大对资源匮乏地区的支持力度

为了实现教育公平，特别是在资源匮乏地区，政府应采取更有力的支持措施。这些地区常常面临资金短缺、师资匮乏等问题，从而限制了诗意教育的发展。因此，政府应该通过增加财政拨款，投到这些地区的教育基础设施建设和班主任培训计划中。例如可以建设更多的学校和图书馆，提供现代化的学习设备和资源。同时政府还可以制定政策，吸引更多优秀的教育人才前往这些地区任教，或者提供额外的奖励和津贴以激励他们留任。这样一来就能够确保资源匮乏地区的学生也能够获得优质的诗意教育，实现教育公平。

（二）建立跨区域、跨校资源共享机制

为了弥补各地教育资源的不足，建立跨区域、跨校资源共享机制是一种有效的途径。通过这样的机制，不同地区、不同学校之间可以共享诗意教育资源，从而确保资源的充分利用和共享。例如可以建立一个在线平台，让学校上传和分享他们的诗意教育教材、课程设计、艺术作品等资源。这样一来，即使是在资源相对匮乏的地区，学生也能够通过网络获得来自其他地区的优质诗意教育资源，丰富自己的学习体验。同时还可以建立资源共享的合作机制，促进不同学校之间的合作与交流，共同推动诗意教育的发展。这样的跨区域、跨校资源共享机制有助

于提高诗意教育的普及度和质量，促进教育公平的实现。

（三）配置专职诗意教育班主任

为了加强诗意教育的开展，学校可以考虑配置专职诗意教育班主任。这些专职班主任将负责策划和组织与诗意教育相关的各类活动，从而提高诗意教育的深度和广度。例如他们可以组织诗歌朗诵比赛，激发学生的创作热情和表达能力；举办文学作品阅读分享会，引导学生深入文学世界，提升其文学素养和审美情趣。专职班主任还可以与其他学科班主任合作，将诗意教育融入各个学科的教学中，促进跨学科的融合发展。通过配置专职诗意教育班主任，学校能够更加有针对性地推进诗意教育，为学生的综合素养提供更全面的培养。

（四）加强政策制定

加强政策制定是推动诗意教育发展的关键举措，政府可以通过明确政策、增加财政支持等方式，为诗意教育提供更有力的支持和保障。政府可以制定相关政策，明确诗意教育在教育体系中的地位和重要性，确保其得到足够的关注和资源投入。政府可以通过提供专项经费和政策倾斜，鼓励学校和班主任开展诗意教育的创新实践。例如可以设立奖励机制，对在诗意教育领域做出突出贡献的学校和班主任进行表彰和奖励，以激励更多人投身到诗意教育的教学与研究中来。政府还可以通过政策引导，将诗意教育纳入学校课程设置和教学评价体系，确保其在教育实践中得到充分的推广和实施。通过这些政策举措，可以进一步促进诗意教育的发展，提升教育质量，培养学生的综合素养和创新能力。

为了实现教育公平需要采取一系列措施来促进诗意教育的发展；首先，要加大对资源匮乏地区的支持力度,确保这些地区的学生也能够获得优质的诗意教育；其次；建立跨区域、跨校资源共享机制，充分利用教育资源，提高诗意教育的普及度和质量；再次，配置专职诗意教育班主任，提高诗意教育的深度和广度；最后，加强政策制定，为诗意教育提供更有力的支持和保障。通过这些措施的实施可以推动诗意教育的全面发展，促进教育公平的实现。

二、加强师资培训，提升班主任诗意教育能力

提升班主任的诗意教育能力对于学生的综合素养和创造能力至关重要，为了

达到这一目标，学校可以采取一系列措施，包括设立专业发展岗位、开展培训课程与研讨会、制定评价标准，以及鼓励跨学科合作与交流等。

（一）设立诗意教育专业发展岗位

为了提升班主任在诗意教育方面的专业能力，学校可以考虑设立诗意教育专业发展岗位。这些岗位可以专门招聘具有诗意教育背景和经验的专业人员，负责指导和辅导其他班主任进行诗意教育工作。这样一来，班主任就能够从专业人员的指导中获得更深入的教学理念和方法，提升自己在诗意教育领域的专业水平。例如学校可以聘请具有文学、艺术等相关专业背景的班主任担任诗意教育专业发展岗位，他们可以组织诗意教育教学研讨会、指导诗歌创作、推荐优秀文学作品等。通过这些举措，班主任可以与专业人员进行深入交流与学习，不断提升自己的诗意教育能力。

（二）开展诗意教育培训课程与研讨会

为了提升班主任在诗意教育领域的专业能力，学校可以定期开展诗意教育培训课程与研讨会。这些培训课程可以涵盖诗歌欣赏、创作指导、文学作品解读等内容，帮助班主任深入了解诗意教育的核心理念和方法。例如学校可以邀请文学专家、艺术家等行业专业人士来进行课程授课，分享他们的经验和见解。同时还可以组织诗意教育案例分析、教学反思等活动，促进班主任在诗意教育方面的思考和提升。通过这些培训课程与研讨会，班主任可以不断拓宽自己的教育视野，提升诗意教育的实践能力。

（三）制定诗意教育班主任评价标准

为了规范和提高班主任在诗意教育方面的工作水平，学校可以制定诗意教育班主任评价标准。这些评价标准可以包括诗意教育教学效果、诗歌创作指导能力、文学作品解读水平等方面的考核内容，用于评估班主任在诗意教育方面的专业能力和教学质量。例如评价标准可以包括学生诗歌创作作品质量、诗歌朗诵比赛成绩、学生文学作品阅读理解能力等方面的表现，同时还可以考虑班主任在诗意教育活动组织、跨学科合作等方面的贡献。通过制定评价标准，可以激励班主任不断提升自己在诗意教育领域的专业水平，推动诗意教育的深入发展。

（四）鼓励班主任开展跨学科合作与交流

跨学科合作是促进诗意教育全面发展的重要途径，班主任可以与不同学科的班主任开展合作与交流，将诗意教育融入各个学科的教学中，从而丰富学生的学习体验。例如班主任可以与语文班主任合作，共同设计诗歌欣赏课程，引导学生欣赏、分析和解读优秀诗歌作品，并鼓励他们进行诗歌创作实践。与美术班主任合作，可以开展诗意艺术创作活动，让学生通过绘画、手工等方式表达诗意情感，拓展对诗意的理解和表达。通过这样的跨学科合作，不仅可以增强学生的创造力和综合素养，还能够提升诗意教育的实效性和影响力，为学生全面发展打下坚实基础。

通过设立专业发展岗位，开展培训与研讨，制定评价标准及鼓励跨学科合作，学校可以有效提升班主任的诗意教育能力。这些举措将有助于班主任更好地指导学生，在诗意教育方面发挥积极作用，为他们的全面发展奠定坚实基础。

三、关注学生个性发展，实施因材施教

学生个性发展和因材施教已成为备受关注的重要议题，了解学生的个性特点和学习需求，并根据其实际情况进行有针对性的教学，已被认为是提高教育质量和学生成绩的关键之一。为此，学校在教学实践中积极探索各种因材施教的策略，其中包括引入个性化学习方案、推行小班化教学、建立学生档案系统，以及开展家校合作等。这些举措不仅有助于满足学生的个性发展需求，还能够促进学校和家庭之间的紧密合作，共同关注学生的成长，下面将深入探讨这些因材施教策略的实施与意义。

（一）引入个性化学习方案

学生在学习过程中呈现出多样化的学习需求和学习方式，为了更好地满足学生的个性发展需求，学校可以引入个性化学习方案。例如在语文课程中，针对阅读能力较强的学生可以设置拓展阅读任务，让他们挑战更高难度的文学作品；而对于阅读能力较弱的学生，则可以提供简化版本的文学作品或者配套辅导材料，帮助他们逐步提升阅读水平。通过这种个性化的学习方案，学生可以根据自己的兴趣和能力选择适合自己的学习内容，更好地发挥自己的潜能。

（二）推行小班化教学

推行小班化教学是一种有力的因材施教策略，小班环境下的班主任能够更充分地了解每个学生的学习情况和需求。举个例子，在数学课堂上，班主任可以根据学生的数学水平和学习进度，有针对性地设计教学内容和活动。对于理解能力较强的学生，可以提供更深入的拓展内容，激发其求知欲和挑战精神；而对于理解能力较弱的学生，则可以提供更为细致的解题指导，帮助他们逐步掌握知识。通过个性化的辅导和指导，每个学生都能够在小班环境中得到更充分的关注和支持，更有效地提升自己的学习能力和成绩水平。

（三）建立学生档案系统

建立学生档案系统是为了更好地了解和关注每个学生的学习情况和个性发展。这一系统记录了学生的学习表现、成绩、兴趣爱好和其他重要信息。通过对学生档案的跟踪记录，班主任可以及时发现学生的学习状态和发展变化。例如如果发现某个学生在某一学科表现突出，班主任可以根据档案记录为他提供更深入的拓展学习任务，以促进他的学术发展。另外，如果发现某个学生在某些方面存在困难或者特殊需求，班主任也可以根据档案信息给予相应的个性化辅导和支持。因此建立学生档案系统有助于班主任更全面地了解学生，从而更好地实施因材施教，为每个学生提供个性化的教育和指导。

（四）开展家校合作

家校合作是实施因材施教的重要环节。通过家校合作，学校与家长可以共同关注学生的学习和成长，形成良好的教育共同体。举例来说，学校可以定期组织家长会，让家长了解学校的教育理念、教学安排和学生的学习情况。同时家长也可以通过家长会向班主任反馈学生在家中的学习情况和成长变化，以便班主任更好地了解学生的个性特点和需求。学校还可以进行家访活动，通过与家长面对面的沟通，建立起更为密切的联系和合作关系。通过家校合作，学校和家长可以共同制定个性化的教育方案，为每个学生提供更贴心、更精准的教育支持，促进其全面发展和成长。

学校教育的本质在于培养学生全面发展的个体，因此关注学生的个性发展，

实施因材施教显得尤为重要。引入个性化学习方案、推行小班化教学、建立学生档案系统，以及开展家校合作等举措，为学生提供了更加贴心、精准的教育支持。通过这些努力，我们能够更好地满足学生的学习需求，激发他们的学习潜能，促进其全面发展和成长。同时学校和家庭之间的紧密合作也为学生的教育提供了有力支持，共同为孩子的未来奠定坚实的基础。

四、协调社会期望与教育现实，推动教育改革

教育改革和发展已成为各国政府和教育界的重要议题，其中协调社会期望与教育现实，推动教育改革尤为重要。下面将探讨提高社会对诗意教育的认知度、促进教育改革，加强与家庭、社会的合作与沟通，以及政府部门对诗意教育的政策支持与投入等方面的策略，以实现教育的全面发展和学生的综合素养提升。

（一）提高社会对诗意教育的认知度

诗意教育旨在培养学生的情感、审美和人文素养，强调的不仅是知识的传授，更是心灵的滋养和情感的启迪，然而社会对诗意教育的认知度仍然有待提高。为此学校可以通过举办专题讲座、举办文化艺术活动等形式进行宣传。例如邀请专家学者开展讲座，深入浅出地介绍诗意教育的理念和实践，向社会传递其重要性和价值。同时举办诗歌朗诵比赛、美术展览等活动，让学生亲身参与并通过实践感受诗意教育的魅力。这些举措不仅能够引起社会的关注和认同，也能够激发学生对诗意教育的兴趣，为其深入了解和接受诗意教育奠定坚实基础。

（二）促进教育改革，调整教育评价体系

现今教育评价体系常被批评为偏重考试成绩和知识量的量化评估，而忽略了学生的综合素养和个性发展。为推进教育改革需调整评价体系，更加注重学生的全面素质。一个重要的方向是引入多元化的评价方式。除了传统的考试成绩，应考虑包括学科竞赛、课外活动、综合实践等方面的评估，以全面考量学生的知识水平、实践能力、品德素养等方面的表现。例如通过学科竞赛评价学生在特定领域的专业水平，通过课外活动评价学生的领导力、团队合作能力等，通过综合实践评价学生的实际应用能力和创新意识。这种综合评价体系将更能客观全面地反映学生的真实水平和潜能，激发其学习兴趣，促进其全面发展。

（三）加强与家庭、社会的合作与沟通

教育的影响不仅限于学校，家庭和社会也扮演着至关重要的角色。为了形成教育共同体，学校有必要加强与家庭、社会的合作与沟通。学校可以定期举办家长会，这是一种直接有效的方式，通过这样的会议，学校可以向家长介绍学校的教育理念、课程设置和教学安排，同时倾听家长对教育的意见和建议，促进学校与家庭之间的密切合作。学校还可以邀请社会各界人士参与学校教育活动，例如邀请专业人士进行职业分享，或者邀请艺术家、作家等举办讲座和进行交流，为学生提供更广泛的学习资源和机会，丰富他们的学习体验。通过这样的合作与沟通，学校、家庭和社会可以形成紧密的教育共同体，共同关注学生的成长和发展，为他们的未来奠定坚实的基础，促进教育事业的全面发展。

（四）政府部门加大对诗意教育的政策支持与投入

政府在教育领域的支持至关重要，应当加大对诗意教育的政策支持与投入。政府可以通过制定相关政策来鼓励学校积极开展诗意教育实践。这些政策可以包括资助诗意教育项目、设立奖励机制以激励班主任和学校开展创新实践，以及提供资源支持，如诗歌集、艺术品等来丰富教学内容。政府还应为班主任提供相关的培训和支持，以提高他们的诗意教育水平和能力。这样可以确保班主任在课堂上能够有效地传授诗意教育的理念和技巧，更好地引导学生进行审美体验和情感表达。同时政府还可以增加对艺术教育的投入，建设更多的文化艺术教育设施，如美术馆、音乐厅等，为学生提供更广阔的艺术学习空间和机会。通过政策支持与投入，可以推动诗意教育在全社会范围内得到更好的普及和发展，为学生的全面成长和人文素养的提升奠定坚实基础。

为了推动教育改革，社会各界应当共同努力，从提高诗意教育的认知度、调整评价体系、加强与家庭、社会的合作与沟通，以及政府部门加大对诗意教育的政策支持与投入等方面入手。通过这些措施的实施可以期待教育体系更加完善，学生的全面发展得到更好的促进，社会的文化素养和人文精神也将得到提升，为构建和谐、进步的社会奠定坚实基础。

第三节　诗意教育实践中的困惑与解决方案

一、班主任在实践中遇到的困惑与难题

诗意教育实践中的班主任面临诸多挑战和困惑，首先，对诗意教育的理念与方法理解不足，习惯于传统的教学方式，难以有效地将诗意教育融入日常教学中；其次，缺乏与诗意教育相关的专业培训与持续发展机会也使得班主任在实践中感到无助；最后，课堂上学生的参与度不高及评估诗意教育效果的困难与挑战也是班主任在实践中常遇到的问题。

（一）班主任对诗意教育理念与方法的理解不足

班主任在诗意教育的实践中会面临对其理念与方法理解不足的挑战，诗意教育旨在培养学生的情感表达能力、审美情趣和人文素养，与传统教育相比更注重情感共鸣与内在启迪。然而由于长期受到应试教育的影响，班主任更习惯于注重知识的传授和考试成绩的提高，而对于诗意教育的理念与方法了解不足。

（二）缺乏与诗意教育相关的专业培训与持续发展机会

班主任缺乏与诗意教育相关的专业培训与持续发展机会导致其在实践中难以有效地运用诗意教育理念和方法，相比之下现实工作中更常见的是传统的教育培训，主要集中在学科知识的更新、教学技能的提升等方面，而对于诗意教育的专业培训相对较少。举例来说，许多学校通常安排班主任参加学科相关的教学研讨会、教学法培训等，以提升其教学水平和专业素养。然而诗意教育作为一种跨学科、综合性的教育理念，往往没有专门的培训机会。这使得班主任在教学实践中会感到困惑和无助，不知道如何有效地将诗意教育融入日常的教学活动中。

（三）课堂上学生参与度不高

课堂上的学生参与度不高源自多种因素，例如学生缺乏对诗歌、文学作品或

艺术活动的兴趣，觉得这些内容与他们的日常生活或学习无关。如果班主任未能设计出足够引人入胜的课堂活动，学生会感到乏味或无动于衷，从而导致参与度不高。课堂氛围的压抑或者缺乏互动也会影响学生的参与度，如果学生感受不到自己的想法和意见受到尊重和重视，他们会选择保持沉默而不参与课堂活动。假设在一堂诗意教育的课上，班主任选择了一首经典诗歌进行解读和讨论。然而如果班主任的教学方式过于呆板，只是简单地解释诗歌的意义和结构，而没有给予学生足够的空间来表达自己的想法和情感，那么学生会感到无法产生共鸣，从而对课堂活动失去兴趣，参与度也会降低。

（四）评估诗意教育效果的困难与挑战

评估诗意教育效果是一项复杂的任务，因为诗意教育的目标是激发学生的情感体验和审美感受，这些体验和感受往往是主观的、难以量化的。因此班主任在实践中可能会遇到一些困难和挑战。诗意教育的效果不易直接观察和测量，学生的情感体验和审美感受是内心的体验，不同学生可能会有不同的反应和感受，而且这些感受往往无法通过客观的量化指标来衡量。例如一首诗歌可能会引发学生不同的情感共鸣，有些学生可能会感受到悲伤，而有些学生可能会感受到喜悦，这种差异性使得评估变得复杂而困难。评估诗意教育效果涉及多种因素的综合考量，除了学生的情感体验和审美感受之外，还需要考虑到课堂教学的质量、班主任的教学方法、学生的学习态度等因素。例如即使学生在诗意教育活动中没有产生明显的情感体验，但如果他们能够主动参与讨论、表达自己的观点，并且在后续的学习中体现出对诗歌和文学作品的理解和欣赏，这也可以被视为诗意教育效果的一种体现。

综合考虑班主任在诗意教育实践中的困惑与难题，可以发现这些问题不仅来自教学理念与方法的不适应，也源于班主任专业发展机会的不足，以及评估手段的不完善。要解决这些问题需要加强对诗意教育的理解与培训，提供更多的专业发展机会。

二、学生学习过程中的问题与需求

诗意教育的实践中学生面临着各种各样的问题与需求，这些问题不仅影响他们对诗歌与文学的接受程度和理解能力，还涉及他们对诗意教育的兴趣与态度，

以及在创作和表达过程中可能遇到的困难。了解并应对这些问题，对于促进学生的学习和发展至关重要。

（一）学生对诗歌与文学的接受度与理解能力不同

学生在接受和理解诗歌与文学方面存在差异。有些学生对诗歌和文学作品产生浓厚的兴趣，能够深入理解其中的情感和意义；而另一些学生可能对这些内容缺乏兴趣，或者由于阅读能力不足而难以理解。例如在一次诗歌阅读活动中，一部分学生可能会被诗歌中的意象和情感所吸引，能够体会到诗歌所表达的内在情感和思想；而另一部分学生可能会觉得诗歌晦涩难懂，无法产生共鸣，甚至对诗歌产生抵触情绪。这种差异性可能源自学生个体的阅读经验、文化背景，以及对诗歌和文学作品的审美情趣等方面的不同。因此班主任在诗歌与文学教育中需要充分了解学生的特点和需求，采用多样化的教学方法和策略，以激发每个学生的学习兴趣，提升他们的阅读能力和文学素养。

（二）部分学生对诗意教育缺乏兴趣或抵触情绪

部分学生对诗意教育缺乏兴趣或抵触情绪可能是由多种因素造成的，其中一个可能的原因是他们对诗歌和文学作品缺乏兴趣，可能更偏好其他类型的学习内容或娱乐方式。例如一些学生可能更喜欢科学、技术或体育方面的活动，对于文学艺术类的内容缺乏兴趣，因此对诗意教育的学习可能感到乏味或无聊。另一个原因是学生认为诗歌与文学作品与自己的日常生活和学习无关，缺乏实用性或直接的应用场景。例如在一次诗歌欣赏活动中，一些学生可能会觉得诗歌无法满足他们的学习需求，认为学习诗歌没有意义，从而对诗意教育产生抵触情绪，不愿意参与相关的学习活动。

（三）学生在诗意教育实践中面临的创作难题与表达困难

在诗意教育实践中的学生常常面临创作难题和表达困难，创作难题可能源自学生缺乏灵感或者不知道如何展开创作。例如一些学生可能会感到写作思路不清晰，不知道如何开始或者如何组织文章结构；另一些学生可能会遇到词汇贫乏的问题，无法准确地表达自己的想法和情感。这些创作难题会使学生感到困惑和沮丧，影响其创作的积极性和效果。学生还面临表达困难，即无法清晰地表达自己

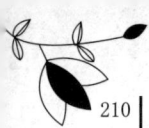

的想法和情感。这可能是由于学生语言表达能力不足，或者缺乏对诗意表达形式的理解和掌握。例如一些学生可能会遇到表达思想和情感的困难，导致他们无法将内心的感受准确地表达出来，从而影响了诗意作品的质量和深度。

学生在诗意教育学习过程中面临着多重问题与需求；首先，学生对诗歌与文学的接受度与理解能力存在差异，需要班主任采用多样化的教学方法和策略，激发学生的兴趣，提升其阅读能力和文学素养；其次，部分学生对诗意教育缺乏兴趣或抵触情绪，班主任需要从兴趣引导和实用性角度出发，增强学生的参与度和学习动力；最后在诗意创作和表达方面，学生可能面临着创作难题和表达困难，需要班主任提供指导和支持，帮助他们克服困难，发挥自己的创造力和表达能力。通过关注和满足学生的需求，诗意教育可以更好地实现其教育目标，为学生的全面发展和成长提供有力支持。

三、家校合作中的挑战与应对策略

在学生的教育过程中家校合作扮演着至关重要的角色，特别是在诗意教育方面，与家长的有效沟通、寻求共识、引导家长参与和建立健康的家校关系，都是推动学生全面发展的关键。下面将探讨在家校合作中可能遇到的挑战以及相应的应对策略，以期促进学生在诗意教育中取得更好的成效。

（一）与家长进行有效沟通

在促进学生的诗意教育过程中，与家长的有效沟通是至关重要的一环。通过各种方式与家长保持联系，班主任能够及时了解学生在诗意教育方面的表现，同时也能够向家长传达诗意教育的重要性和价值。例如定期举行家长会议或发送家长信函，可以向家长介绍学校的诗意教育计划和目标，并邀请他们参与其中。在这些交流中，班主任可以分享学生在诗歌与文学方面的成就和进步，让家长了解到诗意教育对学生综合发展的重要作用。利用电话或在线平台进行沟通也是一种便捷的方式，可以及时回答家长的疑问，解决他们的困惑，进一步增强家长对诗意教育的理解和支持。通过与家长的有效沟通，班主任可以与家长一起共同关注学生的成长，为他们提供更好的教育环境和支持。

（二）在家校合作中寻求共识

家校合作中班主任和家长的共识是推动学生全面发展的重要基石，双方需要相互尊重，充分理解彼此的立场和意见，并共同制订适合学生的教育目标和计划。特别是在课外活动安排方面，班主任可以与家长沟通，探讨如何平衡学生的课业负担和诗意教育的重要性。例如通过制订合理的学习计划，学生可以在诗歌创作、文学阅读等课外活动中得到发展，同时不会因此影响到正常的学习进程。这样的共识有助于确保学生在各个方面都能得到充分的发展，提升其综合素养和成长水平。

（三）引导家长参与诗意教育活动

班主任在家校合作中扮演着重要的角色，可以积极引导家长参与诗意教育活动，从而增强家校合作的密切程度。可以通过邀请家长参加学校举办的诗歌朗诵比赛、文学作品分享会等活动，让他们亲身感受到学生在诗意教育中的成长和进步。家长的参与不仅可以为学生提供更多的支持和鼓励，也能够增进他们对诗歌与文学的理解和欣赏，进而更好地与孩子分享这种美好的艺术体验。班主任可以鼓励家长在家中营造良好的阅读环境，与孩子一起阅读诗歌和文学作品。这不仅可以促进家庭成员之间的亲子交流，还能够培养学生的阅读兴趣和审美情趣。通过与家长一起共同品味文学经典，孩子们将更容易地理解和接受诗歌与文学的美妙之处，从而在诗意教育中取得更好的效果。

（四）建立健康的家校关系

建立健康的家校关系是确保学生全面发展的关键之一。班主任在这方面扮演着重要的角色，需要以开放和包容的态度对待家长，建立起互信和合作的基础。及时回应家长的关切和反馈是建立良好关系的重要一环。例如班主任可以定期向家长反馈学生在诗歌阅读、创作和表达方面的表现，与家长分享学生的成长和进步，让家长感受到他们的参与和支持对学生的积极影响。班主任应该积极倾听家长的意见和建议，并与他们共同探讨如何更好地支持学生的发展。这种双向的沟通和合作有助于增进彼此的理解和信任，进而为学生提供更加个性化和贴心的教育服务。通过不断改进诗意教育的方式和方法，班主任能够更好地满足学生和家

长的需求，从而共同为学生的成长搭建一个良好的学习环境。建立健康的家校关系不仅有利于学生的学习和发展，也为学校和家庭之间的长期合作奠定了坚实的基础。

四、诗意教育实践成果的评估与反思

诗意教育实践不仅是一种教学方法，更是一种教育理念的体现。在推行诗意教育的过程中，评估和反思是至关重要的环节，它们为我们提供了深入了解学生学习情况、调整教学策略的机会。下面将探讨如何科学有效地评估诗意教育实践的成果与效果，面对学科教学与诗意教育目标的多重要求时如何应对，以及如何利用评估结果进行持续改进，并对诗意教育实践进行反思与总结。

（一）科学有效地评估诗意教育实践的成果与效果

评估诗意教育实践的成果与效果需要采用多种科学有效的方法；首先，可以通过定期的诗歌创作比赛、朗诵比赛等形式来评估学生在诗歌表达能力方面的提高情况；其次，可以结合课堂观察和学生作品集分析，评估学生对诗歌与文学的理解和欣赏水平；最后，还可以采用问卷调查、学生自评与家长评价等方式，综合评估学生在诗意教育实践中的学习态度、情感态度和认知态度的变化。例如通过学生的创作作品展示、口头表达能力的提升，以及家长对诗意教育的认可度等方面，来综合评价诗意教育实践的成果与效果。

（二）面对学科教学与诗意教育目标的多重要求

面对学科教学与诗意教育目标的多重要求，班主任应当采取灵活的教学策略，将诗意教育融入学科教学中。在语文课堂上，班主任可以通过解析诗歌、深入分析文学作品等方式，引导学生感受诗意的内涵，培养其文学鉴赏能力和审美情趣。例如通过讲解诗歌的意境和表达方式，帮助学生理解诗意的美妙之处；通过分析文学作品的主题和情节，启发学生对生活的思考与体验。而在美术课上，班主任则可以通过绘画诗意的场景、创作诗意的艺术品等方式，让学生通过视觉的方式感受诗意的表达，培养其艺术审美和创造能力。例如通过绘画自然风景或人物形象，表达诗意的情感和意境；通过创作抽象艺术作品，激发学生的想象力和创造力。班主任还可以与其他学科的班主任进行合作，将诗意元素融入跨学科的教学

活动中，让学生在不同学科的学习中都能感受到诗意的魅力。通过这种有机结合，学科教学与诗意教育目标可以相辅相成，促进学生全面发展。

（三）利用评估结果进行持续改进

利用评估结果进行持续改进是诗意教育实践中至关重要的一环。班主任应当密切关注评估结果，并根据不同学生的表现情况及时调整教学策略和方法。对于那些表现较好的学生，可以提供更多的挑战性任务和拓展活动，以激发其学习兴趣并进一步发展其诗意表达能力；而对于表现较差的学生，则需要采取更加温和的引导和辅导措施，为他们提供个性化的指导，帮助他们逐步提升诗意表达能力。班主任还应积极与家长和同行班主任进行交流和合作，分享评估结果和改进措施。通过与家长合作，可以更好地了解学生在家庭环境下的情况，为他们提供更全面的支持和指导；与同行班主任合作，则可以共同探讨有效的教学方法和策略，共同促进诗意教育实践的不断改善与发展。利用评估结果进行持续改进需要班主任与家长、同行班主任之间的紧密合作和沟通，以确保每个学生都能够在诗意教育中得到有效的支持和引导。

（四）对诗意教育实践的反思与总结

对诗意教育实践的反思与总结是班主任不断提升教育质量的关键步骤，班主任可以通过定期组织教研活动，与同行分享诗意教育实践的经验和成果。这种交流有助于拓展班主任的思路，从多个角度审视诗意教育的实施情况，并共同探讨解决存在问题的有效途径。班主任还可以开展教育案例分析和教学反思等活动，深入思考自己的教学实践。通过反思和总结，班主任能够发现教学中的不足之处，并从中汲取经验教训，为今后的教育实践提供借鉴。这样的过程不仅有助于班主任个人的成长，也有利于推动诗意教育理论体系和实践模式的不断完善。对诗意教育实践的反思与总结是促进教育教学持续发展的重要途径，有助于提升班主任的专业水平和教育质量。

评估诗意教育实践的成果与效果需要多方面的方法，包括比赛形式、观察分析、问卷调查等，以全面地了解学生的发展情况。面对学科教学与诗意教育目标的双重要求，班主任应采取灵活的教学策略，将诗意元素融入学科教学中，促进学生全面发展。利用评估结果进行持续改进需要班主任与家长、同行班主任之间

的合作与沟通，以确保每个学生都能得到有效的支持与指导。对诗意教育实践进行反思与总结是提升教育质量的关键步骤，有助于班主任个人成长和教育实践的不断完善。

第四节 诗意教育的可持续发展路径

一、构建诗意教育的长效机制

构建诗意教育的长效机制是为了确保诗意教育能够持续发展并在教育体系中占据重要地位而采取的重要措施。通过建立健全政策体系、设立专门的管理机构、加强资金支持与投入、建立师资队伍培养与激励机制，以及加强与相关部门、机构的合作与协调，可以为诗意教育提供坚实的支撑和持续的发展动力。

（一）建立健全诗意教育政策体系

建立健全诗意教育政策体系是推动诗意教育可持续发展的基础，这一政策体系应当囊括多个方面，包括明确诗意教育的目标与原则，制定政策导向以支持诗意教育的开展。政策应将诗意教育纳入教育体系的核心地位，明确其在教学中的重要性与必要性。政策需要规范诗意教育的课程设置与教学内容，确保诗意元素在学校教育中得到充分体现。还应制定相关激励政策，以鼓励班主任积极参与诗意教育实践，如设立奖励机制或提供专项资金支持。通过建立这样一个完善的政策体系，能够为诗意教育的推广与实践提供有力的支持与保障，从而促进其在教育领域的可持续发展。

（二）设立专门的诗意教育管理机构

设立专门的诗意教育管理机构是推动诗意教育持续发展的重要举措，这一机构可以负责制定诗意教育的发展规划和政策，组织实施相关的诗意教育项目，监督评估诗意教育的实践效果，促进诗意教育在学校和社会中的深入开展。例如成立诗意教育委员会或专门机构，由专业人士和相关领域专家组成，负责制定诗意

教育的指导方针和政策措施。该机构可以与各级教育主管部门、学校和社会组织合作，共同推动诗意教育的发展。通过设立专门的管理机构，可以更好地促进诗意教育的规范化和专业化发展，为广大学生提供更优质的诗意教育资源和服务。

（三）加强对诗意教育的资金支持与投入

加强对诗意教育的资金支持与投入是保障其可持续发展的重要举措，政府应当增加对诗意教育的经费投入，以支持学校、班主任和相关机构开展各类诗意教育项目和活动。这包括为诗意教育提供专项资金，用于购置教育资源和设备、举办诗歌朗诵比赛、组织艺术展览等。同时政府还应该设立奖励机制，鼓励教育机构和班主任在诗意教育领域取得突出成绩。举例来说，可以设立诗意教育项目专项基金，用于资助学校开展诗意教育项目，如诗歌创作班、艺术表演等。政府还可以设立诗意教育奖学金，奖励在诗意教育方面表现优秀的学生和班主任，激励更多人参与到诗意教育中来。通过加强资金支持与投入，可以为诗意教育提供更为稳定和可持续的发展保障，推动其在教育领域的深入开展。

（四）建立诗意教育师资队伍培养与激励机制

建立诗意教育师资队伍培养与激励机制是确保诗意教育质量和可持续发展的重要措施，教育部门应该致力于加强对诗意教育班主任的培训和发展，以提升其专业水平和教学能力。这包括举办诗意教育班主任培训课程、研讨会，提供相关教材和资源，并鼓励班主任参与实践与研究，不断提升自身的诗意教育水平。同时建立激励机制也是至关重要的。政府可以设立诗意教育班主任奖励计划，定期评选出在诗意教育领域表现突出的班主任，给予奖励和荣誉称号，以激励更多班主任积极投入诗意教育中来。还可以设立诗意教育班主任岗位津贴或提供其他形式的物质奖励，以表彰他们的贡献和努力。通过建立这样的培养与激励机制，可以吸引更多优秀班主任投身到诗意教育事业中，推动诗意教育的全面发展和进步。

（五）加强与相关部门、机构的合作与协调

加强与相关部门、机构的合作与协调是促进诗意教育可持续发展的关键，政府部门、学校、社会组织等应密切合作，形成合力，共同推动诗意教育的发展。政府部门应该与教育、文化部门等相关机构建立起有效的合作机制，共同制定诗

意教育政策和规划，协调资源投入和项目开展，确保诗意教育的全面推进。学校可以与文化机构、艺术团体等合作开展丰富多彩的诗意教育活动，如诗歌朗诵比赛、艺术展览等，丰富诗意教育内容，激发学生的兴趣和创造力。社会组织也可以发挥自身优势，积极参与到诗意教育中来，组织各类诗意活动，扩大诗意教育的影响力和覆盖面。通过加强与相关部门、机构的合作与协调，可以充分利用各方资源和力量，实现诗意教育的优势互补，推动其在全社会范围内的深入开展和持续发展。

在构建诗意教育的长效机制过程中，各项举措相辅相成、相互促进。建立健全政策体系为诗意教育提供了政策保障和方向指引，专门的管理机构有助于规范和专业化诗意教育的推进，加强资金支持与投入则为诗意教育提供了物质基础，而建立师资队伍培养与激励机制则为教育人才的培养和稳定发展提供了保障。同时加强与相关部门、机构的合作与协调则是整个机制运行的关键环节，促进各方资源共享、优势互补，推动诗意教育在全社会范围内持续深入开展，为学生提供更加丰富、多元的教育体验，从而推动整个社会文化的进步和发展。

二、创新诗意教育的实践模式

诗意教育是培养学生情感情操、提升审美素养的重要途径之一，然而传统的诗意教育模式已难以满足当代学生多元化的需求。因此创新诗意教育的实践模式显得尤为重要。下面将探讨几种创新的诗意教育实践模式，以期为提升学生诗意体验和文学素养提供新思路和新方法。

（一）推行多元化的诗意教育实践活动

多元化的诗意教育实践活动能够激发学生的创造力和想象力，丰富他们的诗意体验。这包括诗歌朗诵比赛、诗意艺术创作、诗意戏剧表演等各种形式的活动。例如学校可以定期举办诗歌朗诵比赛，鼓励学生通过朗诵自己喜爱的诗歌来表达内心情感；同时也可以组织诗意艺术创作比赛，让学生通过绘画、摄影、手工等形式将诗意表现出来，培养其艺术审美和创作能力。通过推行这些多元化的实践活动，学生能够更加深入地理解诗意的内涵，从而提升其文学修养和审美素养。

（二）借助现代科技手段，开发诗意教育相关的手机应用、网络平台等

借助现代科技手段开发诗意教育相关的手机应用、网络平台等，是将诗意教育融入学生日常生活的有效途径。通过开发诗歌鉴赏 App，学生可以轻松地在手机上阅读、欣赏各种经典诗歌，同时还能够获取专业的解读和分析，加深对诗歌的理解和感悟。这样的应用不仅方便学生随时随地进行诗意学习，还可以激发他们对诗歌的兴趣和热爱。通过创建诗意教育网站，学生可以获取到更加丰富多样的诗意教育资源，包括诗歌创作指导、诗意活动信息等，为他们提供更广阔的学习空间和交流平台。这样的网络平台不仅可以满足学生的学习需求，还能够促进学生之间的互动和合作，激发他们的创造力和想象力。借助现代科技手段开发诗意教育相关的应用和平台，不仅能够让诗意教育更加便捷、生动，还能够吸引更多学生的参与和关注，促进诗意教育的全面发展。

（三）开展跨学科的诗意教育实践活动

开展跨学科的诗意教育实践活动是为了在学生的学习中融入诗意元素，拓展他们的知识领域和思维方式。一种方法是组织跨学科的诗意主题研究项目。在这样的项目中，学生将诗歌、文学等诗意元素与其他学科知识相结合，例如将诗歌与历史、地理或科学等学科联系起来进行研究。通过这样的跨学科研究，学生可以深入探索诗歌背后的文化、历史或科学内涵，同时培养跨学科思维和解决问题的能力。另一种方法是开展跨学科的诗意文化体验活动，这样的活动将诗歌、文学作品与其他学科内容相结合，例如组织历史考察活动时，结合当地的历史背景与相关诗歌进行欣赏或创作；或者在自然科学课程中，引导学生通过诗意的方式来理解自然现象或科学理论。这样的活动不仅可以增加学生对诗意的体验和理解，还能够加深他们对其他学科知识的认识，促进跨学科思维的形成和综合能力的培养。

（四）建立校园诗意文化氛围

建立校园诗意文化氛围是营造浓厚人文氛围、培养学生综合素养的重要途径，学校可以通过一系列形式多样的活动来实现这一目标。首先，可以举办诗意文化

节。这种节日可以包括诗歌朗诵比赛、诗歌创作比赛、诗歌朗诵会等活动，吸引学生参与并了解诗歌的魅力。其次，可以开展诗歌分享会。学生、班主任或特邀嘉宾可以在分享会上朗诵自己喜爱的诗歌，分享对诗歌的理解和感悟，激发学生对诗歌的兴趣。最后，校园诗歌墙也是一个不错的方式。在校园内设置诗歌墙，展示学生的诗歌作品，让更多人有机会欣赏、品味诗歌，提高对诗歌的认识。建立校园诗意文化氛围可以让学生在校园中随时感受到诗意的存在，促使他们更多地思考、感悟，培养综合素养和审美情趣。这样的活动有助于学生在情感、思维、审美等方面的全面发展，是校园文化建设的重要组成部分。

（五）引导学生走出课堂，走向社会

引导学生走出课堂，走向社会是将诗意教育与现实生活相结合的重要途径。学校可以组织学生参与社区诗歌朗诵活动、诗意艺术公益活动等，让学生将诗意的美好传递给社会大众，同时也拓宽了学生的社会视野和责任意识。例如学生可以到社区文化中心或者公共场所进行诗歌朗诵，为社区居民带去文化的享受和精神的慰藉；或者组织诗意艺术公益活动，如为贫困地区的学生开展诗意绘画课程，为老年人开展诗歌分享会等。通过这些实践活动，学生能够将诗意教育内化为自己的生活态度和行为习惯，真正体会到诗意教育的价值和意义。

多元化的诗意教育实践活动、借助现代科技手段开发诗意教育相关的应用与平台、跨学科的诗意教育实践活动、建立校园诗意文化氛围，以及引导学生走出课堂，走向社会，这些创新模式丰富了诗意教育的内容和形式，激发了学生的创造力和想象力，促进了其全面发展。通过这些实践，学生不仅能够深入理解诗意的内涵，还能够将诗意教育内化为生活中的一种态度和行为习惯，从而真正领悟到诗意教育的价值和意义。

三、拓展诗意教育的应用领域

诗意教育的价值不仅在于提升学生的情感表达能力和审美素养，在实践中也可以拓展到多个教育领域，为学生的全面发展和成长提供更广阔的空间。从基础教育到职业教育，从非正规教育到特殊教育和心理辅导，诗意教育都能发挥重要作用，为学生打开心灵的窗户，促进其全面发展和生活质量的提升。

（一）将诗意教育融入幼儿园、小学等基础教育阶段

在幼儿园和小学等基础教育阶段将诗意教育融入教学中，可以培养孩子们的情感、审美和语言表达能力。比如在幼儿园，老师可以通过儿歌、童谣等形式，引导孩子们感受音乐的韵律和诗意的美好；在小学阶段，老师可以选取简单易懂的诗歌，进行朗诵和解读，让学生在欣赏诗歌的同时培养语言表达和理解能力。通过在基础教育阶段融入诗意教育，可以在孩子们的成长过程中播撒美好的情感种子，为他们未来的发展奠定良好的基础。

（二）将诗意教育融入职业教育与技能培训中

将诗意教育融入职业教育与技能培训中是为了更全面地培养学生，使其不仅具备专业技能，还能拥有丰富的人文素养和创造力。在艺术类和文学类专业的职业教育中，通过开设诗歌创作课程，学生可以借助诗歌这一表达形式，深入挖掘自己的情感世界，培养敏锐的艺术感知能力，并将其转化为独特的艺术创作。而在工程技术类和管理类专业的技能培训中，诗意教育也发挥着重要作用。通过诗意教育活动，例如组织诗歌朗诵比赛或诗意思维训练，可以激发学生的创新意识和团队协作精神，使他们具备更强的解决问题的能力和适应能力。这种综合的教育方式不仅能够提高学生的综合素养，还能够培养出更具有社会责任感和创新精神的人才，为他们未来的职业发展奠定坚实的基础。

（三）推广诗意教育在社区教育、农村教育等非正规教育领域的应用

推广诗意教育在社区教育、农村教育等非正规教育领域的应用，可以为这些地区的学生带来更加丰富多彩的教育体验，促进其全面发展。在社区教育方面，可以组织各种形式的诗歌活动，如诗歌朗诵比赛、诗意文化节等，让居民积极参与，感受诗意的魅力，丰富他们的精神文化生活。这些活动不仅可以增进社区居民之间的交流与沟通，还可以培养他们的审美情趣和艺术修养。在农村教育领域，推广诗意教育同样具有重要意义。通过开展诗歌创作比赛、诗意艺术表演等形式，可以激发农村学生的创造力和想象力，为他们提供展示才华的舞台，丰富他们的课余生活。这样的活动不仅可以促进农村学生的个人发展，还可以增强他们对文

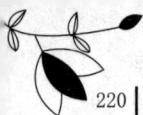

学艺术的热爱，培养他们的审美能力和文化素养。同时诗意教育也有助于弘扬民族文化，传承优秀传统，促进农村地区的文化繁荣与发展。

（四）将诗意教育融入特殊教育、心理辅导等领域

将诗意教育与特殊教育、心理辅导相结合，可以为学生提供更加温暖、丰富的心灵滋养，从而促进其心理健康的发展，提升生活幸福感和生活质量。在特殊教育领域，学生常常面临各种心理压力和情绪困扰。通过引入诗意教育，例如诗歌创作、诗意表达等形式，可以为这些学生提供一种自由、安全的情感释放和情绪调节途径。在诗歌的世界里，他们可以尽情地表达内心的情感和想法，找到自我认同感和自我价值感，从而缓解心理压力，培养自信心，建立积极的心态。同时在心理辅导过程中，诗歌也可以成为一种有效的工具。通过引导学生进行诗歌创作或诗歌欣赏，心理辅导员可以更直观地了解学生的内心世界和情感状态，促进与学生之间更加深入地沟通和交流。学生通过诗歌的表达，不仅可以释放压抑的情感，还可以找到自我理解和自我认同的突破口，逐渐建立积极健康的心理模式。

在教育的广阔天地里的诗意教育呈现出多样化的应用形式，从幼儿园、小学的基础教育开始，培养孩子们的情感和语言表达能力；到职业教育和技能培训中，提升学生的创造力和解决问题的能力；再到社区教育、农村教育等非正规领域，丰富学生的精神文化生活；将诗意教育融入特殊教育和心理辅导中，为学生提供更全面的心理支持。这些应用领域的拓展，不仅能够满足学生多样化的成长需求，还能够促进社会文化的繁荣和发展，为构建更加美好的教育环境贡献力量。

四、推动诗意教育的国际化交流与合作

在当今全球化的时代背景下，推动诗意教育的国际化交流与合作已成为当务之急。我们可以通过加强与国际组织、外国教育机构的合作，举办国际性的诗歌节、文学交流活动，发挥国际学术交流平台的作用，以及积极参与国际诗歌、文学教育项目与合作计划，共同努力推动诗意教育跨越国界，为全球学生提供更丰富、更深入的学习体验。

（一）加强与国际组织、外国教育机构的交流与合作

推动诗意教育的国际化，首先需要加强与国际组织、外国教育机构的交流与合作。通过与国际教育组织建立合作关系，可以分享经验、借鉴先进教育理念，并共同探讨诗意教育的发展方向。例如与联合国教科文组织（UNESCO）合作，共同举办诗意教育研讨会或培训项目，推动各国在诗意教育领域的交流与合作。与外国教育机构建立合作关系，可以开展师资培训、学生交流等活动，促进跨文化交流与理解。例如与美国的教育机构合作，共同开展诗歌创作交流项目，让学生在跨文化交流中感受不同国家的诗意文化，拓宽视野，丰富经验。

（二）开展国际诗歌节、文学交流活动等国际性活动

国际诗歌节和文学交流活动是促进诗意教育国际化的关键途径，这些活动为全球各地的诗人、作家和教育者提供了一个共同的平台，以探讨诗意教育的意义和方法。例如定期举办国际诗歌节，可以邀请来自世界各地的诗人齐聚一堂，进行诗歌创作交流、朗诵表演等活动，从而推动诗歌文化的跨国传播和交流。同时组织国际文学交流活动，如文学论坛和作品展览，为各国文学爱好者提供了一个交流平台，促进了不同文化之间的对话与交流。这些活动不仅可以丰富人们的文化生活，还可以促进文学创作和诗意教育的发展。

（三）发挥国际学术交流平台的作用

国际学术交流平台在推动诗意教育国际化过程中发挥着至关重要的作用，通过参与国际学术会议、研讨会等活动，我们有机会与来自世界各地的学者和专家展开深入的交流，分享诗意教育领域的研究成果和心得体会。例如在国际学术期刊上发表论文，我们可以将国内诗意教育的最新研究成果呈献给全球学术界，促进国际学术交流与合作。同时积极参与国际学术交流平台，也为建立诗意教育的国际合作网络提供了契机。通过与国际上的教育机构、研究中心和学者建立联系，我们可以共同探讨诗意教育的发展趋势和未来方向，开展更加深入、广泛的合作项目，推动诗意教育在全球范围内的发展和普及。

（四）积极参与国际诗歌、文学教育项目与合作计划

积极参与国际诗歌、文学教育项目与合作计划是促进诗意教育国际化的关键途径之一，通过这些项目可以借鉴其他国家的成功经验，拓展诗意教育的国际合作与交流。举例来说，加入国际诗歌教育联盟，我们可以与各国合作，共同开展诗歌教育项目，分享最佳实践并探讨创新方法。这种合作可以促进诗歌教育在全球范围内的传播和发展，为学生提供更广阔的学习空间。同时参与国际文学教育合作计划也是十分重要的。与其他国家的教育机构合作，我们可以共同开展文学教育的研究与实践，探索促进学生文学素养和创造力发展的有效途径。这种跨国合作不仅可以促进诗意教育的创新与发展，也有助于加强各国之间的教育交流与理解，为建设更加和谐、多元的国际教育环境贡献力量。

推动诗意教育的国际化交流与合作是多方合作的综合性工程，通过与国际组织、外国教育机构合作，举办国际性活动，发挥学术交流平台作用，以及参与国际项目与合作计划，我们可以促进诗意教育的发展，丰富学生的学习体验，加强国际教育交流与理解，为建设更加和谐、多元的国际教育环境贡献力量。

第八章 诗意教育的成效与展望

第一节 诗意教育的实践成效

一、学生学业成绩的提升与全面发展

学生的学业成绩提升与全面发展已经成为教育工作者和家长共同关注的焦点，而诗意教育作为一种独特的教育方式，不仅在提高学生的语文素养、增强创造力、提升审美修养等方面发挥着重要作用，同时也在塑造学生良好品格上具有显著的影响力。通过深入探讨诗意教育在这些方面的作用，我们能够更好地理解其在学生全面发展中的价值和意义。

（一）提高学生语文素养

诗意教育在提高学生语文素养方面发挥着至关重要的作用，通过诗歌的欣赏、朗诵和创作等活动，学生得以深入感悟语言的美妙之处，提升对词语的理解和运用能力。举例来说，通过分析古诗词或现代诗歌，学生不仅能领略其中蕴含的文化内涵，还能感受到语言的韵律和美感，进而提高了语文素养。比如解读唐诗宋词，学生不仅能够了解历史文化，还能够感受到其中的美与哲理。诗歌创作也是提高语文素养的有效途径。在创作中，学生需要选择恰当的词语表达思想和情感，从而培养了自己的语言表达能力和审美情趣。因此诗意教育不仅拓宽了学生的文学视野，还提升了他们的语文素养，为他们的全面发展奠定了坚实的基础。

（二）激发学生创造力

诗意教育是激发学生创造力的有效途径，作为一种充满想象力和创造力的文学形式，诗歌能够启发学生的创造性思维和表达能力。通过诗歌的创作过程，学生得以自由地表达内心的感受和想法，培养出自己独特的审美观和创作风格。举

例来说，参与诗歌写作比赛或诗歌创作工作坊的学生常常能够展现出丰富的想象力和创造力，他们创作出的诗作不仅在形式上新颖别致，更在情感上独具匠心，引人深思。这些创作不仅是对语言的简单运用，更是对内心情感和想法的深刻表达，为学生提升自信心、锻炼独立思考能力提供了宝贵机会。因此诗意教育在激发学生的创造力方面发挥着重要作用，为他们的综合素养提升和个人发展打下了坚实的基础。

（三）提升学生审美修养

诗意教育在提升学生的审美修养方面功不可没，通过诗歌的欣赏和解读，学生得以深刻感受美的存在和其所蕴含的价值。举例而言，当学生欣赏经典诗歌或现代诗作时，他们不仅能够体味到诗歌所传递的情感和意境，还能够领略到其中所蕴含的美学价值，从而逐渐提升了自己的审美情趣和文学修养。例如通过阅读李白的《将进酒》，学生能够感受到其中的豪情壮志，同时也领悟到诗人对人生的独特理解，这种体验不仅丰富了学生的情感体验，也启迪了他们的审美理念。诗歌还有助于拓宽学生的审美视野，使他们更加开阔和包容。通过接触不同风格和文化背景下的诗歌作品，学生能够培养出欣赏多样美学的能力，进而拥有更丰富的审美体验和更开阔的心灵视野。因此诗意教育通过诗歌的魅力，不仅提升了学生的审美情趣，更加丰富了他们的文化修养，为其全面发展注入了新的活力。

（四）塑造学生良好品格

诗意教育在塑造学生良好品格方面具有显著的影响力，诗歌常蕴含着高尚的情感和价值观，能够引导学生树立正确的人生观和价值观。例如当学生欣赏爱国主义诗歌或感恩题材的诗歌时，他们不仅被诗中表达的深沉情感所感染，更能够从中汲取爱国情怀和感恩之心，从而树立起正确的人生导向。例如通过读诗体验爱国情怀，学生不仅能够深刻体会到祖国的伟大和民族精神的凝聚力，同时也能够树立起对国家的热爱和责任感。诗歌所体现的美好情感和情操也能够潜移默化地影响学生，使他们具备高尚的情操和良好的品德素养。通过诗歌中所传递的友爱、勇敢、坚韧等品质，学生能够从中汲取正能量，培养出自己高尚的情操和良好的品德，为其未来的成长和发展奠定了坚实的基础。诗意教育通过诗歌的熏陶，不仅能够塑造学生的良好品格，更能够激发他们内心的正能量，为其终身发展提

供深厚的精神滋养。

诗意教育在提高学生语文素养方面通过诗歌的欣赏、朗诵和创作等活动，拓宽了学生的文学视野，提升了他们的语文素养；在增强学生创造力方面，诗意教育通过诗歌的创作过程激发了学生的想象力和创造性思维，培养了他们的自信心和独立思考能力；在提升学生审美修养方面，诗意教育通过诗歌的欣赏和解读，丰富了学生的审美体验，拓宽了他们的审美视野；在塑造学生良好品格方面，诗意教育通过诗歌中所传递的高尚情感和价值观，引导学生树立正确的人生观和价值观，使他们具备了高尚的情操和良好的品德素养。因此，诗意教育在学生学业成绩提升与全面发展中扮演着不可或缺的角色，为他们的未来发展注入了新的活力和动力。

二、班主任专业素养的提高与教学创新

提升班主任专业素养与教学创新是教育工作中的重要议题，随着教育理念的不断更新和学生需求的多样化，班主任需要不断探索新的教学方法，提升自身文学修养，增强团队合作意识并鼓励创新实践，以更好地适应教育工作的挑战。下面将探讨如何拓展班主任教学方法、提升文学修养、增强团队合作意识，以及鼓励创新实践，从而提高班主任的专业素养和教学水平。

（一）拓展班主任教学方法

作为班主任，拓展教学方法是提高专业素养的重要方面之一。传统的课堂教学方法虽然有其一定的效果，但在面对不同学生的需求和特点时可能显得单一和局限。因此班主任需要不断探索和尝试新的教学方法，以更好地满足学生的学习需求。举例来说，可以尝试引入互动式教学方法，如小组讨论、角色扮演等。通过这些方法，班主任可以激发学生的学习兴趣，促进他们之间的合作与交流，达到更好的教学效果。利用多媒体技术和互联网资源也是拓展教学方法的有效途径。通过在课堂上播放相关视频、展示图片资料或引导学生进行网络搜索等方式，班主任可以丰富课堂内容，激发学生的学习兴趣，提高他们的学习效率。

（二）提升班主任文学修养

提升班主任的文学修养对于其专业素养的提升至关重要，文学修养不仅包括

对文学作品的欣赏和理解，更重要的是对文学的深入思考和把握。班主任可以通过阅读经典文学作品、参加文学讲座和研讨会等方式，不断丰富自己的文学知识和修养。举例来说，班主任可以选择阅读一些优秀的散文、小说、诗歌等文学作品，并结合自己的教学实践，思考其中的教育意义和启示。通过这样的阅读与思考，班主任不仅可以提升自己的文学修养，更能够将所获得的知识和感悟运用到日常的教育工作中，为学生提供更丰富深刻的教育体验。班主任还可以积极参与文学活动，如文学沙龙、文学赛事等，与其他文学爱好者交流思想、分享体会，从而拓宽自己的文学视野，提高文学修养。通过这些活动的参与，班主任不仅可以结识更多的文学爱好者，还可以借鉴其他人的经验和观点，不断丰富自己的教育思想和方法。

（三）增强班主任团队合作意识

在教育工作中，班主任团队的合作意识至关重要。一个团结协作的班主任团队能够更好地发挥各自的优势，共同促进学校和班级的发展。因此，班主任需要不断增强团队合作意识，建立良好的协作关系。举例来说，班主任可以通过定期召开班主任团队会议的方式，促进团队成员之间的交流和沟通。在会议上，可以分享各自的工作经验和教育心得，讨论学校和班级管理中存在的问题，共同寻求解决方案。通过这样的团队会议，班主任能够更好地了解彼此的工作情况，加强合作，形成合力，提升班级管理水平。班主任还可以开展团队建设活动，如团队拓展训练、集体出游等。通过这些活动，班主任可以增进彼此的了解和信任，促进团队凝聚力的形成，提高团队协作效率。例如组织一次团队拓展训练，让班主任通过团队合作完成一系列任务，锻炼团队合作意识和团队精神。

（四）鼓励班主任创新实践

班主任作为教育管理者和学生的引路人，应当具备创新意识和实践能力，不断探索适合学生成长的新方法和新途径。鼓励班主任进行创新实践，是提高班主任专业素养的重要途径之一。举例来说，班主任可以在班级管理中尝试创新的方式和方法，如建立个性化成长档案、开展心理健康辅导课程等。通过这些创新实践，班主任可以更好地了解学生的成长过程和需求，为他们提供个性化的成长指导和支持。例如通过建立个性化成长档案，班主任可以详细记录每个学生的学习

情况、成长历程和特点，为其量身定制成长计划，帮助其实现自我发展。班主任还可以积极开展创新的教育活动和课程设计，如主题班会、校园文化节等。通过这些活动，班主任可以激发学生的学习兴趣，培养其综合素养和创新精神。例如组织一场主题班会，邀请专家学者或行业人士来校授课，让学生在实践中感受知识的魅力，拓宽视野，启迪智慧。

班主任作为学生成长道路上的引路人，其专业素养和教学水平的提高至关重要。拓展教学方法、提升文学修养、增强团队合作意识，以及鼓励创新实践，是提高班主任专业素养与教学创新的有效途径。通过不断学习和实践，班主任能够更好地适应教育工作的需求，为学生的成长和发展提供更好的支持和引导。

三、学校教育教学改革的深入推进

学校教育教学改革的推进是教育事业持续发展的关键动力之一，在当今社会快速发展的背景下，传统的教育模式和管理方式已经不能完全适应时代的需求和学生的成长。因此建立诗意教育特色校园、推动课程改革与优化、强化学校文化建设，以及推进教育教学管理模式创新等措施，成为学校教育教学改革的重要方向。下面将就这些方面展开讨论，探索如何深入推进学校教育教学改革，促进教育事业的蓬勃发展。

（一）建立诗意教育特色校园

建立诗意教育特色校园是学校教育教学改革的重要方向之一，诗意教育强调的是培养学生的审美情感、人文精神和创造力，使其在学习和生活中都能体验到诗意的美好。为实现这一目标，学校可以通过开展各类文艺活动、美育课程和校园文化建设等方式，营造浓厚的诗意氛围。例如学校可以组织诗歌朗诵比赛、书法比赛、美术作品展览等活动，激发学生对于文艺的兴趣和热爱，培养其审美情感和艺术鉴赏能力。同时学校还可以开设美育课程，如音乐、舞蹈、戏剧等，让学生在课堂上感受艺术的魅力，培养其创造性思维和表现能力。学校还可以注重校园环境的美化和文化氛围的营造，打造具有诗意特色的校园文化，如在校园中设置雕塑、壁画等艺术作品，组织诗歌朗诵会、文学沙龙等文化活动，营造浓厚的人文氛围。

（二）推动课程改革与优化

推动课程改革与优化是学校教育教学改革的关键举措之一，随着社会的发展和教育理念的更新，传统的课程体系和教学模式已经不能完全满足学生的学习需求。因此学校需要不断调整和优化课程设置，以适应时代发展的要求，培养学生的综合素质和能力。举例来说，学校可以通过减少课程负担、增加选修课程、拓展课程内容等方式，优化课程设置，使其更加贴近学生的兴趣和需求。同时学校还可以注重跨学科的融合和实践性教学的开展，打破学科壁垒，促进学科之间的交叉和互动，培养学生的综合能力和创新精神。学校还可以借助现代化技术手段，如网络课程、远程教育等，拓展教学资源，提升教学效果。

（三）强化学校文化建设

强化学校文化建设是学校教育教学改革的重要内容之一，学校文化是学校的精神灵魂和品牌象征，直接影响着学校的发展和教育教学工作的质量。因此学校需要重视学校文化建设，营造积极向上、浓厚人文氛围的校园文化。例如学校可以制定并贯彻执行学校核心价值观和校训，倡导勤奋务实、创新拼搏的校风，培养学生的正确人生观和价值观。同时学校还可以加强校园文化建设，打造独具特色和丰富内涵的校园文化，如举办校园文化艺术节、开展校园文化主题活动等。学校还可以注重师生关系的构建和校友网络的建设，促进全校师生之间的交流与互动，形成良好的校园氛围和凝聚力。

（四）推进教育教学管理模式创新

学校可以采用信息化手段来推进教育教学管理模式的创新，通过建立学校教务管理系统、在线学习平台和教学资源共享平台等，实现教学资源的数字化管理和共享，提高教学效率和管理水平。教务管理系统可以实现学生信息管理、课程安排、成绩管理等功能，简化教务工作流程，减轻班主任和管理人员的工作负担。在线学习平台可以提供丰富多样的教学资源和学习工具，支持在线课程学习和作业提交，满足学生个性化学习需求。教学资源共享平台可以促进班主任之间的资源共享和教学经验交流，提高教学质量和水平。通过信息化手段，学校可以实现教育教学管理模式的智能化和个性化，推动教育教学改革不断向前发展。

学校教育教学改革的深入推进需要综合运用多种手段和策略，以适应时代的发展和学生的成长需求。建立诗意教育特色校园、推动课程改革与优化、强化学校文化建设，以及推进教育教学管理模式创新，是当前学校教育教学改革的关键举措。通过这些努力，可以为学生提供更加丰富多彩的教育资源和更加优质高效的教育服务，推动学校教育事业不断向前发展。

四、社会对诗意教育的认可与支持

社会对诗意教育的认可与支持在当今社会扮演着重要角色，这种认可与支持不仅是对传统文化的传承，更是对文化的创新与发展的推动力量。通过诗意教育，我们不仅能够培养学生的审美情感和人文精神，提升社会的文化素养水平，还能够增强社会的凝聚力，培养符合社会需求的人才，促进文化传承与创新，下面将详细探讨社会对诗意教育认可与支持的重要性及相关作用。

（一）提升社会文化素养

社会对诗意教育的认可与支持有助于提升整个社会的文化素养水平，诗意教育注重培养学生的审美情感和人文精神，使他们在学习和生活中能够体验到美的感受，并将美的情感内化为自己的精神追求。当社会对诗意教育有了更深的认识和支持，就会更多地投入相关的文化活动和教育项目中。例如各种艺术表演、文学沙龙、艺术展览等活动将得到更广泛的关注和参与，从而提升了整体社会的文化氛围和素养水平。

（二）提高社会凝聚力

诗意教育的推广不仅是为了提升个体的审美能力和情感表达能力，更重要的是在社会层面上增强凝聚力。当人们共同参与诗意教育活动时，他们不仅是在学习和欣赏诗歌、音乐或其他形式的艺术，更是在共同体验一种文化认同和情感共鸣。例如学校举办的诗歌朗诵比赛不仅吸引了学生的热情参与，也吸引了他们的家长及社区的居民。在这个过程中，人们通过对诗歌的理解和表达，不仅增进了彼此的情感联系，也加深了对文化的共同认同。这样的共同体验和互动不仅加强了学校内部师生之间的联系，也在更广泛的层面上促进了社会各个群体之间的交流和理解。因此诗意教育的推广不仅是教育的一种形式，更有利于提高社会凝

聚力

（三）培养社会人才需求

诗意教育的核心价值在于培养学生的审美情感、人文精神和创造力，这些素质恰恰是当今社会迫切需要的。社会对诗意教育的认可与支持有助于培养出更符合社会人才需求的人才群体。这些人才不仅在艺术领域表现突出，更能够在各行各业中展现出创新和人文关怀的力量。举例来说，一位受过诗意教育的医生可能会更加关注患者的心理健康，因为通过诗意教育培养出的审美情感和人文精神，医生能够更敏锐地理解患者内心的情感和需求，从而提供更贴心、更有效的医疗服务。同样地，一位受过诗意教育的工程师可能会更加注重产品的美感与人性化设计，因为他们在诗意教育中培养了对美的追求和对人性的理解，能够设计出更符合人们审美需求和使用习惯的产品，从而提升产品的竞争力和用户体验。

（四）促进文化传承与创新

社会对诗意教育的认可与支持不仅是文化传承的保障，更是文化创新的推动者。诗意教育不只是对传统文化的传承，更是对文化的创新与发展的催化剂。通过诗意教育，学生不仅能够接触和理解传统文化的精髓，更能够在此基础上进行创新与探索，为文化注入新的活力和魅力。举例来说，一所学校开展的书法课程不仅是简单地传承古代书法艺术，更是通过引入现代元素和理念，激发学生的创造力和想象力。在这样的课程中，学生不仅学习古代书法的技法和历史，还被鼓励去尝试运用现代的观念和表达方式，创作出符合当代审美需求的作品。这种将传统文化与现代元素结合起来的创新尝试，不仅为学生提供了展示个性和表达情感的舞台，也为书法艺术注入了新的生机和活力。

社会对诗意教育的认可与支持不仅提升了整个社会的文化素养水平，加强了社会的凝聚力，还培养了符合社会人才需求的人才群体，并推动了文化的传承与创新。这种认可与支持不仅是对传统文化的尊重，更是对文化发展的持续推动。因此应当继续加强对诗意教育的认可与支持，以促进社会的全面发展和文化的繁荣。

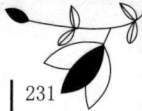

第二节 诗意教育的影响与贡献

一、对学生个体成长的深远影响

诗意教育在塑造学生个体成长中扮演着至关重要的角色，它不仅是知识的传授，更是一种能够深刻影响学生情感、思维和态度的教育方式。通过培养情感表达能力、激发创造力与想象力、培养审美情趣与文学素养，以及塑造积极人生态度等方面，诗意教育为学生的全面发展提供了宝贵的支持和指引。

（一）培养情感表达能力

诗意教育对学生个体成长有着深远的影响，其中之一便是培养情感表达能力。通过诗歌、文学作品的欣赏与创作，学生得以深入感受和理解各种情感，从而学会用文字、语言或其他艺术形式表达自己的情感和思想。这种能力不仅有助于学生更好地理解自己的内心世界，也使他们更能够与他人进行有效的沟通与交流。举例来说，一位受过诗意教育的学生可能会通过诗歌表达对自然的赞美之情，对友情的珍视，或对人生的感悟。这种情感表达的能力不仅让学生更加自信地面对生活中的挑战和困难，也为他们未来的个人与职业发展奠定了坚实的基础。

（二）激发创造力与想象力

诗意教育是一扇通往无限可能的门，它激发了学生的创造力与想象力，为他们打开了一片富有想象力和创意的广阔天地。在诗歌、文学作品的世界中，学生得以自由地探索、思考和创造，从而培养出独特而富有表现力的创造性思维。想象力是创造力的源泉，而诗意教育正是在这个源头灌溉学生的想象力。通过诗歌的意象、文学作品的情节，学生得以构建自己内心的世界，勾勒出各种奇妙的形象和情境。例如一个受过诗意教育的学生可能会通过自己的想象力，创作出一首充满诗意的诗歌，描述自然的美丽景色或内心的情感体验；或者编织出一个富有

想象力的故事，勾勒出不同世界的奇幻场景和角色。这种创造性的表达不仅丰富了学生的精神世界，也培养了他们解决问题和应对挑战的能力。除了在艺术领域中发挥作用外，这种创造力也渗透到学生的日常生活和学习中。在解决实际问题时，学生可以运用自己的想象力构想出各种创新的解决方案，从而为社会发展和科学进步贡献自己的力量。例如在科学研究中，一位富有想象力的学生可能会提出全新的假设或实验设计，从而开启新的研究领域或解决现有难题。

（三）培养审美情趣与文学素养

诗意教育在培养学生的审美情趣与文学素养方面发挥着重要作用，为他们打开了欣赏文学艺术的大门，让他们沉浸于美的世界中。诗意教育通过引导学生欣赏经典诗歌、文学作品，渐渐培养出学生对美的感知和欣赏能力，提升了他们的审美水平。如通过品读李白诗的豪放或苏轼词的婉约，学生能够领略到不同风格和情感表达方式的独特魅力。这种欣赏能力不仅让学生更加敏锐地感知到生活中的美好，也让他们在艺术作品面前能够有更深入的理解和体验。诗意教育不仅让学生欣赏到文学作品中的美，作品所反映的不同时期、不同文化背景下的人类生活和思想，也拓宽了学生的视野和认知。通过学习古代诗词、经典文学作品，学生不仅了解到作者的生活与思想，也能够从中体会到不同时代、不同文化下人们的情感和生活体验。这种跨越时空的体验不仅为学生提供了广阔的文化视野，也增强了他们的人文素养和综合素质。

（四）塑造积极人生态度

诗意教育不仅是知识的传授，更是塑造学生积极人生态度的重要途径。通过诗歌、文学作品的体验和思考，学生能够更深刻地认识到生活的意义和价值，从而培养出积极的人生态度。诗意教育让学生通过文学作品感悟生活的美好和意义，一首鼓舞人心的励志诗或一篇感人至深的文章，常常能触动学生内心深处，激发他们对生活的热爱和对未来的信心。例如当学生读到那些充满力量和希望的文字时，他们可能会在心中种下一颗积极向上的种子，激励他们不断奋进、追求自己的梦想。诗意教育提供了应对挑战和困难的精神支撑，在文学作品中的学生能够看到人物在逆境中奋勇向前、不屈不挠的形象，从而激发自己的勇气和坚韧。这种精神支撑使学生更加坚定地面对生活中的各种困难和挑战，不轻言放弃，勇往

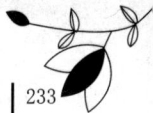

直前。诗意教育还培养了学生珍惜当下、感恩生活的态度,通过欣赏文学作品中所展现的人生百味,学生能够更加深刻地认识到生命的脆弱和宝贵。这种认知让他们学会珍惜每一个当下,感恩生活中的点滴幸福,从而拥有更加积极向上的人生态度。

诗意教育对学生的个体成长产生了深远的影响,不仅在情感表达能力的培养上发挥着重要作用,还在激发创造力、培养审美情趣和塑造积极人生态度等方面展现出独特的价值。通过诗歌、文学作品的体验和思考,学生得以拓宽视野、丰富内心世界,从而更加坚定地走向未来,拥抱生活的美好与挑战。

二、对教育改革的推动作用

诗意教育的推广在当今教育领域中扮演着重要角色,不仅丰富了教育的内涵和品质,还引领着教育的发展方向。通过强调情感、想象力和创造力的培养,诗意教育为学生提供了更加丰富和深入的学习体验,从而推动了教育向更加综合发展的方向迈进。

(一)增强教育内涵与品质

诗意教育的推广不仅为教育体系增添了新的内涵,也提升了教育的品质。通过诗歌、文学作品的学习,学生不仅是获取知识,更是感受美、思考人生,这样的教育注重培养学生的情感、思维和创造力,使其成为有情感、有理性、有创造力的个体。这种以情感为核心的教育理念使学生的内在世界得到充分的发展,不仅提高了学生的综合素质,也增强了教育的深度和广度。例如通过学习古典诗词,学生不仅了解到古人的智慧和情感,也培养了对传统文化的尊重和理解,从而使教育的内涵更加丰富多彩。

(二)引领教育发展方向

诗意教育的推广在当今社会中扮演着引领教育发展方向的重要角色,随着社会的发展,传统的教育模式逐渐暴露出对学生全面素养培养的不足。而诗意教育则强调培养学生的情感世界、想象力和审美能力,这与当今社会对于创新、人文素养的日益重视高度契合。通过将诗歌创作、文学欣赏等内容融入教学,学校为学生创造了一个充满诗意的学习环境,从而激发了学生的创造力和想象力。这种

教育模式不仅使学生能够在知识的海洋中徜徉，更能够在情感的陶冶中成长，从而引领了教育发展方向向着更加人性化、综合发展的方向迈进。例如一些学校开设了诗意教育的专题课程，如诗歌写作、文学赏析等，让学生在探索诗意世界的过程中，培养了自己的情感表达能力和审美情趣，这对于引领教育朝着更加丰富多彩的方向发展起到了积极的推动作用。

（三）促进教育公平与均衡

诗意教育的推广在教育公平与均衡方面发挥着重要作用。传统的教育往往忽视学生个体差异，强调的是大规模的知识传授和标准化的考试评价，这导致学生在学习过程中的不平等。相比之下，诗意教育注重每个学生的独特性和多样性，鼓励他们表达自我、发挥创造力，从而更好地发展个人潜能。通过诗意教育使学校可以更加关注学生的兴趣和潜能，创造出更加包容和灵活的学习环境。这种教育理念有助于弥补不同学生之间的差距，促进了教育的公平与均衡。特别是在贫困地区，开展诗意教育项目可以为学生提供接触文学艺术的机会，激发他们对知识的热爱和追求，从而打破了传统观念对于教育资源的不平等分配。通过培养学生的情感、想象力和审美能力，诗意教育不仅可以帮助学生全面发展，还可以提升他们的社会情感素养，增强对世界的理解和尊重。这种全面的教育理念有助于建立一个更加公平和包容的教育体系，为每个学生提供平等的成长机会，推动教育的均衡发展。

（四）提升教育教学质量

诗意教育的普及确实可以为提升教育教学质量注入新的活力，传统的教学方式通常是以老师为中心的，注重知识的传授和应试技巧的培养，而忽略了学生个体差异和创造力的培养。相比之下，诗意教育倡导以学生为中心，注重激发学生的思维、想象力和创造性，鼓励他们参与课堂，自由表达和交流观点。这种教学方式使学生更加积极主动地参与学习过程，提升了他们的学习效果和学习兴趣。通过诗意教育的方法，学生不仅是被动地接受知识，更是在探索中学习、思考中成长。他们可以通过自由表达情感和思想来深入理解知识，从而更加深刻地掌握所学内容。诗意教育也有助于培养学生的创造性思维和解决问题的能力，在诗意教育的框架下，学生被鼓励去挑战常规思维，尝试新的方法和观点，从而培养了

他们的创新意识和解决问题的能力。这样的教学方式不仅提升了学生的学术水平，也为他们未来的职业和社会生活奠定了良好的基础。

综合分析诗意教育在增强教育内涵与品质、引领教育发展方向、促进教育公平与均衡及提升教育教学质量等方面的作用，可以看出诗意教育不仅是一种教学方法的革新，更是一种教育理念的深入实践。通过其独特的教学方式和内容设置，诗意教育为每个学生的全面发展提供了更广阔的空间，促使教育从单一的知识传授转向了情感和创造力的培养，为建设更加公平、包容和高质量的教育体系注入了新的动力和活力。

三、对文化传承与创新的贡献

诗意教育的推广对文化传承与创新产生了深远影响，通过传承经典文化、拓宽文学创新空间、引领文学潮流和促进文化多样性等方面的贡献，诗意教育为学生提供了丰富的文化滋养和创作空间，同时也为文学领域的发展注入了新的活力与动力。

（一）传承经典文化

诗意教育的推广为传承经典文化做出了重要的贡献，通过学习古典诗词、经典文学作品，学生不仅是在获取知识，更是在体会传统文化的博大精深。举例来说，通过赏析唐诗宋词，学生能够领略到中国古代诗人对自然、人生、爱情的深刻感悟，感受到那些流淌在文字间的情感和智慧。这样的学习不仅加深了学生对中华传统文化的理解和尊重，也为他们的人格塑造提供了深厚的文化底蕴。这种传统文化的传承不仅有助于弘扬民族精神，更为学生的价值观和人生态度奠定了坚实的基础，让他们在当今社会中更加自信地面对各种挑战，展现出传统文化的魅力与智慧。

（二）拓宽文学创新空间

诗意教育的推广为文学创新开辟了更为广阔的天地，通过诗歌创作、文学欣赏等活动，学生被鼓励着探索自我内心深处的情感和思想，从而勇于尝试新的艺术形式和创作风格。例如在诗意教育的课堂上，学生得以释放心灵，尝试着用自己的笔触诉说内心的感悟和体验，创作出属于自己的诗篇。这种创作过程不仅是

技法的学习，更是情感的抒发与思想的碰撞，激发了他们的创造力和想象力的火花。而这些新颖的文学作品丰富了文学的形式和内容，带来了新的艺术风格和审美体验。通过诗意教育，学生的审美情趣得以培养和提升，文学素养也在不知不觉中得到了锤炼和丰富。这种拓展的文学创新空间不仅为学生提供了展示自我的平台，也为文学的发展注入了新的活力与动力。

（三）引领文学潮流

诗意教育的推广在一定程度上成为引领文学潮流的重要力量，通过引导学生接触优秀的文学作品，了解当代文学前沿动态，诗意教育为学生敞开了通往文学世界的大门。举例来说，一些学校积极组织文学沙龙、作品分享会等活动，为学生与作家、学者互动交流提供了宝贵的机会。这种交流不仅激发了学生的创作灵感，也使他们深入了解了文学创作的背景和内涵。通过这些互动，学生们能够更加直观地感受到文学的魅力与深度，激发了他们对文学的热爱与追求。这种引领文学潮流的作用不仅促进了文学的繁荣和发展，也为学生的文学修养和审美素养提供了更广阔的视野。因此诗意教育不仅是知识的传授，更是文学精神的传承与弘扬，为文学创新与发展注入了新的活力。

（四）促进文化多样性

诗意教育的推广在促进文化多样性方面发挥了重要作用，通过引导学生接触不同地域、不同民族的文学作品，诗意教育激发了学生对世界文化的好奇心和探索欲望。举例而言，学生通过学习世界文学经典作品，能够领略到不同文化之间的共通之处和独特魅力。他们了解到，虽然文化背景不同，但在情感、人生体验等方面存在许多相似之处。这样的学习不仅促进了学生对多元文化的理解和尊重，也培养了他们的跨文化交流能力和文化包容性。通过与不同文化的作品互动，学生逐渐领悟到文学的普世价值，拓宽了自己的视野和思维，增进了对世界的认知和体验。这种促进文化多样性的作用不仅有助于构建和谐的文化交流环境，也为学生的国际视野和全球意识的培养提供了重要支持，使他们成为具有开放心态和跨文化交流能力的全球公民。

诗意教育的推广在文化传承与创新方面发挥了多重作用；首先，它传承了经典文化，让学生深入了解传统文化的内涵与价值；其次，它拓宽了文学创新空间，

激发了学生的创作激情与想象力；再次，它引领了文学潮流，为学生提供了与作家、学者互动的平台；最后，它促进了文化多样性，培养了学生的跨文化交流能力与文化包容性。因此诗意教育的推广不仅为学生的个人成长提供了重要支持，也为社会文化的发展作出了积极贡献。

四、对社会和谐与进步的积极影响

诗意教育的推广不仅是文学艺术的传承与发展，更是社会和谐与进步的重要推动力量。通过增进人与人之间的情感交流、弘扬社会正能量、培养社会责任感与文化自信，以及增强社会文化软实力等方面的积极影响，诗意教育为建设一个更加和谐、进步的社会贡献了重要力量。

（一）增进人与人之间的情感交流

诗意教育的推广在增进人与人之间的情感交流方面发挥了积极作用，通过诗歌、文学作品等艺术形式的创作与欣赏，人们能够更深入地表达自己的情感与思想，同时也能够更好地理解他人的内心世界。例如一首深情的诗歌可能触动了读者内心深处的某种情感，促使他们与作者建立起情感上的共鸣。在诗意教育的课堂上，学生通过分享自己的诗作或欣赏他人的作品，能够更加敏锐地感受到彼此的情感共鸣，从而增进了彼此的情感交流与理解。这种情感交流的增进不仅有助于促进人际关系的和谐发展，也为社会的共同进步奠定了基础。

（二）弘扬社会正能量

诗意教育的推广在弘扬社会正能量方面具有重要作用，通过传达积极向上的思想和价值观，文学作品成为激发人们内在力量的媒介。例如一首描写奋斗与拼搏的励志诗篇可以激发读者积极向上的情绪，让他们在面对挑战时保持乐观与勇敢；一部反映社会正义与人道主义的小说或诗歌可以唤起人们对公平正义的追求和维护。在诗意教育的实践中，学生透过这些作品，感受到正能量的鼓舞与启发，从中汲取力量与勇气，坚定自己的人生信念与价值取向。而这种正能量的传播不仅止步于个人，更通过学生的行为、言语和作品，影响着周围的人群，共同为社会的和谐与进步注入了积极的能量。因此诗意教育的推广不仅是文学艺术的传承与发展，更是社会正能量的传递与弘扬，为构建和谐社会贡献着重要力量。

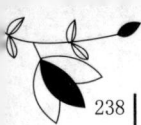

(三) 培养社会责任感与文化自信

诗意教育的推广在培养社会责任感与文化自信方面发挥着重要作用，通过学习和创作诗歌、文学作品，学生得以深入了解社会现状与问题，从而增强对社会责任的认知与担当意识。例如通过创作反映社会现实的诗歌或小说，学生能够关注社会弱势群体的处境，呼吁社会改变，促进社会公平与正义。这种参与社会问题的创作过程培养了学生的社会责任感，激励他们积极投身于社会公益与改革事业中。同时诗意教育也有助于学生建立文化自信，通过了解和传承优秀的文化传统，学生能够更深刻地认识自己的文化身份与价值。举例而言，通过学习古代诗词或经典文学作品，学生能够领略到中华文化的博大精深，从而增强对自己文化的自信心。这种文化自信不仅让学生更加自豪地传承自己的文化传统，也使他们更具包容心与开放心态，能够更好地融入多元文化的交流与互动中。

(四) 增强社会文化软实力

诗意教育的普及对增强社会文化软实力具有深远影响，通过培养学生对诗歌、文学作品的欣赏与创作能力，社会的文化氛围得以优化与升华。一个充满诗意与文学气息的社会环境能够提升人们的审美情趣与文化修养，使社会更加富有生机与活力。举例而言，当人们在日常生活中能够感受到诗意与文学的美好，便会更加珍视人文精神，培养对艺术的热爱，从而促进社会的和谐与进步。同时优秀的诗歌与文学作品也是社会文化的重要窗口与传播载体，它们承载着民族文化的精髓与智慧，向世界展示着社会的文化魅力与价值观念。举例来说，一首具有深刻内涵的诗歌或一部富有情感共鸣的小说，能够跨越语言与文化的障碍，与国际社会进行深度交流，为国家树立起良好的形象与声誉。

诗意教育的推广在促进人与人之间的情感交流、弘扬社会正能量、培养社会责任感与文化自信及增强社会文化软实力等方面发挥了重要作用，这种推广不仅使个体更加情感丰富、自信坚定，也为社会的和谐发展与文化繁荣注入了源源不断的活力与动力。

第三节　诗意教育的未来展望

一、诗意教育理念的不断完善与发展

诗意教育作为一种新兴的教育理念，正在逐渐受到广泛关注和认可。在未来，诗意教育将不仅停留在传授诗歌与文学知识的层面，而是将更加注重学生情感、思想的培养，深化其内涵。同时未来的诗意教育还将弘扬文化自信、结合时代特点与社会需求，以及倡导生态与人文关怀，为学生的全面发展提供更加丰富与多元的教育资源和体验。

（一）深化诗意教育的内涵

未来的诗意教育将不仅停留在传授诗歌与文学知识的层面，而是更深入地关注学生情感、思想的培养，从而深化其内涵。教育将更加注重培养学生的创造力、想象力和审美情趣，使其能够通过诗歌、文学作品感知世界、理解人生。例如班主任可以设计一些富有情感色彩的教学活动，引导学生通过写诗、创作小说等方式表达自己的内心感受和思想，让他们在创作中体会到情感的奔放与思想的深刻。这样的教育方式将使学生更加积极主动地投入学习过程中，激发出他们内在的创造潜能，培养出更具有深度思考和创新精神的人才。这种深化内涵的诗意教育将为学生提供更广阔的发展空间，使他们在成长过程中不仅获得知识，更能够塑造出独立思考、富有情感表达能力的个性与品格。

（二）弘扬文化自信与国学精神

未来的诗意教育将强调弘扬文化自信与国学精神，旨在让学生在接受现代教育的同时也能够深入了解和传承传统文化。通过学习古代诗词、经典文学等，学生将更加自信地认同自己的文化身份，增强文化自信心。例如学校可以组织诗歌朗诵比赛、古诗词大会等活动，让学生深度感受中华传统文化的魅力与博大精深。

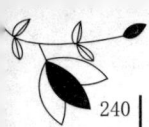

在这些活动中，学生不仅能够通过诗歌朗诵展示自己的才华，还能够通过研读古诗词、经典作品，深入了解传统文化的内涵与精髓。这样的教育方式不仅能够让学生更好地理解自己的文化根基，更能够激发他们对文化的热爱和探索欲望。通过强化对文化传统的学习与理解，学生将更加自信地面对未来的挑战，同时也能够为传承和发展中华优秀传统文化贡献自己的力量。

（三）结合时代特点与社会需求

未来的诗意教育将紧密结合时代特点与社会需求，以更好地适应当今社会的发展。诗意将被融入各个学科和生活实践中，旨在激发学生的学习兴趣、提高他们的综合能力，并培养创新精神。举例来说，在科学课堂上班主任可以采用诗歌的形式介绍科学知识，将抽象的概念与诗意的表达相结合，从而使学生更加生动地理解和记忆科学内容，激发他们对科学的兴趣和探索欲望。例如通过诗歌描述自然界的奇妙景象或科学原理的运作，让学生在诗意的陶冶中感受科学的魅力，从而更加深入地理解科学知识。同时在社会实践活动中可以组织诗歌创作比赛，让学生通过诗歌表达对社会问题的思考和关注。学生可以通过创作诗歌来探讨环境保护、社会公益、人权等议题，借助诗歌的表达形式传递自己的观点和情感，从而引起社会的关注和思考。这种实践不仅能够提升学生的表达能力和创造力，还能够培养他们的社会责任感和公民意识，使他们成为有社会责任感的公民和未来的领导者。

（四）倡导生态与人文关怀

未来的诗意教育将积极倡导生态与人文关怀，旨在引导学生树立正确的生态观和人文观。通过诗歌、文学作品等形式，学生将感受自然的美好与人与自然的和谐，从而培养他们对环境保护和生命关怀的意识。举例而言，学校可以组织生态诗歌创作比赛，鼓励学生通过写诗的方式表达对自然环境的热爱和保护之情。这样的活动不仅能够激发学生对自然美景的感受和表达，还能够增强他们的环保意识，使他们深刻理解人类与自然的相互依存关系，进而积极参与到生态保护与建设中去。通过诗意教育的方式，学生将不仅是被动地接受知识，更将从情感上与自然相连，从而培养出更广阔的视野和更深厚的情感素养。这样的教育理念将引导学生成为具有责任感和环保意识的公民，为构建美好的生态环境和社会积极

贡献力量。

　　未来的诗意教育将在多个方面得到完善与发展。首先，它将深化内涵，注重培养学生的创造力、想象力和审美情趣；其次，诗意教育将强调弘扬文化自信与国学精神，使学生更加自信地认同自己的文化身份；再次，诗意教育将与时代特点与社会需求紧密结合，通过融入各个学科和生活实践中，培养学生的综合能力和创新精神；最后，未来的诗意教育将积极倡导生态与人文关怀，引导学生树立正确的生态观和人文观，为构建美好的生态环境和社会贡献力量。这些发展将使诗意教育成为一种更加全面、深入和有意义的教育模式，为学生的终身发展奠定坚实的基础。

二、诗意教育实践模式的创新与推广

　　诗意教育实践模式的创新与推广是教育领域的一项重要任务，旨在为学生提供丰富多彩的学习体验，培养其综合素养和国际视野。未来诗意教育将积极推进跨学科融合、加强校园文化建设、发展校外教育平台，以及推广国际交流项目，以拓宽学生的学习空间和促进文化交流。

（一）推进跨学科融合教育

　　未来的诗意教育将积极推进跨学科融合教育，通过将诗意元素融入各个学科中，促进学科之间的交叉与互动，丰富学生的学习体验。例如在历史课堂上，可以通过诗歌、文学作品展现历史人物的情感与思想，帮助学生更深入地理解历史事件的背后意义；在艺术课程中，可以通过学习古代诗词和绘画相结合，让学生在审美中感受诗意的美妙。这样的跨学科融合教育模式不仅能够提升学生的学科综合能力，还能够拓宽他们的视野，培养他们的综合素养。

（二）加强校园文化建设

　　未来的诗意教育将注重加强校园文化建设，旨在营造浓厚的诗意氛围，让学生在充满文化底蕴的环境中感受到文学的魅力。学校将组织各类诗歌朗诵会、文艺演出和文学沙龙等活动，为学生提供展示才华和表达情感的舞台。例如定期举办诗歌分享会，邀请学生或老师朗诵自己创作或喜爱的诗歌，让学生在轻松愉悦的氛围中感受诗意的美妙。同时学校还可以建立诗意艺术角落或图书馆，展示经

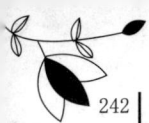

典诗歌作品和文学精品，为学生提供阅读与思考的场所，激发他们对文学艺术的兴趣和热爱。通过这些丰富多彩的文化活动和文学资源，学校将营造出一个充满诗意的校园氛围，培养学生的审美情趣和文化品位，提升他们的人文素养和综合素质。

（三）发展校外诗意教育平台

未来的诗意教育将积极发展校外诗意教育平台，以丰富学生的学习体验和拓宽其学习空间。学校将与社区图书馆、文化中心等机构展开合作，共同开展各类诗意教育项目。通过这些合作，学生将有机会参加诗歌创作营、文学讲座或诗歌朗诵比赛等活动，在与社会环境的互动中感受诗意的魅力。例如他们可以参加由社区图书馆举办的文学沙龙，与文学爱好者交流学习，拓宽自己的文学视野；或者参加由文化中心组织的诗歌朗诵比赛，展示自己的朗诵技巧和情感表达能力，与他人分享诗意的魅力。通过这样的校外诗意教育平台，学生将有更多机会接触和感受诗意的魅力，拓宽自己的视野和人际关系网，丰富自己的人生体验，为终身学习打下坚实的基础。

（四）推广诗意教育国际交流项目

未来的诗意教育将积极推广国际交流项目，旨在促进国际文化交流与合作，为学生提供更广阔的学习平台和机会。学校将与海外文化机构或学校建立紧密合作关系，开展各类诗意教育交流活动。其中学生文化交流访问是一个重要的项目，通过组织学生赴海外进行文化交流访问，让他们亲身体验不同国家和地区的文化，感受不同文化背景下的诗意氛围，拓宽自己的国际视野和人际交往能力。跨国诗歌创作比赛也是一种创新的国际交流形式，学生可以与来自世界各地的同龄人共同参与诗歌创作比赛，通过创作与交流，增进对不同文化的理解与尊重，促进国际友好合作与交流。通过这些国际交流项目，学生将有机会结识来自不同文化背景的同龄人，学习借鉴他们的思想和文化，拓宽自己的国际视野和人际交往能力，为未来的国际交流与合作奠定坚实的基础。

未来的诗意教育将不仅局限于课堂内的传统教学，而是致力于在多个方面创新教育模式，推动学生全面发展。通过跨学科融合、校园文化建设、校外教育平台和国际交流项目的推广，学生将有更广阔的学习空间和更丰富的学习资源，培

养出具有综合素养和国际视野的未来人才。

三、诗意教育与科技融合的探索与应用

在当今科技飞速发展的时代，诗意教育与科技的融合已经成为一种不可忽视的趋势。借助智能应用、网络平台和虚拟现实技术，诗意教育正迎来一场前所未有的革新与探索。下面将探讨开发诗意教育智能应用、建设网络诗意教育平台、推动虚拟现实技术应用、推广远程诗意教育模式等方面的应用与挑战。

（一）开发诗意教育智能应用

随着科技的不断发展，诗意教育可以借助智能应用为学生提供更加个性化和有效的学习体验。通过开发诗意教育智能应用，可以结合人工智能和大数据技术，根据学生的兴趣、学习情况和需求，量身定制学习内容和推荐诗歌，从而提高学习的针对性和效果。例如一个诗意教育 App 可以根据学生的阅读习惯和喜好推荐适合他们的诗歌作品，同时提供诗歌欣赏、创作指导等功能，让学生在自主学习的同时感受到个性化的关怀和指导。这样的智能应用不仅可以提升学生的学习积极性和主动性，还能够培养他们的文学素养和创造力。

（二）建设网络诗意教育平台

网络诗意教育平台的建设是为了创造一个开放、共享和互动的学习环境，旨在丰富学生的诗意教育资源和学习渠道。这样的平台将集成丰富多样的诗歌资源、教学内容和学习工具，为学生提供多种形式的学习体验。例如学生可以在平台上进行在线诗歌欣赏，通过文学作品深入探索诗歌的意义和美学价值；他们也可以参与诗歌创作活动，通过线上平台分享自己的创作，并接受来自同学和导师的反馈与指导，促进创作技巧和文学理解的提升。平台还可以举办诗歌竞赛和活动，如诗歌朗诵比赛或文学讲座，为学生提供展示才华和表达情感的机会，激发他们对诗意艺术的兴趣和热爱。在线诗歌社区的设立将鼓励学生之间的交流和合作，他们可以分享自己的诗歌作品、交流学习心得，共同学习、进步和成长。同时平台还将提供专家指导和导师服务，通过线上讲座和课程，为学生提供更深入的诗意教育和文学素养的培养。

(三) 推动虚拟现实技术应用

推动虚拟现实技术在诗意教育中的应用，将为学生提供一种全新的学习体验和展现方式。通过虚拟现实技术，学生可以身临其境地感受诗歌描绘的场景和情境，深度融入诗意的世界中。例如在课堂上，学生可以通过虚拟现实头戴设备进入一个由诗歌所描绘的场景，如古代诗人笔下的山水风景或历史时代的文化背景。他们可以自由地漫步其中感受自然的美丽或历史的沉重，从而更加深入地理解诗歌所表达的情感和意义。除了身临其境地体验外，虚拟现实技术还可以用于诗歌创作和表现。学生可以通过虚拟环境中的工具和素材进行诗歌创作，将自己的想象力和情感融入其中。例如他们可以选择不同的背景和音乐来激发创作灵感，或者通过虚拟笔墨进行诗歌书写，感受文字的魅力和流动。学生还可以利用虚拟现实技术进行诗歌朗诵和表演，通过自身的身体动作和表情来传达诗歌的情感和意义，从而提升表现力和沟通能力。

(四) 推广远程诗意教育模式

推广远程诗意教育模式是为了让更多学生获得高质量的诗意教育资源和服务，无论他们身处何地。这一模式利用互联网和视频技术，使学生能够通过线上课程、讲座和活动参与学习，与优秀的诗意教育资源进行互动和交流。远程诗意教育模式能够打破地域限制，学生不再受限于所在地的资源和条件，无论身处何地，只要有网络连接，就能够参与诗意教育活动。这为偏远地区的学生提供了与城市学生同等的学习机会，缩小了地域差距，实现了教育的普惠性。远程诗意教育模式能够丰富学生的学习体验，通过线上课程和活动，学生可以接触到来自不同地域和背景的诗歌资源，拓宽视野，增加学习的广度和深度。同时他们还可以在虚拟空间中与其他学生和教育者进行交流和分享，促进思想碰撞和知识共享，激发学习的激情和创造力。远程诗意教育模式还能促进文化交流和共享，通过远程诗意教育平台组织的活动，学生可以与来自不同地区的同学和教育者交流诗歌作品和文化理念，增进相互理解和尊重，促进文化多样性和包容性的发展。

诗意教育与科技的融合不仅为学生提供了更加个性化、有效的学习体验，也拓展了教育的边界与可能性。通过智能应用的开发，学生可以享受到个性化的诗意教育服务；建设网络平台则为学生提供了开放、共享的学习环境；虚拟现实技

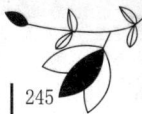

术的应用则让学生身临其境地感受诗意的世界；而推广远程诗意教育模式则实现了教育资源的普惠性与共享性。这些探索与应用，将为诗意教育注入新的活力与可能性，促进学生的全面发展与成长。

四、诗意教育在全球化背景下的国际交流与合作

在当今全球化的背景下，诗意教育的国际交流与合作显得尤为重要。拓展国际诗歌交流平台、加强跨国诗意教育研究合作、参与国际诗意教育活动，以及推动诗意教育国际标准化，这些举措不仅促进了不同文化间的相互理解和交流，也为全球诗意教育的发展提供了新的动力和机遇。下面将探讨在全球化背景下，诗意教育国际交流与合作的重要性以及相关举措的意义和影响。

（一）拓展国际诗歌交流平台

在全球化的今天，拓展国际诗歌交流平台是促进不同文化间相互理解和交流的重要途径之一。通过建立多样化的国际交流平台，可以让来自不同国家和地区的诗人、学者及诗歌爱好者之间进行更加深入的沟通和合作。例如可以举办国际诗歌节、诗歌朗诵会等活动，邀请来自世界各地的诗人互相交流创作心得和文化体验。同时利用互联网技术，建立在线诗歌社区和平台，让诗歌爱好者可以跨越国界，分享自己的诗歌作品，并与其他诗人进行互动和交流。这样的国际诗歌交流平台将为诗意教育注入新的活力和创造力，促进全球诗歌文化的繁荣与发展。

（二）加强跨国诗意教育研究合作

跨国诗意教育研究合作是诗意教育国际化的重要动力，这种合作不仅能够促进诗意教育理论和实践的共享与交流，更能够推动这一领域的不断创新与提升。通过建立国际诗意教育研究联盟或网络，各国研究机构可以共同开展对诗意教育的理论研究和实践探索，从而为全球诗意教育的发展提供更广阔的视野和更丰富的资源。举例而言，联合开展对不同文化背景下诗意教育的研究，可以深入探讨不同文化间诗意教育的异同之处，从而为跨文化教学提供参考和借鉴。还可以共同开发跨国诗意教育项目，包括制定统一的课程标准、开发教学资源和教材，从而为各国和地区的诗意教育提供规范和支持。通过这样的合作模式，可以推动诗意教育的全球化发展，促进世界各地诗意教育的共同进步和提高。

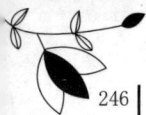

(三) 参与国际诗意教育活动

参与国际诗意教育活动是一种积极的方式，可以促进全球教育界的交流与合作。这样的活动提供了一个平台，让来自不同国家和地区的学生和教育者能够相互交流、学习和分享经验。国际诗歌节是一个展示才华的机会。学生可以参加国际诗歌朗诵比赛，不仅可以在国际舞台上展示自己的才华，还可以与来自世界各地的同龄人进行切磋和交流，这有助于拓宽他们的视野和提高他们的表现能力。参加国际诗歌教育研讨会也是一种获取知识和经验的途径。在这样的研讨会上，教育者们可以了解到其他国家和地区的诗意教育理念和实践经验，这有助于他们深入思考自己的教学方法并加以改进。通过这样的国际交流与合作，可以促进不同文化之间的相互了解和友谊，同时也为诗意教育的国际化进程注入新的活力和动力，推动全球教育事业的发展。

(四) 推动诗意教育国际标准化

推动诗意教育的国际标准化是确保这一领域在全球范围内得到有效发展和实施的重要举措，这种标准化可以从多个方面推动诗意教育的发展。通过建立统一的教学标准和课程框架，可以确保不同国家和地区的诗意教育都围绕着共同的核心目标展开，从而提高了教学的一致性和质量。制定统一的评估体系可以帮助评估诗意教育的效果和成效，促进教育质量的提升和改进。为了实现这一目标，可以成立国际诗意教育标准化的专家委员会，由来自不同国家和地区的专家共同制定标准和评估方法，确保其权威性和适用性。同时建立国际诗意教育质量认证和评估机制，可以监督和评估各国诗意教育的质量，推动其持续改进和提高。这样的国际标准化工作将促进全球诗意教育的协调发展，提高其国际竞争力和影响力，为培养具有创造力和文化理解力的全球公民做出积极贡献。

诗意教育在全球化的今天呈现出日益重要的地位，而国际交流与合作则成为推动其发展的关键因素。通过拓展国际诗歌交流平台、加强跨国诗意教育研究合作、参与国际诗意教育活动及推动诗意教育国际标准化，我们不仅能够促进不同文化间的相互了解和友谊，也能够提高诗意教育的质量和水平，为培养具有全球视野和文化理解力的公民做出积极贡献。在未来的发展中应当继续加强国际交流与合作，共同推动诗意教育事业的繁荣与发展。

第四节　诗意教育的持续发展策略

一、加强政策引导与支持力度

在当今社会，诗意教育的重要性越来越受到广泛关注，为了推动诗意教育的持续发展，政府在制定政策、财政投入、鼓励创新和监督落实等方面扮演着重要角色。下面将探讨如何加强政策引导与支持力度，从制定完善的政策到强化落实与监督，为诗意教育事业的蓬勃发展提供有力支持。

（一）制定完善的诗意教育政策

制定完善的诗意教育政策是促进诗意教育持续发展的基础，政策应当包括对诗意教育的定义、目标和发展方向的明确规定，为诗意教育提供指导和支持。例如政策可以明确诗意教育在教育体系中的地位，规定诗意教育的核心内容和教学要求，以及促进诗意教育与其他学科的融合发展等方面的具体措施。同时政府部门还应当建立健全诗意教育管理体系，加强对诗意教育的组织领导和政策实施，确保政策的有效执行和持续推进。

（二）提升财政投入与政策倾斜

为了促进诗意教育的健康发展，政府需要增加财政投入并采取政策倾斜措施。这意味着政府应当增加对诗意教育项目的专项经费支持，确保该领域有足够的资金支持。例如政府可以设立诗意教育专项基金，用于资助诗意教育项目的开展和推广，以及提供教育资源和设施建设的资金支持。政府还可以为从事诗意教育的班主任提供培训和奖励，以激励更多的班主任参与诗意教育的教学实践和研究。通过这些举措，政府可以为诗意教育的发展提供有力支持，促进其在教育体系中的地位和影响力的提升。

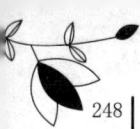

（三）鼓励诗意教育创新实践

为鼓励诗意教育的创新实践，政府应提供支持性政策，赋予教育者更多的自主权和灵活性。这包括鼓励学校和教育机构开展诗意教育项目和活动，以丰富课堂教学内容和方法。政府还应支持班主任在诗意教育领域进行教学方法和内容的创新，例如鼓励班主任采用跨学科教学、艺术表现和互动体验等方式融入诗意元素，激发学生的创造力和想象力。政府还应为学生提供更多参与诗意创作和表达的机会，如举办诗歌比赛、诗意表演活动等，鼓励学生发挥自己的创造潜能。为了激励创新，政府可以设立诗意教育创新奖励机制，对在诗意教育领域取得突出成就的学校、班主任和学生给予奖励和表彰，以鼓励更多人投身于诗意教育的创新实践中。通过这些举措，政府能够有效地促进诗意教育的发展，激发教育创新的活力，为学生提供更加丰富和有意义的教育体验。

（四）强化政策落实与监督

为确保诗意教育政策的有效实施，政府需要强化政策的落实与监督机制。这意味着政府部门应加强对诗意教育政策执行情况的监督和评估，及时发现问题并采取有效措施加以解决。建立健全监督机制和评估体系，对诗意教育项目和活动进行跟踪和评估，以确保政策的落实效果和教育质量的提升。例如可以建立诗意教育政策执行评估机制，定期对各地诗意教育政策执行情况进行评估，对政策执行效果进行监督和检查。同时政府应及时调整和改进政策措施，以确保诗意教育政策的顺利实施和持续发展。通过这些举措，政府可以有效地推动诗意教育政策的贯彻落实，促进诗意教育事业稳步发展，为学生提供更加丰富和优质的教育资源。

为促进诗意教育的健康发展，政府需要从多个方面加强政策引导与支持力度。第一，制定完善的政策是基础，明确诗意教育的定义、目标和发展方向，建立管理体系；第二，提升财政投入与政策倾斜，通过增加经费支持、教师培训等方式，确保诗意教育有足够的资源和支持；第三，鼓励诗意教育创新实践，赋予教育者更多自主权，激发学生的创造力和想象力；第四，强化政策落实与监督，建立评估机制，及时调整政策措施，确保政策的顺利实施和持续发展。这些举措将有助于推动诗意教育事业的蓬勃发展，为学生提供更加丰富和优质的教育资源。

二、建立多元评价体系与激励机制

建立多元评价体系与激励机制是推动诗意教育持续发展的重要举措，通过设立全面的评价指标体系，激励教育者的积极性，以及建立有效的评价反馈机制，可以更好地评估诗意教育的实施效果，提升教育质量，同时推广诗意教育成果的展示与分享，将有助于增加其影响力和知名度。

（一）设立多维度评价指标体系

建立多维度评价指标体系是为了全面评估诗意教育的实施效果及学生的发展情况，这个体系应当涵盖多个方面，以确保评价的全面性和客观性。其中首先需要考虑学生的诗意表达能力，包括他们在诗歌创作、朗诵或表演中的表现。评价体系还应包括对学生诗歌阅读理解水平的考量，即他们对不同类型诗歌的理解和解读能力。班主任也需要关注学生在诗意教育中的情感体验，例如他们对诗歌的情感共鸣和情感体验的深度。举例来说，评价指标可以包括学生在诗意教育课程中的参与度，创造力的发展情况，以及对诗歌欣赏的水平等。通过这些多维度的评价指标，可以更全面地了解学生在诗意教育中的学习情况和成长变化，为教育者提供有针对性的改进建议，进一步提升诗意教育的质量和效果。

（二）推行激励机制

为了激励教育者积极参与诗意教育并取得优异成绩，建立相应的激励机制至关重要。可以设立诗意教育教师奖励计划，以表彰那些在诗意教育领域做出杰出贡献的教师。这些奖励可以包括荣誉称号、奖金或者专业发展机会等，以激励他们在诗意教育方面的持续努力和创新实践。推行诗意教育项目资助计划也是一种有效的激励措施。政府可以向开展诗意教育项目的学校和机构提供资金支持，用于项目实施、教材购置、活动举办等方面，以鼓励更多的教育机构积极参与到诗意教育中来。通过这些激励措施，可以有效地激发教育者的积极性和创新意识，推动诗意教育事业的不断发展，为学生提供更加丰富和有意义的教育体验。

（三）建立评价反馈机制

建立评价反馈机制对于诗意教育的持续改进至关重要。政府可以成立诗意教育评价专家团队，负责定期对诗意教育实施情况进行全面评估。这个专家团队可

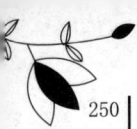

以由教育专家、学者和相关领域从业者组成,通过实地考察、调研和数据分析,全面了解诗意教育的实际情况,并提出改进建议。建立学生、家长和教师满意度调查机制也是评价反馈的重要途径之一。通过定期开展满意度调查,可以收集各方对诗意教育的意见、建议和反馈,及时发现问题和不足,并加以改进。这些反馈信息将为政府制定诗意教育政策和措施提供重要参考,确保政策更加贴近实际需求和实施情况,进而提升诗意教育的质量和效果。

(四)推广诗意教育成果展示与分享

推广诗意教育成果展示与分享是提升其影响力和知名度的重要途径,政府可组织诗意教育成果展示活动,邀请学生、教师和家长参与,通过展示诗意作品、举办诗歌朗诵会等方式,展示诗意教育的成果。这些展示活动不仅可以展现学生在诗意教育中的成长与进步,也能激发更多人对诗意教育的兴趣与认同。建立诗意教育资源共享平台也是推广的有效方式。该平台可以供各地学校和教育机构分享教学资源、交流经验,促进诗意教育的跨地区、跨学校交流与合作。通过分享成功案例、教学经验,可以帮助更多的教育者了解诗意教育的重要性和实施方法,进而推动诗意教育的普及和发展。这些举措将为诗意教育赢得更多支持与认可,为培养学生的情感与创造力注入更多动力,进一步推动教育事业的蓬勃发展。

建立多元评价体系,包括设立多维度的评价指标体系和建立评价反馈机制,可以全面评估诗意教育的实施效果,并为教育者提供改进方向。同时推行激励机制,如奖励计划和项目资助,能够激励教育者积极参与诗意教育,推动其不断发展。推广诗意教育成果的展示与分享,通过组织展示活动和建立资源共享平台,将有助于扩大诗意教育的影响力和知名度,促进其跨地区、跨学校的交流与合作,进一步推动教育事业的蓬勃发展。

三、推动跨学科融合与资源共享

跨学科融合与资源共享是推动诗意教育发展的关键策略之一,通过建立跨学科协作机制、加强资源整合与共建、推进跨机构合作与联合办学,以及鼓励跨界合作与创新项目,可以为诗意教育提供更加丰富和多样化的学习体验,促进其在教育领域的持续发展。

（一）建立跨学科诗意教育协作机制

建立跨学科诗意教育协作机制是为了丰富诗意教育的内涵，提升其质量和效果。通过不同学科间的合作，可以为学生提供更多元的学习体验。例如语文和音乐老师可以共同策划一场诗歌朗诵会，让学生通过朗诵诗歌来感受音乐的韵律和节奏，从而提升他们的诗意表达能力；美术和文学老师可以联合开展诗意画展，让学生通过绘画表现诗歌中的情感和意境，进一步加深对诗意的理解。这种跨学科的协作不仅可以促进各学科之间的交流与合作，还能够为学生提供更加综合和丰富的学习体验，培养其多方面的能力和素养。

（二）加强诗意教育资源整合与共建

加强诗意教育资源整合与共建是为了更好地支持诗意教育的发展。首先，可以整合各种诗意教育资源，如诗歌、音乐、美术等，建立统一的资源平台，方便教师和学生获取所需资源。这样可以避免资源的重复建设，提高资源利用效率。其次，可以鼓励各地学校和教育机构共同建设诗意教育资源，形成资源共享的网络。这样可以充分利用各方的资源优势，为学生提供更加多样化和高质量的教育资源，丰富诗意教育的内容和形式。通过加强资源整合与共建，可以有效提升诗意教育的水平和质量，为学生提供更加优质的教育体验。

（三）推进跨机构合作与联合办学

推进跨机构合作与联合办学是推动诗意教育跨越发展的关键举措，通过建立跨校区、跨地区的合作机制，可以整合各方资源，共同开展诗意教育项目和活动。例如不同学校可以联合举办诗歌朗诵比赛，为学生提供展示和交流的平台；同时可以共同策划诗意教育研讨会，邀请专家学者分享经验和最佳实践，促进经验和资源的交流与分享。这样的合作不仅可以丰富诗意教育的内容和形式，还能够提升整个地区诗意教育的水平和影响力。通过跨机构合作，可以充分利用各方的资源优势，共同致力于诗意教育事业的发展，为更多学生提供优质的诗意教育服务。这种合作模式不仅有利于资源的共享和互补，还能够促进诗意教育的创新与发展，为学生提供更加丰富和多样化的学习体验。

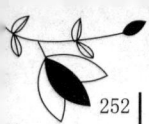

（四）鼓励跨界合作与创新项目

鼓励跨界合作与创新项目是推动诗意教育跨学科融合的关键举措，通过与文化机构、艺术团体、科技企业等不同领域的合作，可以为诗意教育注入新的活力和创新。例如可以与艺术家合作，共同举办诗意艺术展，让学生通过艺术作品感受诗意的表达和情感传递，拓展他们的审美和创造力；与科技公司合作，开发诗意教育的在线学习平台，利用科技手段提供更加互动和个性化的学习体验，激发学生学习的兴趣和动力。这样的跨界合作项目不仅可以为诗意教育带来新的思路和方法，还能够丰富学生的学习体验，提升诗意教育的吸引力和影响力。通过不断开展跨界合作与创新项目，可以促进诗意教育与时俱进，不断适应社会发展和学生需求的变化，推动诗意教育事业向着更加广阔的未来发展。

跨学科融合与资源共享为推动诗意教育的跨越式发展提供了有力支撑，建立跨学科协作机制、加强资源整合与共建、推进跨机构合作与联合办学及鼓励跨界合作与创新项目，不仅丰富了诗意教育的内容和形式，也提升了其质量和影响力。这些举措将为学生提供更加全面和优质的诗意教育，培养其多方面的能力和素养，推动诗意教育事业持续向前发展。

四、加强家校合作与社会支持网络建设

诗意教育被越来越多地看作培养孩子综合素养和人文精神的重要途径之一，而要实现诗意教育的全面发展，加强家校合作与社会支持网络建设至关重要。建立健全家校合作机制，打造多方合作的社会支持网络，加强家长诗意教育意识培养，以及建立诗意教育社区共建机制，将有助于为孩子提供更加丰富和有益的诗意教育环境。下面将深入探讨这些方面的具体内容，旨在为促进诗意教育的发展提供有效的路径和策略。

（一）建立健全家校合作机制

建立健全家校合作机制是促进诗意教育发展的基础，学校和家庭是孩子成长的两大重要环境，通过密切合作，可以更好地发挥双方的作用，共同为孩子的诗意教育提供支持和引导。例如学校可以定期举办家长会，与家长沟通孩子的学习情况和成长需求，共同探讨如何在家庭中营造诗意教育的氛围；同时家长也可以

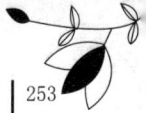

参与学校诗意教育活动，与孩子一起朗诵诗歌、欣赏艺术作品，共同体验诗意的美好。通过建立健全家校合作机制，可以实现学校和家庭的良性互动，共同为孩子的诗意教育提供更加全面和有效的支持。

（二）打造社会支持网络

打造社会支持网络是诗意教育发展的关键一环，文化机构、艺术团体和社会组织的积极参与为学校和家庭提供了丰富的资源和服务，比如艺术团体可以举办诗意表演活动，文化机构可以提供诗意艺术展览，社会组织可以组织诗歌写作工作坊。同时媒体和网络平台在宣传推广诗意教育方面起着至关重要的作用，可以通过报道、专栏等形式增加公众对诗意教育的认知度和关注度。这种多方合作的社会支持网络为诗意教育提供了更广泛的影响力和资源支持，有助于推动诗意教育事业的发展。

（三）加强家长诗意教育意识培养

加强家长诗意教育意识培养对于提升诗意教育的质量至关重要。作为孩子成长过程中的第一任教师，家长在塑造孩子对诗意的认知和情感体验中发挥着关键作用。因此需要通过多种途径，如学校和社区组织的配合，加强家长诗意教育意识的培养。学校可以定期举办家长诗意教育讲座或工作坊，向家长介绍诗意教育的重要性、方法和技巧，引导他们在日常生活中如何与孩子共同体验诗意的美好。利用现代科技手段，如建立家校互动平台或家长群，也是一种有效途径，通过这些平台，学校和家长可以分享诗意教育的成功案例、经验和资源，进一步促进家长对诗意教育的关注和参与。通过这些举措，家长将更加了解诗意教育对孩子成长的重要性，更加积极地参与和支持孩子在诗意领域的学习和发展。这种共同努力将有助于建立一个更加有益、积极的诗意教育环境，为孩子的全面发展提供更好的支持和保障。

（四）建立诗意教育社区共建机制

建立诗意教育社区共建机制是为了促进诗意教育在社区内的全面发展，诗意教育不应局限于学校和家庭，而应当渗透到社区生活的方方面面。因此我们需要建立一个包含学校、家庭和社区在内的多方合作机制，共同致力于提供丰富多彩

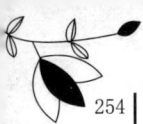

的诗意教育资源和服务。首先，可以建立诗意教育社区服务中心，作为一个集结各方资源的平台。这个中心可以提供诗意教育活动和课程，如诗歌朗诵比赛、艺术表演、写诗工作坊等，为社区内的孩子们提供更多元化的学习体验。其次，可以组织诗意教育志愿者团队，鼓励社区居民积极参与诗意教育的推广和实践。志愿者可以承担诗意教育活动的组织和执行工作，也可以担任孩子们的诗意教育导师，为他们提供指导和支持。最后，还可以通过举办社区诗意教育活动、策划诗意主题社区建设项目等方式，让更多的社区居民了解和参与到诗意教育中来，形成全社会共同关注、支持和推动诗意教育发展的良好氛围。

加强家校合作与社会支持网络建设是推动诗意教育发展的关键举措，通过建立健全家校合作机制，学校和家庭可以共同为孩子的诗意教育提供支持和引导；打造多方合作的社会支持网络，可以为学校和家庭提供丰富的资源和服务；加强家长诗意教育意识培养，有助于家长更好地参与和支持孩子的诗意教育；建立诗意教育社区共建机制，则可以充分发挥社区资源和力量，为孩子提供更加丰富和有益的诗意教育环境。这些举措的共同努力将为孩子的全面成长和发展奠定坚实的基础。

第五节　构建诗意与智慧相融合的教育未来

一、诗意与智慧相融合的教育模式探索与实践

当今教育领域探索诗意与智慧相融合的教育模式已经成为一项备受关注的议题，这些模式不仅致力于激发学生对诗歌的理解与欣赏，更着眼于培养学生的情感共鸣、跨学科思维和社区参与能力。下面将探讨基于情感共鸣、整合跨学科知识、社区参与式和个性化定制等不同角度的诗意教育模式，以期为教育实践提供新的思路和启示。

(一) 基于情感共鸣的诗意教育模式

基于情感共鸣的诗意教育模式旨在通过情感共鸣来启迪学生对诗歌的理解与

欣赏，教师在这个模式下扮演的角色超越了传统的知识传授者，更像是情感的引领者和启蒙者。通过诗歌、音乐、绘画等艺术形式，学生被鼓励去感受诗意所包含的情感与意境，从而与诗意建立起更深层的连接。举例来说，一位教师可以选取一首充满情感共鸣力的诗歌作品，组织学生进行朗诵或表演，引发学生对诗歌情感内涵的共鸣与体验。同时学生也可以通过自己的创作，比如写诗、绘画等方式，来表达内心对生活、自然的情感体验。这种模式下，情感的体验和共鸣成为促进学生诗意理解与欣赏的关键，为诗意教育赋予更深刻与温暖的内涵。

（二）整合跨学科知识的诗意教育模式

整合跨学科知识的诗意教育模式在教学中扮演着重要的角色，旨在通过将诗意与其他学科知识相结合，激发学生的全面发展。在这个模式下，诗意不再局限于艺术领域，而是被视为一种跨学科的思维方式和生活态度。在语文课堂上，教师可以通过解析诗歌中的文学语言和修辞手法，引导学生深入理解诗意的内涵，从而培养其语言表达能力。通过分析诗歌的意境、形象和节奏，学生可以提升自己的文学鉴赏能力，进而丰富自己的情感世界。在自然科学课堂上，诗意的自然描写可以成为学生探索自然世界的窗口。教师可以选取具有自然主题的诗歌，引导学生感受其中蕴含的自然美和生命力，激发对自然界的探索和热爱。通过诗意的启发，学生可以更加深入地理解自然规律，培养对生态环境的保护意识。在艺术课堂上将诗歌与绘画、音乐相结合，可以拓展学生的审美领域和创造力。通过学习诗歌背后所蕴含的情感与意境，学生可以进行绘画创作或音乐表演，将诗意的美妙转化为艺术作品。这样的跨学科结合不仅能够提升学生的审美情趣，还可以促进其创造性思维和艺术表达能力的发展。

（三）社区参与式诗意教育模式

社区参与式诗意教育模式是一种具有深远意义的教育方式，它不仅是为了学生的学习，更是为了将诗意融入社区生活，促进社区文化的繁荣和发展。在这种模式下，学生和社区共同参与、共同建构，形成一种互动、共荣的教育格局。首先，通过与当地艺术团体、文化中心等机构合作，学校可以举办各类诗歌朗诵比赛、诗意艺术展览等活动，让学生有机会展示自己的才华，激发学生对诗歌艺术的兴趣和热爱。这不仅可以提高学生的艺术修养，还可以促进学生的情感交流和

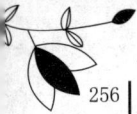

团队合作能力的培养。其次，通过让学生参与到社区义工活动中，可以让他们亲身感受到诗意教育的人文关怀和社会责任。最后，通过为社区服务的过程，学生可以培养出一种乐于助人、乐于奉献的精神品质，这对于他们的成长和未来的社会参与能力都具有积极的影响。社区参与式诗意教育模式是一种有益的尝试，它可以为学生提供更加丰富和有意义的教育体验，同时也可以促进社区文化的繁荣和发展。希望未来能有更多的教育机构和社区组织共同参与，共同推动这种教育模式的发展，让更多的学生受益。

（四）个性化定制的诗意教育模式

个性化订制的诗意教育模式是一种致力于充分考虑学生个体差异，根据其特点和发展需求，量身打造教学方案的教育方式。在这个模式下，教育者不再采取一刀切的授课方式，而是通过深入了解每个学生的兴趣、能力和学习风格，为他们提供个性化的诗意教育服务。针对那些喜欢文学创作的学生，教育者可以提供更多的写诗、赏析诗歌的机会。他们可以引导学生深入研究不同风格的诗歌，从中汲取灵感，激发他们的创作潜能，进而培养其文学审美和表达能力。对于具有艺术天赋的学生，可以开设绘画、音乐等课程，让他们通过艺术形式来表达和体验诗意。通过绘画诗情、演奏诗意的音乐，这些学生可以更直观地感受诗歌所蕴含的情感和意境，从而提升他们的审美水平和艺术表达能力。针对思维活跃、善于思考的学生，可以开展诗意哲学或诗意思维训练课程，培养他们的深度思考和创造性思维能力。通过探讨诗歌背后的哲学意义，学生可以拓展思维的广度和深度，提升解决问题的能力和创新思维。个性化定制的诗意教育模式充分尊重和关注学生的个体差异，使得教学更加贴近学生的需求和兴趣，更具针对性和有效性。通过个性化教学，每个学生都能得到更加全面和个性化的发展，实现其潜能的最大化。

诗意与智慧相融合的教育模式是多元化教育理念的体现，通过情感共鸣、整合跨学科知识、社区参与及个性化定制等方式，为学生提供了更加丰富、深入和个性化的学习体验。这些模式不仅激发了学生对诗歌的兴趣与理解，更培养了他们的创造性思维、社会责任感和综合素养，为其未来的成长与发展奠定了坚实的基础。随着教育理念的不断演进和实践的不断探索，相信诗意教育模式将在未来取得更加广泛的应用与推广。

二、现代教育技术在诗意与智慧教育中的应用前景

现代教育技术在诗意与智慧教育中的应用前景无疑是令人振奋的，虚拟现实技术使诗歌的意境与情境得以身临其境，人工智能技术为个性化学习提供了无限可能，大数据分析助力于深入理解学生需求，而移动互联网技术则将学习的可能性拓展至任何时刻、任何地点。这些现代技术的综合运用不仅为诗意教育带来了全新的学习体验，也为学生和教师提供了更加丰富、便捷的学习与教学工具。

（一）虚拟现实技术在诗意教育中的应用

虚拟现实（VR）技术为诗意教育带来了全新的展示和体验方式，通过虚拟现实眼镜或头戴式显示设备，学生可以身临其境地感受诗歌所描绘的情境与意境，增强对诗意的理解与共鸣。例如一首描写雨夜的诗歌可以通过 VR 技术呈现出雨滴淅沥、路灯昏暗的场景，让学生仿佛置身于诗歌所描述的环境之中。同时 VR 技术还可以模拟艺术创作的过程，让学生亲身体验诗人创作的情感和灵感，激发他们的创造力和想象力。通过虚拟现实技术，诗意教育可以打破时空限制，提供更加生动、直观的学习体验，为学生带来更加深刻的感知和体验。

（二）人工智能技术在诗意教育中的应用

人工智能（AI）技术在诗意教育领域的应用为学生和教师带来了全新的学习和教学体验。首先，智能辅导系统利用 AI 算法和学习分析，能够根据学生的学习特点和需求，为他们量身定制诗意教育方案。举例来说，对于对诗歌节奏感较强的学生，系统可以推荐节奏感强的诗歌作品以提升学习效果；而对于喜欢古典诗歌的学生，则可以推荐古典诗歌作品进行学习。这种个性化的推荐不仅提升了学生的学习兴趣，也提高了学习效率。其次，AI 技术还能够通过分析学生的学习数据和表现，为教师提供及时的反馈和指导。例如系统可以监测学生在学习过程中的表现，识别出学习难点和问题，并向教师提供相应的建议和解决方案，帮助教师更好地调整教学策略，满足学生的学习需求。最后，AI 技术还能够应用于诗歌创作的辅助工具中，为学生提供创作灵感和指导。通过自然语言处理和生成算法，系统可以分析诗歌作品的结构和特点，并向学生提供创作建议和改进意见，帮助他们提高诗歌创作的水平和质量。人工智能技术在诗意教育中的应用不

仅丰富了教学手段和方法，也提升了学生的学习体验和成效。

（三）大数据分析在诗意教育中的应用

大数据分析技术在诗意教育中的应用确实可以带来许多益处。首先，通过收集和分析学生的学习数据，可以深入了解他们的学习习惯、兴趣偏好和学习效果。例如可以分析学生对不同类型诗歌的反应，了解哪些诗歌风格或主题更受学生欢迎，从而调整课程内容或推荐相关作品，提高学习的吸引力和效果。这种个性化的教学方法可以更好地满足学生的需求，激发他们对诗歌的兴趣和热情。其次，大数据分析可以发现学生学习中的潜在问题和障碍，通过监测学生在诗歌学习过程中的表现数据，可以及时发现学习困难或学习进度缓慢的学生，并进行有针对性的干预和辅导。这种预测性的教学管理可以帮助教师及早发现问题，采取有效措施，避免学生因学习困难而丧失信心或放弃学习。最后，大数据分析也有助于诗歌教育的研究和创新，通过对诗歌创作、传播和欣赏等方面的数据进行分析，可以发现诗歌教育的发展趋势和规律，为教育者提供科学依据和指导。同时也可以借助大数据技术开发更加智能化的诗歌教育工具和平台，提升教学质量和效率。大数据分析技术在诗意教育中的应用可以实现个性化教学、预测性辅导和科学研究，为教育提供更加精准、有效的支持和指导。

（四）移动互联网技术在诗意教育中的应用

移动互联网技术的蓬勃发展为诗意教育注入了新的活力和可能性。首先，通过移动应用和在线平台，学生可以随时随地获取诗歌学习资源，从而打破了时间和空间的限制。无论是在校园、家中还是旅途中，他们都可以利用碎片化的时间进行诗歌欣赏、学习和创作。例如一个学生在公交车上利用移动应用观看了一段诗歌朗诵视频，另一个学生在家中通过在线平台参与了诗歌讨论，这些都展示了移动互联网技术为学生提供的灵活学习方式。其次，移动互联网技术还为学生提供了丰富多样的学习资源和工具，学生可以通过诗歌库查找感兴趣的诗歌作品，利用诗歌分析工具深入探索诗歌的艺术特点和内涵。这些资源和工具的便捷使用不仅提升了学习效率，也拓宽了学生的学习视野和深度。最后，移动互联网技术还促进了学生间的交流和互动，通过社交网络和博客平台，学生可以分享自己的诗歌创作，交流彼此的感悟和体验。这种交流和互动不仅有助于学生之间的情

感沟通和友谊建立，也可以激发学生的创作灵感和想象力，促进彼此共同成长和进步。

虚拟现实技术通过身临其境的体验增强了学生对诗歌的理解与共鸣，人工智能技术为个性化学习和教学提供了新的思路和方法，大数据分析助力于深入了解学生需求和学习情况，移动互联网技术使学习变得更加灵活和便捷。这些现代教育技术的应用将为诗意教育注入更多的活力与智慧，为学生提供更加丰富、个性化的学习体验，为教育的未来开辟了新的可能性。

三、构建以学生为中心的诗意与智慧教育生态系统

构建以学生为中心的教育生态系统已经成为一项重要任务，而其中以诗意与智慧教育为核心的生态系统更是备受关注。个性化的学习路径、强化学生自主学习能力、开放共享的教育资源平台及多元化的评价体系构成了这一生态系统的重要组成部分。下面将探讨如何建立以学生为中心的诗意与智慧教育生态系统，并从个性化学习路径、学生自主学习能力培养、开放共享的教育资源平台和多元化的诗意教育评价体系等方面展开讨论，以期为教育改革与发展提供新的思路和方法。

（一）建立个性化诗意学习路径

个性化诗意学习路径的设计是构建以学生为中心的教育生态系统中至关重要的一环。这种路径的主要目标是从学生的个性特点出发，为其提供贴近兴趣、能力和需求的学习体验，从而激发学生的学习动力和内在潜能。针对具有音乐韵律感的学生，学校可以打造一系列融合音乐与诗歌的特色课程。这些课程可以通过节奏训练、音乐表演等方式，帮助学生更好地领悟诗意中的韵律美感。例如学生可以通过学习音乐节拍与节奏，理解诗歌中的韵律结构；通过参与音乐表演，感受音乐与诗歌之间的共鸣与情感表达，从而提升对诗意的感知与理解能力。针对视觉艺术有浓厚兴趣的学生，学校可以设计与诗歌创作相关的绘画课程。这样的课程不仅可以让学生通过绘画作品表达对诗歌的理解与情感，还能培养学生的审美能力和创造力。例如学生可以选择一首自己喜爱的诗歌，通过绘画的方式诠释诗歌中的意境与情感，从而加深对诗歌内涵的理解，并将个人的情感与想象融入作品中，实现对诗意的更深层次体验与表达。

在这个个性化学习路径下，学校还可以为学生提供丰富多彩的学习资源和活动。比如举办诗歌朗诵比赛、诗意艺术展览等活动，让学生有机会展示自己的才华与创造力；开设诗意阅读俱乐部或创作工作坊，为学生提供交流与合作的平台，共同探讨诗歌的魅力与意义。个性化诗意学习路径的建立有助于每个学生找到适合自己的学习方式，从而激发他们的学习兴趣和潜能，培养出更加全面发展的诗意教育人才。

（二）强化学生自主学习能力培养

强化学生自主学习能力培养是现代教育中的一项关键任务，尤其在诗意与智慧教育中更是至关重要。这种能力的培养不仅可以提高学生的学习效率，更能激发他们的创造力、批判性思维和解决问题的能力。学校可以设计一系列开放性的学习任务和项目，让学生根据自己的兴趣和目标选择适合自己的内容和方向。这些任务和项目可以涉及诗歌的阅读、分析、创作等方面，鼓励学生在自主选择的领域展开深入学习和探索。

为了帮助学生更好地规划和管理自己的学习，学校可以引导他们制订个性化的学习计划。这些计划可以根据学生的兴趣、能力和目标制定，明确学习的目标、内容和时间安排，从而培养学生自我管理和自主学习的能力。学校应该提供丰富多样的学习资源，包括书籍、文献、网络资料、实践活动等，让学生有更多的选择和机会。同时学校还可以借助数字技术和在线平台，为学生提供便捷的学习资源和工具，促进他们的自主学习和探索。学校可以向学生传授有效的学习方法和技能，如阅读技巧、思维导图、笔记方法等，帮助他们提高学习效率和质量。学校还可以组织学生参加学习技能培训和工作坊，提升他们的自主学习能力和自我调节能力。学校应该鼓励学生通过自主探索和实践，加深对诗意教育的理解和体验。例如学生可以通过参加诗歌朗诵比赛、组织诗歌创作活动、参观诗意艺术展览等方式，积极参与诗意教育的实践和交流，拓宽自己的视野和经验。通过以上方法和策略，学校可以有效地强化学生的自主学习能力，培养其独立思考、自主探索和创新能力，为其未来的学习和生活打下坚实的基础。

（三）构建开放共享的教育资源平台

构建开放共享的教育资源平台是推动教育创新和提高教学效果的关键举措，

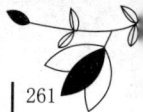

通过建立这样的平台，学校能够集中整合各种学习资源，包括但不限于诗歌作品、学习资料和教学视频等，使其对学生和教师都更加便捷地获取和利用。这样的平台为学生提供了更广泛、更多样化的学习资源，学生可以在平台上自由地浏览、搜索和选择符合他们学习需求和兴趣的内容，从而丰富他们的学习体验和知识储备。例如他们可以通过观看教学视频学习诗歌的朗诵技巧，阅读不同作者的诗歌作品，或者参与在线讨论与交流，拓展对诗意教育的理解和认识。

这样的平台也为教师提供了更多的教学资源和支持，教师可以在平台上分享自己的教学经验和教学资源，借鉴他人的优秀实践和创新方法，提高自己的教学水平和效果。同时教师还可以通过平台上的交流与互动，与同行进行经验交流和合作，共同探讨课程设计、教学方法等问题，促进教学的创新和提高。最重要的是构建开放共享的教育资源平台有助于促进教育资源的共享和流通，打破传统教育中资源分散、信息不对称的局面。学校可以通过开放共享的方式，充分利用各种资源，避免资源的浪费和重复建设，提高资源利用效率和教学质量。同时这也为教育改革和发展提供了更广阔的空间和可能性，推动诗意教育的创新和发展。

（四）建设多元化诗意教育评价体系

建设多元化的诗意教育评价体系是为了更全面地了解学生的学习情况和发展水平，促进其个性化、综合素养的提升，从而确保教育生态系统的有效运行。除了传统的笔试和口试评价方式，引入诗意教育特有的评价形式，如诗歌创作、朗诵比赛和诗意作品展示等，可以更好地反映学生的综合能力和个性特点。诗歌创作是一种独特而富有创造性的评价形式，通过要求学生进行诗歌创作，不仅可以考查其语言表达能力和文学素养，更能够触发学生的想象力和创造力，展现其对诗意的理解和情感表达能力。评价时，除了注重诗歌的艺术性和表现力外，还应关注学生的思想深度和个性风采，从而全面评价其创作水平和成长轨迹。诗歌朗诵比赛是评价学生口头表达和情感表达能力的有效方式，比赛中的学生不仅需要准确地把握诗歌的节奏和语调，更要通过声音、语气和表情等方式传达诗歌的意境和情感。评价时，可以从表达的流畅度、准确性、感染力及对诗歌内涵的理解等方面进行综合评价，鼓励学生通过朗诵展现自己的个性魅力和艺术才华。

诗意作品展示也是评价学生综合素养和创造力的有效途径，学生可以通过绘画、摄影、音乐等形式，将诗歌的意境和情感转化为视觉和听觉的艺术作品，展

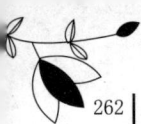

示其对诗意的理解和表达。评价时，不仅要关注作品的美学效果和创意程度，更要关注学生对诗意主题的把握和诗意情感的传递，从而全面评价学生的审美能力和创作水平。建设多元化的诗意教育评价体系有助于更全面地了解和评价学生的学习成果和个性特点，促进其个性化、全面发展。通过引入诗意教育特有的评价形式，如诗歌创作、朗诵比赛和诗意作品展示等，可以更好地激发学生的学习热情和创造潜能，推动诗意教育的深化和创新。

以学生为中心的诗意与智慧教育生态系统的建立是教育领域的重要课题，通过建立个性化的学习路径，学校可以更好地满足学生的兴趣和需求，激发他们的学习动力和潜能。同时强化学生的自主学习能力培养，可以开发其批判性思维，提高其创造力和解决问题的能力，为其未来的学习和生活奠定坚实基础。构建开放共享的教育资源平台和多元化的诗意教育评价体系则有助于促进教育资源的共享和流通，推动教育的创新和发展。构建以学生为中心的诗意与智慧教育生态系统需要全社会的共同努力，以实现教育的可持续发展和全面提升学生的综合素养。

四、推动诗意与智慧教育发展的政策建议与路径选择

促进诗意与智慧教育的发展是推动教育现代化和提升教育质量的重要任务，为此需要制定相应的政策法规，加强研究与实践基地建设，提升班主任的教育能力，并增加对诗意与智慧教育的投入。下面将探讨这些方面的政策建议与路径选择，旨在为教育事业的进步提供有益参考。

（一）制定促进诗意与智慧教育发展的政策法规

制定促进诗意与智慧教育发展的政策法规是实现教育现代化的重要举措，首先政府应确立明确的诗意与智慧教育发展目标，将其纳入国家教育发展规划和政策文件中。这包括明确诗意与智慧教育的内涵、核心价值和发展方向，为各级教育主管部门、学校和教师提供发展的指导方针。例如政府可通过制定《诗意与智慧教育指导意见》，明确教育目标和发展路径，鼓励学校将诗意与智慧教育纳入教育教学实践中。其次，政府应加强对诗意与智慧教育的政策支持和保障，这包括制定相关的激励政策，鼓励学校和教师积极开展诗意与智慧教育的研究和实践活动。例如政府可出台奖励机制，对在诗意与智慧教育领域取得突出成绩的学校和教师给予表彰和奖励，激发其积极性和创新性。再次，政府还应完善诗意与智

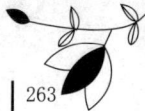

慧教育的管理体制和运行机制，加强对相关教育机构和教师的支持和指导。例如建立诗意与智慧教育发展专门机构或部门，负责统筹规划、组织实施和监督评估工作，为诗意与智慧教育的发展提供专门的管理和服务支持。最后，政府还应加强对诗意与智慧教育的监督和评估，确保政策落实效果。通过建立科学的评价体系，对诗意与智慧教育的实施情况进行定期监测和评估，及时发现问题和不足，并采取有效措施加以解决，以确保政策的顺利实施和教育事业的可持续发展。制定促进诗意与智慧教育发展的政策法规是推动教育现代化的重要举措，需要政府、学校和社会各界的共同努力和支持，为诗意与智慧教育的深入发展提供有力保障和支持。

（二）加强诗意与智慧教育研究与实践基地建设

加强诗意与智慧教育研究与实践基地建设是推动教育改革和提升教育质量的重要举措。这些基地承担着培养人才、开展研究、推动实践的使命，对于促进诗意与智慧教育的发展具有重要意义。建设专门的诗意与智慧教育研究中心是关键之举，这样的中心可以成为会聚专家学者、教育从业者和政策制定者的平台，促进理论交流和研究合作。中心可以开展跨学科的研究项目，探索诗意与智慧教育的理论框架、教学方法和评估体系，推动教育改革和创新。同时中心还可以组织国际学术交流和合作，吸引国际顶尖人才参与，促进诗意与智慧教育的国际化发展。建立诗意与智慧教育实践基地是非常必要的，这些实践基地可以是学校、教育培训机构或者社区教育中心。它们可以为教师提供专业培训和实践指导，帮助他们了解诗意与智慧教育的理念和方法，并将其运用到实际教学中。

实践基地还可以与企业、社会组织等合作，开展校企合作项目或社区服务活动，培养学生的综合素养和创新能力，促进教育与社会的深度融合。除此之外，还应加强高校实验室的建设，支持教育科研力量的发展。高校实验室可以成为教育研究与实践的重要场所，为师生提供开展教育实验、开发教育技术和教学工具的平台。通过开展实验室研究，可以探索诗意与智慧教育的创新应用，促进教育科技与教育教学的融合发展。加强诗意与智慧教育研究与实践基地建设是推动教育现代化和提升教育品质的重要途径，这需要政府、学校、社会组织和企业等多方合作，共同投入资源和力量，为诗意与智慧教育的发展创造良好条件和环境。

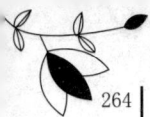

（三）提升班主任诗意与智慧教育能力

提升班主任的诗意与智慧教育能力是确保学生全面发展和健康成长的关键环节，在这个过程中有多个关键点需要考虑和实施，针对班主任的特殊职责和教育需求，开展专门的培训计划至关重要。这些培训应包括诗意教育的理论知识、教学方法、情感引导技巧和心理健康知识等方面。培训内容应当贴近实际教学工作，注重实用性和操作性，帮助班主任更好地理解和运用诗意与智慧教育理念。除了理论知识，班主任还需要通过实践指导和案例分享来加深对诗意与智慧教育的理解和掌握。为此可以组织实践教学活动或实地观摩，让班主任亲身体验和感受诗意与智慧教育的魅力，并从中汲取经验和启示。同时建立班主任间的交流与分享平台，鼓励他们分享成功经验、挑战和解决方案，促进彼此的学习和成长。作为班级的"家长"，班主任除了教学指导外，还需要关注学生的心理健康和个性发展。因此提升班主任的心理辅导能力至关重要。培训内容应该包括心理学知识、心理测评工具的运用、心理危机干预等方面，帮助班主任更好地识别和应对学生的心理问题，并提供及时的关怀和支持。培训只是一个起点，持续跟进和评估是确保培训效果的关键。

学校可以建立班主任的绩效评估机制，定期对其诗意与智慧教育能力进行评估，并根据评估结果进行个性化的培训和指导。同时不断收集学生、家长和同事的反馈意见，及时调整培训内容和方式，确保培训效果的持续改进。提升班主任的诗意与智慧教育能力需要全方位的培训和支持措施，通过理论知识的学习、实践经验的积累、心理辅导能力的提升及持续跟进与评估，可以帮助班主任更好地履行其教育引领和服务学生的责任，推动学校诗意与智慧教育的全面发展。

（四）增加对诗意与智慧教育的投入

增加对诗意与智慧教育的投入是确保教育质量和学生全面发展的重要举措，这种投入涵盖了财政、人力和物力等多个方面，需要政府、学校、企业和社会各界共同参与形成合力推动。政府在这一领域的投入至关重要，政府可以通过增加对诗意与智慧教育的专项资金投入来支持教育资源的建设和改革项目的推进。这些资金可以用于培训教师，建设课程和教育平台，购置教学设备和教材，以及支持相关研究和实践项目。政府还可以通过制定政策和法规，为诗意与智慧教育提

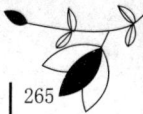

供政策支持和法律保障，营造良好的发展环境。学校和教育机构也应增加对诗意与智慧教育的投入，学校可以在教育预算中增加对诗意与智慧教育的专项经费，用于开展相关项目和活动，提升教师和学生的诗意与智慧教育能力。同时学校还可以加强与政府、企业和社会组织的合作，共同开展诗意与智慧教育的实践和创新，实现资源共享和优势互补。企业和社会各界也应积极参与诗意与智慧教育的发展，企业可以通过捐赠资金、提供技术支持、开展志愿服务等方式，为学校提供更多的资源和支持。社会各界也可以举办相关活动和项目，促进诗意与智慧教育理念的传播和推广，形成全社会关注和支持诗意与智慧教育的良好氛围。增加对诗意与智慧教育的投入需要政府、学校、企业和社会各界共同努力。通过各方合作，提供更多的资源和支持，促进诗意与智慧教育的全面发展，推动教育事业迈向更加美好的未来。

促进诗意与智慧教育的发展需要全社会的共同努力与支持，通过制定政策法规、加强研究与实践基地建设、提升班主任的能力及增加对诗意与智慧教育的投入，可以推动教育事业朝着更加美好的方向发展，为学生的全面成长和社会的进步做出积极贡献。

结语

　　本书深入探讨了诗意教育理念在班主任工作中的应用，旨在为教育工作者提供新的思路和方法，促进教育事业的创新发展，为学生的全面成长和健康发展提供更好的保障。本书通过多个章节的阐述，探讨了诗意教育的内涵与目标、班主任的角色定位、教学方法、班级管理、德育渗透、心理健康教育、学科融合等关键议题。首先，从诗意教育的理念出发，强调了教育不仅是知识的传授，更应关注学生的情感体验、内心世界和人格发展。班主任在其中扮演着重要的角色，应当成为学生心灵成长的引领者和促进者。其次，探讨了如何将诗意教育融入班主任工作的实践中，包括了解学生、创建诗意教育环境、教学方法等方面。通过深入了解学生的个性和需求，以因材施教的方式实现教育目标，同时创造出有利于学生情感体验和成长的教育环境。再次，讨论了诗意教育与班级管理的关系，提出了诗意教育下的班级活动设计和诗意引导班级纪律与规范的方法。强调了通过诗意元素的引入，班级管理可以更加人性化和有效率。另外，深入探讨了诗意教育中德育的渗透，探讨了德育在诗意教育中的地位、内容与方法，并提出了德育与诗意教育融合发展的路径和意义。还关注了诗意教育中的心理健康教育，强调心理健康教育在诗意教育中的重要性，提出了相应的策略和实践案例，以及持续发展与改进的方向。最后，讨论了诗意教育与学科教学的融合，强调了诗意教育与语文学科教学的结合，以及在其他学科中的渗透，并通过案例分析展示了其意义和启示。

　　通过本书的撰写和分享，希望引起广大教育工作者对诗意教育的关注和思考，共同推动教育事业的发展。诗意教育不仅是一种教育理念，更是一种人文关怀和社会责任的体现。只有在诗意的滋养下，学生才能得以全面发展，社会才能变得更加美好。让我们携手共建诗意教育的未来，为构建人类命运共同体贡献我们的力量。